앞선 정보 제공! 도서 업데이트

언제, 왜 업데이트될까?

도서의 학습 효율을 높이기 위해 자료를 추가로 제공할 때!
공기업·대기업 필기시험에 변동사항 발생 시 정보 공유를 위해!
공기업·대기업 채용 및 시험 관련 중요 이슈가 생겼을 때!

KB217309

01 시대에듀 도서
www.sdedu.co.kr/book
홈페이지 접속

02 상단 카테고리
「도서업데이트」
클릭

03 해당
기업명으로
검색

참고자료, 시험 개정사항 등 정보 제공으로 학습효율을 높여 드립니다.

한국농어촌공사

사 원

kr Clean & Green 한국농어촌공사

사일 동안
이것만 풀면
다 합격!

한국농어촌공사 5·6급
NCS + 전공

시대에듀

2025 최신판 시대에듀 All-New 사이다 모의고사
한국농어촌공사 5 · 6급 NCS + 전공

Always **with you**

사람의 인연은 길에서 우연하게 만나거나 함께 살아가는 것만을 의미하지는 않습니다.
책을 펴내는 출판사와 그 책을 읽는 독자의 만남도 소중한 인연입니다.
시대에듀는 항상 독자의 마음을 헤아리기 위해 노력하고 있습니다. 늘 독자와 함께하겠습니다.

머리말 PREFACE

농어민의 행복과 농어촌의 더 나은 미래를 위해 노력하는 한국농어촌공사는 2025년에 5·6급 신입사원을 채용할 예정이다. 한국농어촌공사의 채용절차는 「지원서 접수 ➡ 서류전형 ➡ 필기전형 ➡ 면접전형 ➡ 최종 합격자 발표」 순서로 이루어진다. 필기전형은 직업기초능력, 직무수행능력, 인성검사로 진행한다. 그중 직업기초능력은 의사소통능력, 문제해결능력, 수리능력, 정보능력을 공통으로 평가하고, 채용분야에 따라 자원관리능력 또는 기술능력을 평가하며, 직무수행능력은 채용분야의 전공지식을 평가한다. 또한, 필기전형 고득점자 순으로 채용예정인원의 2~5배수를 선발하여 면접전형을 진행하므로 필기전형에서 고득점을 받기 위해 다양한 유형에 대한 폭넓은 학습과 문제풀이능력을 높이는 등 철저한 준비가 필요하다.

한국농어촌공사 5·6급 필기전형 합격을 위해 시대에듀에서는 한국농어촌공사 5·6급 판매량 1위의 출간 경험을 토대로 다음과 같은 특징을 가진 도서를 출간하였다.

도서의 특징

❶ 합격으로 이끌 가이드를 통한 채용 흐름 확인!
- 한국농어촌공사 소개와 최신 시험 분석을 수록하여 채용 흐름을 파악하는 데 도움이 될 수 있도록 하였다.

❷ 기출응용 모의고사를 통한 완벽한 실전 대비!
- 철저한 분석을 통해 실제 유형과 유사한 기출응용 모의고사를 4회분 수록하여 시험 직전 4일 동안 자신의 실력을 점검하고 향상시킬 수 있도록 하였다.

❸ 다양한 콘텐츠로 최종 합격까지!
- 온라인 모의고사를 무료로 제공하여 필기전형에 대비할 수 있도록 하였다.
- 모바일 OMR 답안채점/성적분석 서비스를 통해 자동으로 점수를 채점하고 확인할 수 있도록 하였다.

끝으로 본 도서를 통해 한국농어촌공사 5·6급 채용을 준비하는 모든 수험생 여러분이 합격의 기쁨을 누리기를 진심으로 기원한다.

SDC(Sidae Data Center) 씀

◇ **미션**

> 우리는 농어촌자원의 효율적 이용 · 관리와 가치 증진을 통해
> **농어업의 경쟁력 강화와 농어촌의 경제 · 사회 · 환경적 발전에 기여한다.**

◇ **비전**

> 행복한 농어촌, 함께하는 KRC

◇ **핵심가치**

안전
Safety First

신뢰
Customer First

혁신
Innovation First

◇ **전략목표**

튼튼한 식량주권 기반 강화

풍요로운 물복지 실현

고객중심 농지플랫폼 구축

활기찬 농어촌 공간 조성

지속가능 경영 실현

◇ **인재상**

유연한 **혁신인재**, 함께 성장하는 농어촌

열린사고 융합인　　　　　소통협력 공감인

미래지향 기획인　　　　　유연대응 변화인

신입 채용 안내 INFORMATION

◇ **지원자격(공통)**

❶ 학력 · 전공 · 성별 · 연령 : 제한 없음

　[단, 입사지원 마감일 기준 공사 정년(만 60세)에 해당하지 아니한 자]

❷ 병역 : 병역법 제76조에서 정한 병역의무 불이행 사실이 없는 자

❸ 한국농어촌공사 인사규정 제9조(결격사유)의 임용 결격사유가 없는 자

❹ 임용일 즉시 근무 가능한 자

◇ **필기전형**

구분	채용분야		출제범위
직업기초능력 (50문항)	경상, 법정, 농학, 전산		의사소통능력, 문제해결능력, 수리능력, 정보능력, 자원관리능력
	토목일반, 조경, 도시계획, 기계, 전기, 건축, 지질, 환경		의사소통능력, 문제해결능력, 수리능력, 정보능력, 기술능력
직무수행능력 (40문항)	경상 (택 1)	경영학	경영학원론, 재무관리, 마케팅, 조직 및 인적자원관리, 재무회계, 관리회계
		경제학	경제학원론, 미시경제학, 거시경제학, 국제경제학
	법정 (택 1)	법학	헌법, 민법(가족법 제외), 민사소송법, 행정법
		행정학	행정학원론, 인사행정론, 재무행정론, 조직론
	토목일반	토목학	수리학, 농업수리학, 응용역학
인성검사	전 분야		태도, 직업윤리, 대인관계능력 등 인성 전반

※일부 채용분야의 전공과목은 생략하였음

◇ **면접전형**

구분	평가내용
직무수행능력 면접	실무지식, 직무역량 등
직업기초능력 면접	직업윤리, 조직이해능력, 대인관계능력 등

❖ 위 채용 안내는 2024년 하반기 채용공고를 기준으로 작성하였으므로 세부사항은 확정된 채용공고를 확인하기 바랍니다.

2024년 하반기 기출분석 ANALYSIS

총평

한국농어촌공사 5·6급 필기전형은 피듈형으로 출제되었으며, 난이도는 평이한 편이었지만 문제를 푸는 데 시간이 부족했다는 후기가 많았다. 특히 의사소통능력의 경우 어휘와 관련된 문제가 출제되었으므로 평소 어휘 문제에 대한 대비가 필요해 보인다. 또한, 수리능력의 경우 응용 수리 문제와 자료 이해 문제가 골고루 출제되었으므로 다양한 문제를 풀어보는 연습을 해야 하며, 정보능력이나 자원관리능력, 기술능력의 경우 모듈이론을 활용한 문제가 출제되었으므로 영역별 모듈이론을 확실하게 학습하는 것이 좋겠다.

◇ 영역별 출제 비중

구분	출제 특징	출제 키워드
의사소통능력	• 어휘 문제가 출제됨 • 빈칸 삽입 문제가 출제됨	• 다리, 보석, 지급, 다의어 등
문제해결능력	• 명제 추론 문제가 출제됨	• 등산, 조건, 명제 등
수리능력	• 응용 수리 문제가 출제됨 • 자료 이해 문제가 출제됨	• 확률, 농도, 의자 등
정보능력	• 모듈형 문제가 출제됨	• 차트, 입력 등
자원관리능력	• 시간 계획 문제가 출제됨 • 모듈형 문제가 출제됨	• 시차, 직접비, 비품 등
기술능력	• 모듈형 문제가 출제됨	• 기술, 교양 등

주요 공기업 적중 문제 TEST CHECK

어휘 ▶ 유형

02 다음 중 밑줄 친 단어의 성격이 다른 것은?

① 어른들에게 반말하는 버릇을 <u>고쳐라</u>.

② 장마철이 오기 전에 지붕을 <u>고쳐라</u>.

③ 엉뚱한 원고를 <u>고치다</u>.

④ 늦잠 자는 습관을 <u>고치기가</u> 쉽지 않다.

⑤ 성종은 옷을 바로 잡으시고 자리를 <u>고쳐</u> 앉으시었다.

빈칸 삽입 ▶ 유형

10 다음 중 〈보기〉가 들어갈 위치로 가장 적절한 곳은?

사물인터넷(IoT; Internet of Things)은 각종 사물에 센서와 통신 기능을 내장하여 인터넷에 연결하는 기술, 즉 무선 통신을 통해 각종 사물을 연결하는 기술을 의미한다. ___(가)___ 우리들은 이 같은 사물인터넷의 발전을 상상할 때 더 똑똑해진 가전제품들을 구비한 가정집, 혹은 더 똑똑해진 자동차들을 타고 도시로 향하는 모습 등, 유선형의 인공미 넘치는 근미래 도시를 떠올리곤 한다. 하지만 발달한 과학의 혜택은 인간의 근본적인 삶의 조건인 의식주 또한 풍요롭고 아름답게 만든다. 아쿠아포닉스(Aquaponics)는 이러한 첨단기술이 1차 산업에 적용된 대표적인 사례이다. ___(나)___
아쿠아포닉스는 물고기양식(Aquaculture)과 수경재배(Hydro - ponics)가 결합된 합성어로 양어장에 물고기를 키우며 발생한 유기물을 이용하여 식물을 수경 재배하는 순환형 친환경 농법이다. ___(다)___ 물고기를 키우는 양어조, 물고기 배설물로 오염된 물을 정화시켜 주는 여과시스템, 정화된 물로 채소를 키워 생산할 수 있는 수경재배 시스템으로 구성되어 있다. 또한, 농약이나 화학비료 없이 물고기와 채소를 동시에 키울 수 있어 환경과 실용 모두를 아우르는 농법으로 주목받고 있다. ___(라)___
이러한 수고로움을 덜어주는 것이 바로 사물인터넷이다. 사물인터넷은 적절한 시기에 물고기 배설물을 미생물로 분해하여 농작물의 영양분으로 활용하고, 최적의 온도를 알아서 맞추는 등 실수 없이 매일매일 세심한 관리가 가능하다. 전기로 가동하여 별도의 환경오염 또한 발생하지 않으므로 가히 농업과 찰떡궁합이라고 할 수 있을 것이다. ___(마)___

> **보기**
>
> 물론 단점도 있다. 물고기와 식물이 사는 최적의 조건을 만족시켜야 하며 실수나 사고로 시스템에 큰 문제가 발생할 수도 있다. 물이 지나치게 오염되지 않도록 매일매일 철저한 관리는 필수이다. 아쿠아포닉스는 그만큼 신경 써야 할 부분이 많고 사람의 손이 많이 가기에 자칫 배보다 배꼽이 더 큰 상황이 발생할 수도 있다.

① (가) ② (나)

③ (다) ④ (라)

⑤ (마)

한국마사회

띄어쓰기 ▶ 유형

02 다음 중 **띄어쓰기**가 적절하지 않은 것을 모두 고르면?

> K기관은 다양한 분야에서 ⊙ 괄목할만한 성과를 거두고 있다. 그러나 타 기관들이 단순히 이를 벤치마킹한다고 해서 반드시 우수한 성과를 거둘 수 있는 것은 아니다. K기관의 성공 요인은 주어진 정책 과제를 수동적으로 ⓒ 수행하는데 머무르지 않고, 대국민 접점에서 더욱 다양하고 복잡해지고 있는 수요를 빠르게 인지하고 심도 깊게 파악하여 그 개선점을 내놓기 위해 노력하는 일련의 과정을 ⓒ 기관만의 특색으로 바꾸어 낸 것이다.

① ⊙   ② ⓒ
③ ⓒ   ④ ⊙, ⓒ

승진 ▶ 키워드

02 다음은 H사의 2025년 **승진** 후보자와 승진 규정이다. 이를 참고할 때, 2025년에 직급이 대리인 사람은?

〈승진 규정〉

• 2024년까지 근속연수가 3년 이상인 자를 대상으로 한다.
• 출산휴가 및 병가 기간은 근속연수에서 제외한다.
• 평가연도 업무평가 점수가 80점 이상인 자를 대상으로 한다.
• 평가연도 업무평가 점수는 직전연도 업무평가 점수에서 벌점을 차감한 점수이다.
• 벌점은 결근 1회당 −10점, 지각 1회당 −5점이다.

〈승진 후보자 정보〉

구분	근무기간	2024년 업무평가	근태현황 지각	근태현황 결근	기타
A사원	1년 4개월	79점	1회	−	
B주임	3년 1개월	86점	−	1회	출산휴가 35일
C대리	7년 1개월	89점	1회	1회	병가 10일
D과장	10년 3개월	82점	−	−	

① A   ② B
③ C   ④ D

학습플랜 STUDY PLAN

1일 차 학습플랜 1일 차 기출응용 모의고사

_____월 _____일

의사소통능력	문제해결능력	수리능력

정보능력	자원관리능력 / 기술능력

2일 차 학습플랜 2일 차 기출응용 모의고사

_____월 _____일

의사소통능력	문제해결능력	수리능력

정보능력	자원관리능력 / 기술능력

3일 차 학습플랜 　3일 차 기출응용 모의고사

_____월 _____일

경영학	경제학	법학

행정학	토목학

4일 차 학습플랜 　4일 차 기출응용 모의고사

_____월 _____일

경영학	경제학	법학

행정학	토목학

취약영역 분석 WEAK POINT

1일 차 취약영역 분석

시작 시간	:	종료 시간	:
풀이 개수	개	못 푼 개수	개
맞힌 개수	개	틀린 개수	개
취약영역 / 유형			
2일 차 대비 개선점			

2일 차 취약영역 분석

시작 시간	:	종료 시간	:
풀이 개수	개	못 푼 개수	개
맞힌 개수	개	틀린 개수	개
취약영역 / 유형			
3일 차 대비 개선점			

3일 차 취약영역 분석

시작 시간	:	종료 시간	:
풀이 개수	개	못 푼 개수	개
맞힌 개수	개	틀린 개수	개
취약영역 / 유형			
4일 차 대비 개선점			

4일 차 취약영역 분석

시작 시간	:	종료 시간	:
풀이 개수	개	못 푼 개수	개
맞힌 개수	개	틀린 개수	개
취약영역 / 유형			
시험일 대비 개선점			

이 책의 차례 CONTENTS

문 제 편 한국농어촌공사 5 · 6급 NCS + 전공

1일 차 기출응용 모의고사	2
2일 차 기출응용 모의고사	44
3일 차 기출응용 모의고사	86
4일 차 기출응용 모의고사	148

해 설 편 정답 및 해설

1일 차 기출응용 모의고사	2
2일 차 기출응용 모의고사	11
3일 차 기출응용 모의고사	19
4일 차 기출응용 모의고사	43
OMR 답안카드	

1일 차
기출응용 모의고사

〈문항 및 시험시간〉

평가영역	문항 수	시험시간	모바일 OMR 답안채점/성적분석 서비스	
[공통] 의사소통능력＋문제해결능력 　　＋수리능력＋정보능력 [행정직] 자원관리능력 [토목직] 기술능력	50문항	50분	행정직	토목직

1일 차 기출응용 모의고사

문항 수 : 50문항
시험시간 : 50분

|01| 공통

01 다음 문단을 논리적 순서대로 바르게 나열한 것은?

> (가) '인력이 필요해서 노동력을 불렀더니 사람이 왔더라.'라는 말이 있다. 인간을 경제적 요소로만 단순하게 생각했으나, 이에 따른 인권문제, 복지문제, 내국인과 이민자와의 갈등 등이 수반된다는 말이다. 프랑스처럼 우선 급하다고 이민자를 선별하지 않고 받으면 인종 갈등과 이민자의 빈곤화 등 많은 사회비용이 발생한다.
>
> (나) 이제 다문화정책의 패러다임을 전환해야 한다. 한국에 들어온 다문화가족을 적극적으로 지원해야 한다. 다문화가족과 더불어 살면서 다양성과 개방성을 바탕으로 상생의 발전을 도모해야 한다. 그리고 결혼이민자만 다문화가족으로 볼 것이 아니라 외국인 근로자와 유학생, 북한이탈 주민까지 큰 틀에서 함께 보는 것도 필요하다.
>
> (다) 다문화정책의 핵심은 두 가지이다. 첫째, 새로운 사회에 적응하려는 의지가 강해서 언어 배우기, 일자리, 문화 이해에 매우 적극적인 태도를 지닌 좋은 인력을 선별해서 입국하도록 하는 것이다. 둘째, 이민자가 새로운 사회에 잘 정착할 수 있도록 사회통합에 주력해야 하는 것이다. 해외 인구 유입 초기부터 사회 비용을 절약할 수 있는 사람들을 들어오게 하는 것이 중요하기 때문이다.
>
> (라) 또한, 이미 들어온 이민자에게는 적극적인 지원을 해야 한다. 언어와 문화, 환경이 모두 낯선 이민자에게는 이민 초기에 세심한 배려가 필요하다. 특히 중요한 것은 다문화가족이 그들이 가지고 있는 강점을 활용하여 취약 계층이 아닌 주류층으로 설 수 있도록 지원해야 한다. 뿐만 아니라 이민자에 대한 지원 시기를 놓치거나 차별과 편견으로 내국인에게 증오감을 갖게 해서는 안 된다.

① (가) – (나) – (다) – (라)
② (가) – (다) – (라) – (나)
③ (다) – (가) – (나) – (라)
④ (다) – (가) – (라) – (나)
⑤ (다) – (나) – (라) – (가)

02 다음 글의 내용으로 가장 적절한 것은?

선물환거래란 계약일로부터 일정시간이 지난 뒤, 특정일에 외환의 거래가 이루어지는 것으로, 현재 약정한 금액으로 미래에 결제하게 되기 때문에 선물환계약을 체결하게 되면 약정된 결제일까지 매매 쌍방 모두 결제가 이연된다. 선물환거래는 보통 환리스크를 헤지(Hedge)하기 위한 목적으로 이용된다. 예를 들어 1개월 이후 달러로 거래 대금을 수령할 예정인 수출한 기업은 은행과 1개월 후 달러를 매각하는 대신 원화를 수령하는 선물환계약을 통해 원/달러 환율변동에 따른 환리스크를 헤지할 수 있다.

이외에도 선물환거래는 금리차익을 얻는 목적과 투기적 목적을 가지고 있다. 선물환거래에는 일방적으로 선물환을 매입하는 것 또는 매도 거래만 발생하는 Outright Forward 거래가 있으며, 스왑거래의 일부분으로써 현물환거래와 같이 발생하는 Swap Forward 거래가 있다. Outright Forward 거래는 만기 때 실물 인수도가 일어나는 일반 선물환거래와 만기 때 실물의 인수 없이 차액만을 정산하는 차액결제선물환(NDF; Non - Deliverable Forward)거래로 구분된다.

옵션(Option)이란 거래당사자들이 미리 가격을 정하고, 그 가격으로 미래의 특정시점이나, 그 이전에 자산을 사고파는 권리를 매매하는 계약으로, 선도 및 선물, 스왑거래 등과 같은 파생금융상품이다.

옵션은 매입권리가 있는 콜옵션(Call Option)과 매도권리가 있는 풋옵션(Put Option)으로 구분된다. 옵션거래로 매입이나 매도할 수 있는 권리를 가지게 되는 옵션매입자는 시장가격의 변동에 따라 자기에게 유리하거나 불리한 경우를 판단하여 옵션을 행사하거나 포기할 수도 있다. 옵션매입자는 선택할 권리에 대한 대가로 옵션매도자에게 프리미엄을 지급하고, 옵션매도자는 프리미엄을 받는 대신 옵션매입자가 행사하는 옵션에 따라 발생하는 것에 대해 이해하는 책임을 가진다. 옵션거래의 손해와 이익은 행사가격, 현재가격 및 프리미엄에 의해 결정된다.

① 선물환거래는 투기를 목적으로 사용되기도 한다.
② 옵션은 미래에 조건이 바뀌어도 계약한 금액을 지불해야 한다.
③ 선물환거래는 권리를 행사하거나 포기할 수 있다.
④ 옵션은 환율변동 리스크를 해결하는 데 좋은 선택이다.
⑤ 선물환거래는 행사가격, 현재가격, 프리미엄가에 따라 손해와 이익이 발생한다.

03 다음 중 밑줄 친 ㉠~㉤에 대한 설명으로 적절하지 않은 것은?

사유 재산 제도와 시장 경제가 자본주의의 양대 축을 이루기 때문에 토지 또한 민간의 소유이어야만 한다고 하는 이들이 많다. 토지사유제의 정당성을 그것이 자본주의의 성립 근거라는 점에서 찾고자 하는 학자도 있다. 토지에 대해서는 절대적이고 배타적인 소유권을 인정할 수 없다고 하면 이들은 신성불가침 영역에 대한 도발이라며 이에 반발한다. 토지가 일반 재화나 자본에 비해 지닌 근본적인 차이는 무시하고 말이다. 과연 자본주의 경제는 토지사유제 없이 성립할 수 없는 것일까?

싱가포르, 홍콩, 대만, 핀란드 등의 사례는 위의 물음에 직접적인 답변을 제시한다. 이들은 토지공유제를 시행하였거나 토지의 공공성을 인정했음에도 불구하고 자본주의의 경제를 모범적으로 발전시켜 온 사례이다. 물론 토지사유제를 당연하게 여기는 사람들이 이런 사례들을 토지 공공성을 인정해야만 하는 당위의 근거로 받아들이는 것은 아니다. 그들은 오히려 토지의 공공성 강조가 사회주의적 발상이라고 비판한다. 하지만 이와 같은 비판은 토지와 관련된 권리 제도에 대한 무지에 기인한다.

토지 소유권은 사용권, 처분권, 수익권의 세 가지 권리로 구성된다. 각각의 권리를 누가 갖느냐에 따라 토지 제도는 다음과 같이 분류된다. 세 권리 모두 민간이 갖는 ㉠ <u>토지사유제</u>, 세 권리 모두 공공이 갖는 ㉡ <u>사회주의적 토지공유제</u>, 그리고 사용권은 민간이 갖고 수익권은 공공이 갖는 ㉢ <u>토지가치공유제</u>이다. 한편, 토지가치공유제는 처분권을 누가 갖느냐에 따라 두 가지 제도로 분류된다. 처분권을 완전히 민간이 갖는 ㉣ <u>토지가치세제</u>와 공공이 처분권을 갖지만 사용권을 가진 자에게 한시적으로 처분권을 맡기는 ㉤ <u>토지공공임대제</u>이다. 토지 소유권을 구성하는 세 가지 권리를 민간과 공공이 적당히 나누어 갖는 경우가 많으므로 실제의 토지 제도는 이 분류보다 훨씬 더 다양하다.

이 중 자본주의 경제와 결합될 수 없는 토지 제도는 사회주의적 토지공유제뿐이다. 물론 어느 토지 제도가 더 나은 경제적 성과를 보이는가는 그 이후의 문제이다. 토지사유제 옹호론에 따르면, 토지 자원의 효율적 배분이 가능하기 위해 토지에 대한 절대적, 배타적 소유권을 인정해야만 한다. 토지사유제만이 토지의 오용을 막을 수 있으며, 나아가 토지 사용의 안정성을 보장할 수 있다는 것이다. 하지만 토지 자원의 효율적 배분을 위해 토지의 사용권, 처분권, 수익권 모두를 민간이 가져야 할 필요는 없다. 토지 위 시설물에 대한 소유권을 민간이 갖고, 토지에 대해서 민간은 배타적 사용권만 가지면 충분하다.

① ㉠ : 토지 소유권을 민간이 갖는다.
② ㉡ : 자본주의 경제와 결합될 수 없다.
③ ㉢ : 처분권을 누가 갖느냐에 따라 ㉣과 ㉤으로 구분된다.
④ ㉣ : 사용권과 처분권은 민간이 갖고, 수익권은 공공이 갖는다.
⑤ ㉤ : 처분권은 민간이 갖고, 사용권과 수익권은 공공이 갖는다.

04 다음 중 〈보기〉의 내용이 들어갈 위치로 가장 적절한 곳은?

(가) 휴대폰은 어린이들이 자신의 속마음을 고백하기도 하고, 그가 하는 말을 들어주기도 하며, 또 자신의 호주머니나 입 속에 다 쑤셔 넣기도 하는 곰돌이 인형과 유사하다. 다른 점이 있다면, 곰돌이 인형은 휴대폰과는 달리 말하는 사람에게 주의 깊게 귀를 기울여 준다는 것이다.

(나) 휴대폰이 제기하는 핵심 문제는 바로 이러한 모순 가운데 있다. 곰돌이 인형과 달리 휴대폰을 통해 듣는 목소리는 우리가 듣기를 바라는 것과는 다른 대답을 자주 한다. 그것은 특히 우리가 대화 상대자와 다른 시간과 다른 장소 그리고 다른 정신상태에 처해 있기 때문이다.

(다) 그리 오래 전 일도 아니지만, 우리가 시·공간적으로 떨어져 있는 상대와 대화를 나누고 싶을 때 할 수 있는 일이란 기껏해야 독백을 하거나 글쓰기에 호소하는 것밖에 없었다. 하지만 글을 써본 사람이라면 펜을 가지고 구어(口語)적 사고를 진행시킨다는 것이 얼마나 어려운 일인지 잘 안다.

(라) 반면 우리가 머릿속에 떠오르는 말들에 따라, 그때그때 우리가 취하는 어조와 몸짓들은 얼마나 다양한 가! 휴대폰으로 말미암아 우리는 혼자 말하는 행복을 되찾게 되었다. 더 이상 독백의 기쁨을 만끽하기 위해서 혼자 숨어들 필요가 없는 것이다.

(마) 어린이에게 자신이 보호받고 있다는 느낌을 주기 위해 발명된 곰돌이 인형을 어린이는 가장 좋은 대화 상대자로 이용한다. 마찬가지로 통신 수단으로 발명된 휴대폰은 고독 속에서 우리를 안도시키는 절대적 수단이 될 것이다.

보기

곰돌이 인형에게 이야기하는 어린이가 곰돌이 인형이 자기 말을 듣고 있다고 믿는 이유는 곰돌이 인형이 결코 대답하는 법이 없기 때문이다. 만일 곰돌이 인형이 대답을 한다면 그것은 어린이가 자신의 마음속에서 듣는 말일 것이다.

① (가) 문단의 뒤 ② (나) 문단의 뒤
③ (다) 문단의 뒤 ④ (라) 문단의 뒤
⑤ (마) 문단의 뒤

05 다음 글을 바탕으로 할 때, 비판의 입장으로 적절하지 않은 것은?

> 우리나라를 비롯한 아시아의 대만, 홍콩, 싱가포르 등의 신흥 강대국들은 1960년대 이후 수출주도형 성장전략을 국가의 주요한 성장전략으로 활용하면서 눈부신 경제성장을 이루어 왔다. 이러한 수출주도형 성장전략은 신흥 강대국들의 부상을 이끌면서 전 세계적인 전략으로 자리매김을 하였으며, 이의 전략을 활용하고자 하는 국가가 나타나면서 그 효과에 대한 인정을 받아온 측면이 존재하였다.
>
> 기본적으로 수출주도형 성장전략은 수요가 외부에 존재한다는 측면에서 공급중시 경제학적 관점을 띠고 있다고 볼 수 있다. 이는 수출주도형 국가는 물품을 생산하여 수출하면, 타 국가에서 이를 소비한다는 측면에서 공급이 수요를 창출한다고 하는 '세이의 법칙(Say's Law)'과 같은 맥락으로 설명될 수 있다. 고전학파부터 신고전학파로 이어지는 주류경제학에서의 공급중시 경제학에서는 기업부분의 역할을 강조하면서 이를 위해 민간 부문의 지속적인 투자의식 고취를 위한 세율인하 등 규제완화에 주력하여 왔던 측면이 있다.

① 외부의 수요에 의존하기 때문에 국가 경제가 변동하는 영향이 너무 크다.
② 외부 의존성을 낮추고 국내의 수요에 기반한 안정적 정책마련이 필요하다.
③ 내부의 수요를 증대시키는 것이 결국 기업의 투자활동으로 촉진될 수 있다.
④ 내부의 수요 증대는 고용 및 투자의 증가를 유발할 수 있다.
⑤ 내부의 수요를 증대시키기 위해 물품을 생산하여 공급하는 것이 중요하다.

06 다음 중 밑줄 친 부분의 맞춤법이 옳은 것은?

① 나의 바램대로 내일은 흰 눈이 왔으면 좋겠다.
② 엿가락을 고무줄처럼 늘였다.
③ 학생 신분에 알맞는 옷차림을 해야 한다.
④ 계곡물에 손을 담구니 시원하다.
⑤ 지리한 장마가 끝나고 불볕더위가 시작되었다.

서울의 청계광장에는 '스프링(Spring)'이라는 다슬기 형상의 대형 조형물이 설치되어 있다. 이것을 기획한 올덴버그는 공공장소에 작품을 설치하여 대중과 미술의 소통을 이끌어 내려 했다. 이와 같이 대중과 미술의 소통을 위해 공공장소에 설치된 미술 작품 또는 공공 영역에서 이루어지는 예술 행위 및 활동을 공공미술이라 한다.

1960년대 후반부터 1980년대까지의 공공미술은 대중과 미술의 소통을 위해 작품의 설치 장소를 점차 확장했기 때문에 '장소' 중심의 공공미술이라 할 수 있다. 이전까지는 미술관에만 전시되던 작품을 사람들이 자주 드나드는 공공건물에 설치하기 시작했다.

하지만 이렇게 공공건물에 설치된 작품들은 건물의 장식으로 인식되어 대중과의 소통에 한계가 있었기 때문에, 작품은 공원이나 광장 같은 공공장소로 옮겨졌다. 그러나 공공장소에 놓인 작품이 주변 공간과 어울리지 않거나, 미술가의 미학적 입장이 대중에게 수용되지 못하는 일들이 벌어졌다. 이는 소통에 대한 미술가의 반성으로 이어졌고, 시간이 지남에 따라 공공미술은 점차 주변의 삶과 조화를 이루는 방향으로 발전하였다.

1990년대 이후의 공공미술은 참된 소통이 무엇인가에 대해 진지하게 성찰하며, 대중을 작품 창작 과정에 참여시키는 쪽으로 전개되었기 때문에 '참여' 중심의 공공미술이라 할 수 있다. 이때의 공공미술은 대중들이 작품 제작에 직접 참여하게 하거나, 작품을 보고 만지며 체험하는 활동 속에서 작품의 의미를 완성할 수 있도록 하여 미술가와 대중, 작품과 대중 사이의 소통을 강화하였다. 장소 중심의 공공미술이 이미 완성된 작품을 어디에 놓느냐에 주목하던 '결과 중심'의 수동적 미술이라면, 참여 중심의 공공미술은 작품의 창작 과정에 대중이 참여하여 작품과 직접 소통하는 '과정 중심'의 능동적 미술이라고 볼 수 있다.

한편 공공미술에서는 대중과의 소통을 위해 누구나 쉽게 다가가 감상할 수 있는 작품을 만들어야 하므로, 미술가는 자신의 미학적 입장을 어느 정도 포기해야 한다고 우려할 수 있다. 그러나 이러한 우려는 대중의 미적 감상 능력을 무시하는 편협한 시각이다. 왜냐하면 추상적이고 난해한 작품이라도 대중과의 소통의 가능성은 늘 존재하기 때문이다. 따라서 공공미술에서 예술의 자율성은 소통의 가능성과 대립하지 않는다. 공공미술가는 예술의 자율성과 소통의 가능성을 높이기 위해 대중의 예술적 감성이 어떠한지, 대중이 어떠한 작품을 기대하는지 면밀히 분석하며 작품을 창작해야 한다.

① 장소 중심의 공공미술은 결과 중심의 미술이다.
② 올덴버그의 '스프링'은 대중과의 소통을 위한 작품이다.
③ 장소 중심의 공공미술은 대중과의 소통에 한계가 있었다.
④ 장소 중심의 공공미술은 작품 창작에서 대중의 참여를 중요시하였다.
⑤ 공공 영역에서 이루어지는 예술 행위 및 활동은 공공미술이라 할 수 있다.

08 다음 중 빈칸에 공통으로 들어갈 단어로 가장 적절한 것은?

> _____은/는 인류에게 끈덕진 동반자였지. 석기시대 사람들은 아침부터 저녁까지 먹거리를 찾아 헤맸을 거야.
> 그러다가 19세기 후반의 산업혁명으로 생산성이 눈부시게 향상되어 오늘날에는 19세기 같은 '물질적인 결핍'
> 이 사라지게 되었지. 하지만 벌써 없어졌어야 하는 _____ 문제는 아직도 해결되지 못하고 있어.

① 공해　　　　　　　　　　　　② 전쟁
③ 인구　　　　　　　　　　　　④ 기아
⑤ 공포

09 다음 글을 읽고 '한국인의 수면 시간'과 관련된 글을 쓴다고 할 때, 글의 주제로 적절하지 않은 것은?

> 인간은 평생 3분의 1 정도를 잠으로 보낸다. 잠은 낮에 사용한 에너지를 보충하고, 피로를 회복하는 중요한
> 과정이다. 하지만 한국인은 잠이 부족하다. 한국인의 수면 시간은 7시간 41분밖에 되지 않으며, 2016년 기준
> 경제협력개발기구(OECD) 회원국 가운데 꼴찌를 차지했다. 한 조사에 따르면, 전 국민의 17% 정도가 주 3회
> 이상 불면 증상을 갖고 있으며, 이는 연령이 높아짐에 따라 늘어났다.
> 이에 따라 불면증, 기면증, 수면무호흡증 등 수면장애로 병원을 찾는 사람은 2016년 기준 291만 8,976명으
> 로 5년 새 13%나 증가했다. 수면장애를 방치하면 삶의 질 저하는 물론 만성 두통, 심혈관계질환 등이 발생할
> 수 있고 그중에서도 불면증은 수면 질환의 대명사로, 가장 흔하고 복합적인 질환이다. 불면증은 면역기능 저
> 하, 인지감퇴뿐만 아니라 일상생활에 장애를 초래할 수 있으며, 우울증, 인지장애 등을 유발할 수 있다.
> 코를 골며 자다가 몇 초에서 몇 분 동안 호흡을 멈추는 수면무호흡증도 있다. 이 역시 인지기능 저하와 심혈
> 관계질환 등 합병증을 일으킨다. 특히 수면무호흡증은 비만과 관계가 깊고, 졸음운전의 원인이 되기도 한다.
> 최근 고령 인구 증가로 뇌 퇴행성 질환인 렘수면 행동장애(RBD; Rem – sleep Behavior Disorder)도 늘고
> 있다. 이 병은 잠자는 동안 악몽을 꾸면서 소리를 지르고, 팔다리를 움직이고, 벽을 치고, 침대에서 뛰어내리
> 는 등 난폭한 행동을 한다. 이 병을 앓는 상당수는 파킨슨병, 치매 환자로 이어진다. 또한, 잠들기 전에 다리
> 에 이상 감각이나 통증이 생기는 하지불안증후군도 수면의 질을 떨어뜨리는 병이다. 낮 동안 졸리는 기면증
> (嗜眠症) 역시 일상생활에 심각한 장애를 초래한다.
> 한 정신건강의학과 교수는 "수면 문제는 결국 심혈관계질환, 치매와 파킨슨병 등의 퇴행성 질환, 우울증, 졸
> 음운전의 원인이 되므로 전문적인 치료를 받아야 한다."라고 했다.

① 한국인의 부족한 수면 시간　　　　　② 수면 마취제의 부작용
③ 수면장애의 종류　　　　　　　　　　④ 수면장애의 심각성
⑤ 전문적인 치료가 필요한 수면장애

10 다음 중 빈칸에 들어갈 내용으로 가장 적절한 것은?

> 최근 미국 국립보건원은 벤젠 노출과 혈액암 사이에 연관이 있다고 보고했다. 직업안전보건국은 작업장에서 공기 중 벤젠 노출 농도가 1ppm을 넘지 말아야 한다는 한시적 긴급 기준을 발표했다. 당시 법규에 따른 기준은 10ppm이었는데, 직업안전보건국은 이 엄격한 새 기준이 영구적으로 정착되길 바랐다. 그런데 벤젠 노출 농도가 10ppm 이상인 작업장에서 인명피해가 보고된 적은 있지만, 그보다 낮은 노출 농도에서 인명피해가 있었다는 검증된 데이터는 없었다. 그럼에도 불구하고 직업안전보건국은 벤젠이 발암물질이라는 이유를 들어, 당시 통용되는 기기로 쉽게 측정할 수 있는 최소치인 1ppm을 기준으로 삼아야 한다고 주장했다. 직업안전보건국은 직업안전보건법의 구체적 실행에 관여하는 핵심 기관인데, 이 법은 '직장생활을 하는 동안 위험 물질에 업무상 주기적으로 노출되더라도 그로 인해 어떤 피고용인도 육체적 손상이나 작업 능력의 손상을 입어서는 안 된다.'고 규정하고 있다.
> 이후 대법원은 직업안전보건국이 제시한 1ppm의 기준이 지나치게 엄격하다고 판결하였다. 대법원은 '직업안전보건법이 비용 등 다른 조건은 무시한 채 전혀 위험이 없는 작업장을 만들기 위한 표준을 채택하도록 직업안전보건국에게 무제한의 재량권을 준 것은 아니다.'라고 밝혔다. _____
> 직업안전보건국은 과학적 불확실성에도 불구하고 사람의 생명이 위험에 처할 수 있는 경우에는 더욱 엄격한 기준을 시행하는 것이 옳다면서, 자신들에게 책임을 전가하는 것에 반대했다. 직업안전보건국은 노동자를 생명의 위협이 될 수 있는 화학 물질에 노출시키는 사람들이 그 안전성을 입증해야 한다고 보았다.

① 여러 가지 과학적 불확실성으로 인해, 직업안전보건국의 기준이 합당하다는 것을 대법원이 입증할 수 없으므로 이를 수용할 수 없다는 것이다.

② 대법원은 벤젠의 노출 수준이 1ppm을 초과할 경우 노동자의 건강에 실질적으로 위험하다는 것을 직업안전보건국이 입증해야 한다고 주장했다.

③ 대법원은 재량권의 범위가 클수록 그만큼 더 신중하게 사용해야 한다는 점을 환기시키면서, 10ppm 수준의 벤젠 농도가 노동자의 건강에 정확히 어떤 손상을 가져오는지를 직업안전보건국이 입증해야 한다고 주장했다.

④ 직업안전보건국은 발암물질이 함유된 공기가 있는 작업장들 가운데서 전혀 위험이 없는 환경과 미미한 위험이 있는 환경을 구별해야 한다고 주장했는데, 대법원은 이것이 무익하고 무책임한 일이라고 지적했다.

⑤ 국립보건원의 최근 보고를 바탕으로, 직업안전보건국은 벤젠이 인체에 미치는 위해 범위가 엄밀한 의미에서 과학적으로 불확실하다는 점을 강조하면서, 자신들이 비용에 대한 고려를 간과하고 있다는 대법원의 언급은 근거 없는 비방이라고 맞섰다.

11 다음은 자동차 등록번호 부여방법과 K사 직원들의 자동차 등록번호이다. 〈보기〉 중 자동차 등록번호가 잘못 부여된 것은 모두 몇 개인가?(단, K사 직원들의 자동차는 모두 비사업용 승용차이다)

〈자동차 등록번호 부여방법〉

- 차량종류 – 차량용도 – 일련번호 순으로 부여한다.
- 차량종류별 등록번호

승용차	승합차	화물차	특수차	긴급차
100 ~ 699	700 ~ 799	800 ~ 979	980 ~ 997	998 ~ 999

- 차량용도별 등록번호

구분	문자열
비사업용 (32개)	가, 나, 다, 라, 마 거, 너, 더, 러, 머, 버, 서, 어, 저 고, 노, 도, 로, 모, 보, 소, 오, 조 구, 누, 두, 루, 무, 부, 수, 우, 주
운수사업용	바, 사, 아, 자
택배사업용	배
렌터카	하, 허, 호

- 일련번호
  1000 ~ 9999 숫자 중 임의 발급

> **보기**
>
> - 680 더 3412
> - 521 버 2124
> - 431 사 3019
> - 531 서 9898
> - 501 라 4395
> - 421 저 2031
> - 241 가 0291
> - 670 로 3502
> - 702 나 2838
> - 431 구 3050
> - 600 루 1920
> - 912 라 2034
> - 321 우 3841
> - 214 하 1800
> - 450 무 8402
> - 531 고 7123

① 3개   ② 4개
③ 5개   ④ 6개
⑤ 7개

12 오늘 K씨는 종합병원에 방문하여 A ~ C과 진료를 모두 받아야 한다. 〈조건〉이 다음과 같을 때, 가장 빠르게 진료를 받을 수 있는 경로는?(단, 주어진 조건 외에는 고려하지 않는다)

> **조건**
> • 모든 과의 진료와 예약은 오전 9시 시작이다.
> • 모든 과의 점심시간은 오후 12시 30분부터 1시 30분이다.
> • A과와 C과는 본관에 있고 B과는 별관동에 있다. 본관과 별관동 이동에는 셔틀로 약 30분이 소요되며, 점심시간에는 셔틀이 운행하지 않는다.
> • A과는 오전 10시부터 오후 3시까지만 진료를 한다.
> • B과는 점심시간 후에 사람이 몰려 약 1시간의 대기시간이 필요하다.
> • A과 진료는 단순 진료로 30분 정도 소요될 예정이다.
> • B과 진료는 치료가 필요하여 1시간 정도 소요될 예정이다.
> • C과 진료는 정밀 검사가 필요하여 2시간 정도 소요될 예정이다.

① A – B – C
② A – C – B
③ B – C – A
④ C – A – B
⑤ C – B – A

13 다음 상황에서 〈조건〉을 토대로 신입사원이 김과장을 찾기 위해 추측한 내용 중 반드시 참인 것은?

> 김과장은 오늘 아침 조기 축구 시합에 나갔다. 그런데 김과장을 한 번도 본 적이 없는 같은 회사의 어떤 신입사원이 김과장에게 급히 전할 서류가 있어 직접 축구 시합장을 찾았다. 시합은 이미 시작되었고, 김과장이 현재 양 팀의 수비수나 공격수 중 한 사람으로 뛰고 있다는 것은 분명하다.

> **조건**
> ㉠ A팀은 검정색 상의를, B팀은 흰색 상의를 입고 있다.
> ㉡ 양 팀에서 축구화를 신고 있는 사람은 모두 안경을 쓰고 있다.
> ㉢ 양 팀에서 안경을 쓴 사람은 모두 수비수이다.

① 만약 김과장이 공격수라면 안경을 쓰고 있다.
② 만약 김과장이 A팀의 공격수라면 흰색 상의를 입고 있거나 축구화를 신고 있다.
③ 만약 김과장이 B팀의 공격수라면 축구화를 신고 있지 않다.
④ 만약 김과장이 검정색 상의를 입고 있다면 안경을 쓰고 있다.
⑤ 만약 김과장이 A팀의 수비수라면 검정색 상의를 입고 있으며 안경을 쓰고 있지 않다.

※ A사원은 그 날의 날씨와 평균기온을 고려하여 〈조건〉에 따라 자신이 마실 음료를 고른다. 다음은 음료의 메뉴판과 이번 주 일기예보이다. 이어지는 질문에 답하시오. [14~15]

〈메뉴판〉

(단위 : 원)

	커피류			차 및 에이드류		
구분	작은 컵	큰 컵	구분	작은 컵	큰 컵
아메리카노	3,900	4,300	자몽에이드	4,200	4,700
카페라테	4,400	4,800	레몬에이드	4,300	4,800
바닐라라테	4,600	5,000	자두에이드	4,500	4,900
카페모카	5,000	5,400	밀크티	4,300	4,800

〈이번 주 일기예보〉

구분	7월 22일 일요일	7월 23일 월요일	7월 24일 화요일	7월 25일 수요일	7월 26일 목요일	7월 27일 금요일	7월 28일 토요일
날씨	흐림	맑음	맑음	흐림	비	비	맑음
평균기온	24℃	26℃	28℃	27℃	27℃	25℃	26℃

조건

• A사원은 맑거나 흐린 날에는 차 및 에이드류를 마시고, 비가 오는 날에는 커피류를 마신다.
• 평균기온이 26℃ 미만인 날에는 작은 컵으로, 26℃ 이상인 날은 큰 컵으로 마신다.
• 커피를 마시는 날 중 평균기온이 25℃ 미만인 날은 아메리카노를, 25℃ 이상 27℃ 미만인 날은 바닐라라테를, 27℃인 날은 카페라테를, 28℃ 이상인 날은 카페모카를 마신다.
• 차 및 에이드류를 마시는 날 중 평균기온이 27℃ 미만인 날은 자몽에이드를, 27℃ 이상인 날은 자두에이드를 마신다. 단, 비가 오지 않는 화요일과 목요일에는 반드시 밀크티를 마신다.

14 오늘이 7월 25일이라고 할 때, A사원이 내일 마실 음료는?

① 아메리카노 큰 컵 　　　　② 카페라테 큰 컵
③ 바닐라라테 작은 컵 　　　　④ 카페모카 큰 컵
⑤ 자두에이드 작은 컵

15 A사원은 24일에 직장동료인 B사원에게 음료를 사주었다. B사원에게는 자신이 전날 마신 음료와 같은 종류의 음료를 사주었다고 할 때, A사원이 음료 두 잔을 주문하며 지불한 금액은?

① 8,700원 　　　　② 9,000원
③ 9,200원 　　　　④ 9,500원
⑤ 9,700원

16 다음은 중국에 진출한 프랜차이즈 커피전문점에 대해 SWOT 분석을 한 자료이다. 〈보기〉의 빈칸 (가) ~ (라)에 들어갈 전략을 순서대로 바르게 나열한 것은?

강점(Strength)	약점(Weakness)
• 풍부한 원두커피의 맛 • 독특한 인테리어 • 브랜드 파워 • 높은 고객 충성도	• 중국 내 낮은 인지도 • 높은 시설비 • 비싼 임대료
기회(Opportunity)	위협(Threat)
• 중국 경제 급성장 • 서구문화에 대한 관심 • 외국인 집중 • 경쟁업체 진출 미비	• 중국의 차 문화 • 유명 상표 위조 • 커피 구매 인구의 감소

보기

(가)	(나)
• 브랜드가 가진 미국 고유문화 고수 • 독특하고 차별화된 서구적 인테리어 유지 • 공격적 점포 확장	• 외국인이 많은 곳에 점포 개설 • 본사 직영 인테리어
(다)	(라)
• 고품질 커피로 상위 소수고객에 집중	• 녹차 향 커피 • 개발 상표 도용 감시

	(가)	(나)	(다)	(라)
①	SO전략	ST전략	WO전략	WT전략
②	WT전략	ST전략	WO전략	SO전략
③	SO전략	WO전략	ST전략	WT전략
④	ST전략	WO전략	SO전략	WT전략
⑤	WT전략	WO전략	ST전략	SO전략

17 Z사원은 점심식사 중 식당에 있는 TV에서 정부의 정책에 대한 뉴스가 나오는 것을 보았다. 함께 점심을 먹는 동료들과 뉴스를 보고 나눈 대화의 내용으로 적절하지 않은 것은?

〈뉴스〉

앵커 : 저소득층에게 법률서비스를 제공하는 정책을 구상 중입니다. 정부는 무료로 법률자문을 하겠다고 자원하는 변호사를 활용하는 자원봉사제도, 정부에서 법률 구조공단 등의 기관을 신설하고 변호사를 유급으로 고용하여 법률서비스를 제공하는 유급법률구조제도, 정부가 법률서비스의 비용을 대신 지불하는 법률보호제도 등의 세 가지 정책대안 중 하나를 선택할 계획입니다.

이 정책대안을 비교하는 데 고려해야 할 정책목표는 비용저렴성, 접근용이성, 정치적 실현가능성, 법률서비스의 전문성입니다. 정책대안과 정책목표의 관계는 화면으로 보여드립니다. 각 대안이 정책목표를 달성하는 데 유리한 경우는 (+)로, 불리한 경우는 (-)로 표시하였으며, 유·불리 정도는 같습니다. 정책목표에 대한 가중치의 경우, '0'은 해당 정책목표를 무시하는 것을, '1'은 해당 정책목표를 고려하는 것을 의미합니다.

〈정책대안과 정책목표의 상관관계〉

정책목표	가중치		정책대안		
	A안	B안	자원봉사제도	유급법률구조제도	법률보호제도
비용저렴성	0	0	+	-	-
접근용이성	1	0	-	+	-
정치적 실현가능성	0	0	+	-	+
전문성	1	1	-	+	-

① 아마도 전문성 면에서는 유급법률구조제도가 자원봉사제도보다 더 좋은 정책 대안으로 평가받게 되겠군.
② A안에 가중치를 적용할 경우 유급법률구조제도가 가장 적절한 정책대안으로 평가받게 되지 않을까?
③ 반대로 B안에 가중치를 적용할 경우 자원봉사제도가 가장 적절한 정책대안으로 평가받게 될 것 같아.
④ A안과 B안 중 어떤 것을 적용하더라도 정책대안 비교의 결과는 달라지지 않을 것으로 보여.
⑤ 비용저렴성을 달성하기에 가장 유리한 정책대안은 자원봉사제도로군.

18 K공사는 현재 모든 사원과 연봉 협상을 하는 중이다. 연봉은 전년도 성과지표에 따라서 결정되며 직원들의 성과지표가 다음과 같을 때, 가장 많은 연봉을 받을 직원은 누구인가?

〈성과지표별 가중치〉

(단위 : 원)

성과지표	수익 실적	업무 태도	영어 실력	동료 평가	발전 가능성
가중치	3,000,000	2,000,000	1,000,000	1,500,000	1,000,000

〈사원별 성과지표 결과〉

(단위 : 점)

구분	수익 실적	업무 태도	영어 실력	동료 평가	발전 가능성
A사원	3	3	4	4	4
B사원	3	3	3	4	4
C사원	5	2	2	3	2
D사원	3	3	2	2	5
E사원	4	2	5	3	3

※ (당해 연도 연봉)=3,000,000원+(성과급)
※ 성과급은 각 성과지표와 그에 해당하는 가중치를 곱한 뒤 모두 더함
※ 성과지표의 평균이 3.5점 이상인 경우 당해 연도 연봉에 1,000,000원이 추가됨

① A사원
② B사원
③ C사원
④ D사원
⑤ E사원

19 K공사는 본사 이전으로 인해 사무실 배치를 새롭게 바꾸기로 하였다. 다음 고려사항을 참고할 때, (가로) 3,000mm×(세로) 3,400mm인 직사각형의 사무실에 가능한 가구 배치는?

〈배치 시 고려사항〉

- 사무실 문을 여닫는 데 1,000mm의 간격이 필요함
- 서랍장의 서랍(• 로 표시하며, 가로면 전체에 위치)을 열려면 400mm의 간격이 필요(회의 탁자, 책상, 캐비닛은 서랍 없음)하며, 반드시 여닫을 수 있어야 함
- 붙박이 수납장 문을 열려면 앞면 전체에 550mm의 간격이 필요하며, 반드시 여닫을 수 있어야 함
- 가구들은 쌓을 수 없음
- 각각의 가구는 사무실에 넣을 수 있는 것으로 가정함
  - 회의 탁자 : (가로) 1,500mm×(세로) 2,110mm
  - 책상 : (가로) 450mm×(세로) 450mm
  - 서랍장 : (가로) 1,100mm×(세로) 500mm
  - 캐비닛 : (가로) 1,000mm×(세로) 300mm
  - 붙박이 수납장은 벽 한 면 전체를 남김없이 차지함(깊이 650mm)

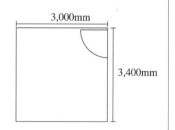

20 귀하가 근무하는 K공사는 출근할 때 카드 또는 비밀번호를 입력하여야 한다. 오늘 귀하는 카드를 집에 두고 출근하여 비밀번호로 근무지에 출입하려고 하였으나, 비밀번호가 잘 기억이 나지 않아 현재 매우 당혹스럽다. 네 자리 숫자로 구성된 비밀번호에 대하여 다음 〈조건〉과 같은 사실이 기억났다면, 귀하가 추론할 수 있는 내용으로 옳지 않은 것은?

> **조건**
> • 비밀번호를 구성하고 있는 각 숫자는 소수가 아니다.
> • 6과 8 중에서 단 하나만이 비밀번호에 들어간다.
> • 비밀번호는 짝수로 시작한다.
> • 비밀번호의 각 숫자는 큰 수부터 차례로 나열되어 있다.
> • 같은 숫자는 두 번 이상 들어가지 않는다.

① 비밀번호는 짝수이다.
② 비밀번호의 앞에서 두 번째 숫자는 4이다.
③ 주어진 조건을 모두 만족하는 비밀번호는 모두 세 개이다.
④ 비밀번호는 1을 포함하지만, 9는 포함하지 않는다.
⑤ 주어진 조건을 모두 만족하는 비밀번호 중 가장 작은 수는 6410이다.

21 영희는 오후 3시에 학교 수업이 끝난 후 할머니를 모시고 병원에 간다. 학교에서 집으로 갈 때는 4km/h의 속력으로 이동하고 집에서 10분 동안 할머니를 기다린 후, 할머니와 병원까지 3km/h의 속력으로 이동한다고 한다. 학교와 집, 집과 병원 사이의 거리 비는 2 : 1이고, 병원에 도착한 시각은 오후 4시 50분이다. 이때 병원에서 집까지의 거리는?

① 1km ② 2km
③ 3km ④ 4km
⑤ 5km

22 다음은 2020 ~ 2024년에 열린 4종목의 스포츠 경기 수를 나타낸 자료이다. 이에 대한 설명으로 옳지 않은 것은?

<국내 연도별 스포츠 경기 수>

(단위 : 회)

구분	2020년	2021년	2022년	2023년	2024년
농구	413	403	403	403	410
야구	432	442	425	433	432
배구	226	226	227	230	230
축구	228	230	231	233	233

① 농구의 경기 수는 2021년의 전년 대비 감소율이 2024년의 전년 대비 증가율보다 높다.
② 2020년 농구와 배구 경기 수 차이는 야구와 축구 경기 수 차이의 90% 이상이다.
③ 2020년부터 2024년까지 야구 평균 경기 수는 축구 평균 경기 수의 2배 이하이다.
④ 2021년부터 2023년까지 경기 수가 증가하는 스포츠는 1종목이다.
⑤ 2024년 경기 수가 5년 동안의 종목별 평균 경기 수보다 적은 스포츠는 1종목이다.

23 다음은 2024년 1분기 및 2025년 1분기 산업단지별 수출현황이다. 빈칸 (가) ~ (다)에 들어갈 수치로 옳은 것은?(단, 전년 대비 수치는 소수점 둘째 자리에서 반올림한다)

<2024년 1분기 및 2025년 1분기 수출현황>

(단위 : 백만 불)

구분	2024년 1분기	2025년 1분기	전년 대비
국가	58,809	66,652	13.3% 상승
일반	29,094	34,273	(가) 상승
농공	3,172	2,729	14.0% 하락
합계	91,075	(나)	(다) 상승

	(가)	(나)	(다)
①	17.8%	103,654	11.8%
②	15.8%	103,654	13.8%
③	17.8%	102,554	13.8%
④	15.8%	104,654	11.8%
⑤	17.8%	103,654	13.8%

24 다음은 전국 폐기물 발생 현황 자료이다. 빈칸 (ㄱ), (ㄴ)에 들어갈 값을 바르게 짝지은 것은?(단, 소수점 둘째 자리에서 반올림한다)

<전국 폐기물 발생 현황>

구분		2019년	2020년	2021년	2022년	2023년	2024년
총계	발생량(톤)	359,296	357,861	365,154	373,312	382,009	382,081
	증감율(%)	6.6	−0.4	2.0	2.2	2.3	0.02
의료 폐기물	발생량(톤)	52,072	50,906	49,159	48,934	48,990	48,728
	증감율(%)	3.4	−2.2	−3.4	(ㄱ)	0.1	−0.5
사업장 배출시설계 폐기물	발생량(톤)	130,777	123,604	137,875	137,961	146,390	149,815
	증감율(%)	13.9	(ㄴ)	11.5	0.1	6.1	2.3
건설 폐기물	발생량(톤)	176,447	183,351	178,120	186,417	186,629	183,538
	증감율(%)	2.6	3.9	−2.9	4.7	0.1	−1.7

	(ㄱ)	(ㄴ)
①	−0.5%	−5.5%
②	−0.5%	−4.5%
③	−0.6%	−5.5%
④	−0.6%	−4.5%
⑤	−0.7%	−5.5%

25 농도가 10%인 소금물 200g에 농도가 15%인 소금물을 섞어서 13%인 소금물을 만들려고 한다. 이때, 농도가 15%인 소금물은 몇 g이 필요한가?

① 150g ② 200g

③ 250g ④ 300g

⑤ 350g

26 다음 중 빈칸 (가), (나)에 들어갈 값으로 옳은 것은?

〈팀별 인원수 및 평균점수〉

(단위 : 명, 점)

구분	A	B	C
인원수	( )	( )	( )
평균점수	40.0	60.0	90.0

※ 각 참가자는 A, B, C팀 중 하나의 팀에만 속하고, 개인별로 점수를 획득함

※ (팀 평균점수)=$\dfrac{(해당\ 팀\ 참가자\ 개인별\ 점수의\ 합)}{(해당\ 팀\ 참가자\ 인원수)}$

〈팀 연합 인원수 및 평균점수〉

(단위 : 명, 점)

구분	A+B	B+C	C+A
인원수	80	120	(가)
평균점수	52.5	77.5	(나)

※ A+B는 A팀과 B팀, B+C는 B팀과 C팀, C+A는 C팀과 A팀의 인원을 합친 팀 연합임

※ (팀 연합 평균점수)=$\dfrac{(해당\ 팀\ 연합\ 참가자\ 개인별\ 점수의\ 합)}{(해당\ 팀\ 연합\ 참가자\ 인원수)}$

	(가)	(나)
①	90	72.5
②	90	75.0
③	100	72.5
④	100	75.0
⑤	120	72.5

27 다음은 부문별·유형별 최종에너지 소비량에 대한 자료이다. 〈보기〉 중 이에 대한 설명으로 옳은 것을 모두 고르면?

〈2022 ~ 2024년 유형별 최종에너지 소비량 비중〉

(단위 : %)

구분	석탄		석유제품	도시가스	전력	기타
	무연탄	유연탄				
2022년	2.7	11.6	53.3	10.8	18.2	3.4
2023년	2.8	10.3	54.0	10.7	18.6	3.6
2024년	2.9	11.5	51.9	10.9	19.1	3.7

〈2024년 부문별·유형별 최종에너지 소비량〉

(단위 : 천TOE)

구분	석탄		석유제품	도시가스	전력	기타	합계
	무연탄	유연탄					
산업	4,750	15,317	57,451	9,129	23,093	5,415	115,155
가정·상업	901	4,636	6,450	11,105	12,489	1,675	37,256
수송	–	–	35,438	188	1,312	–	36,938
기타	–	2,321	1,299	669	152	42	4,483
합계	5,651	22,274	100,638	21,091	37,046	7,132	193,832

보기

ㄱ. 2022 ~ 2024년 동안 전력 소비량은 매년 증가한다.

ㄴ. 2024년 산업부문의 최종에너지 소비량은 전체 최종에너지 소비량의 50% 이상을 차지한다.

ㄷ. 2022 ~ 2024년 동안 석유제품 소비량 비중 대비 전력 소비량 비중의 비율이 매년 증가한다.

ㄹ. 2024년에는 산업부문과 가정·상업부문에서 유연탄 소비량 대비 무연탄 소비량의 비율이 각각 25% 미만이다.

① ㄱ, ㄴ   ② ㄱ, ㄹ
③ ㄴ, ㄷ   ④ ㄴ, ㄹ
⑤ ㄷ, ㄹ

28 K공사는 야유회 준비를 위해 500mL 물과 2L 음료수를 총 330개 구입하였다. 야유회에 참가한 직원을 대상으로 500mL 물은 1인당 1개, 2L 음료수는 5인당 1개씩 지급했더니 남거나 모자라지 않았다면, K공사 야유회에 참가한 직원은 모두 몇 명인가?

① 280명   ② 275명
③ 270명   ④ 265명
⑤ 260명

29 다음은 A ~ D사의 남녀 직원 비율을 나타낸 자료이다. 이에 대한 설명으로 옳지 않은 것은?

〈회사별 남녀 직원 비율〉

(단위 : %)

구분	A사	B사	C사	D사
남	54	48	42	40
여	46	52	58	60

① A사의 남직원이 B사의 여직원보다 많다.
② B, C, D사의 여직원 수의 합은 남직원 수의 합보다 크다.
③ 여직원 대비 남직원 비율이 가장 높은 회사는 A사이며, 가장 낮은 회사는 D사이다.
④ A, B, C사의 전체 직원 수가 같다면 A, C사 여직원 수의 합은 B사 여직원 수의 2배이다.
⑤ A, B사의 전체 직원 중 남직원이 차지하는 비율이 52%라면 A사의 전체 직원 수는 B사 전체 직원 수의 2배이다.

30 다음은 K국의 청년 고용동향에 대한 자료이다. 이에 대한 설명으로 옳지 않은 것은?

〈청년층(15 ~ 26세) 고용률 및 실업률〉

- (실업률) : (실업자수÷경제활동인구)×100
- (고용률) : (취업자수÷생산가능인구)×100

〈청년층(15 ~ 26세) 고용동향〉

(단위 : %, 천 명)

구분	2017년	2018년	2019년	2020년	2021년	2022년	2023년	2024년
생산가능인구	9,920	9,843	9,855	9,822	9,780	9,705	9,589	9,517
경제활동인구	4,836	4,634	4,530	4,398	4,304	4,254	4,199	4,156
경제활동참가율	48.8	47.1	46.0	44.8	44.0	43.8	43.8	43.7

- 생산가능인구 : 만 15세 이상 인구
- 경제활동인구 : 만 15세 이상 인구 중 취업자와 실업자
- 경제활동참가율 : [(경제활동인구)÷(생산가능인구)]×100

① 2017년부터 2019년까지 청년층 고용률과 실업률의 증감추이는 동일하다.

② 전년과 비교했을 때 2018년에 경제활동인구가 가장 많이 감소했다.

③ 생산가능인구는 매년 감소하고 있다.

④ 고용률 대비 실업률 비율이 가장 높았던 해는 2021년이다.

⑤ 경제활동참가율은 전체적으로 감소하고 있다.

31 다음 중 Windows에서 바로가기 아이콘에 대한 설명으로 옳은 것은?

① 아이콘을 실행하면 연결된 프로그램이 실행되며, 바로가기의 확장자는 'raw'이다.

② 바로가기 아이콘의 [속성] - [일반] 탭에서 바로가기 아이콘의 위치, 크기를 확인할 수 있다.

③ 원본 파일이 있는 위치와 다른 위치에 만들 수 없다.

④ 바로가기 아이콘을 삭제하면 연결된 프로그램도 함께 삭제된다.

⑤ 바로가기 아이콘은 [탐색기] 창에서 실행 파일을 〈Ctrl〉+〈Alt〉를 누른 상태로 바탕 화면에 드래그 앤 드롭하면 만들 수 있다.

32 다음은 데이터베이스에 대한 설명이다. 데이터베이스의 특징으로 적절하지 않은 것은?

> 데이터베이스란 대량의 자료를 관리하고 내용을 구조화하여 검색이나 자료 관리 작업을 효과적으로 실행하는 프로그램으로, 삽입, 삭제, 수정, 갱신 등을 통하여 항상 최신의 데이터를 유동적으로 유지할 수 있으며, 이와 같은 다량의 데이터는 사용자의 질의에 대한 신속한 응답 처리를 가능하게 한다. 또한 이러한 데이터를 여러 명의 사용자가 동시에 공유할 수 있고, 각 데이터를 참조할 때는 사용자가 요구하는 내용에 따라 참조가 가능함은 물론 응용프로그램과 데이터베이스를 독립시킴으로써 데이터를 변경시키더라도 응용프로그램은 변경되지 않는다.

① 실시간 접근성

② 계속적인 진화

③ 동시 공유

④ 내용에 의한 참조

⑤ 데이터 논리적 의존성

33 다음은 조직심리학 수업을 수강한 학생들의 성적이다. 최종점수는 중간시험과 기말시험의 평균점수에서 90%, 출석점수에서 10%가 반영된다. 최종점수를 높은 순으로 나열했을 때, 1 ~ 2등은 A, 3 ~ 5등은 B, 나머지는 C를 받는다. 최종점수, 등수, 등급을 엑셀의 함수기능을 이용하여 작성하려고 할 때, 필요가 없는 함수는?(단, 최종점수는 소수점 둘째 자리에서 반올림한다)

	A	B	C	D	E	F	G
1	이름	중간시험	기말시험	출석	최종점수	등수	등급
2	강하나	97	95	10	87.4	1	A
3	김지수	92	89	10	82.5	3	B
4	이지운	65	96	9	73.4	5	B
5	전이지	77	88	8	75.1	4	B
6	송지나	78	75	8	69.7	6	C
7	최진수	65	70	7	61.5	7	C
8	유민호	89	95	10	83.8	2	A

① IFS
② AVERAGE
③ RANK
④ ROUND
⑤ AVERAGEIFS

34 다음 설명에 해당하는 함수로 옳은 것은?

> 주어진 조건에 의해 지정된 셀들의 합계를 구하는 함수로, 특정 문자로 시작하는 셀들의 합계를 구하는 경우, 특정 금액 이상의 셀 합계를 구하는 경우, 구분 항목별 합계를 구하는 경우 등 다양하게 사용할 수 있다.

① SUM
② COUNT
③ AVERAGEA
④ SUMIF
⑤ COUNTIF

35 2025년에 출시될 음료 제품의 블라인드 테스트를 진행한 설문 응답표를 엑셀 표로 정리하였다. 다음과 같이 결과표를 만들고 싶을 때 필요한 엑셀의 함수는?

〈설문 응답표〉

문항 1. 음료를 개봉했을 때, 냄새가 바로 느껴지는가?
    1. 매우 그렇다.   2. 그렇다.   3. 보통이다.   4. 아니다.   5. 매우 아니다.

문항 2. 음료를 마신 후, 이전에 먹어본 비슷한 음료가 생각나는가?
    1. 매우 그렇다.   2. 그렇다.   3. 보통이다.   4. 아니다.   5. 매우 아니다.
                  ⋮

	A	B	C	D	E	F	G
1	〈설문 응답표〉						
2		설문자 A	설문자 B	설문자 C	설문자 D	설문자 E	…
3	문항 1	1	2	3	4	5	…
4	문항 2	5	4	3	2	1	…
5	문항 3	1	1	1	1	1	…
6	문항 4	2	2	2	3	3	…
7	문항 5	4	4	5	1	2	…
8	…	…	…	…	…	…	…

	A	B	C	D	E	F	G
1	〈결과표〉						
2		매우 그렇다(1)	그렇다(2)	보통(3)	아니다(4)	매우 아니다(5)	…
3	문항 1	1	1	1	1	1	…
4	문항 2	1	1	1	1	1	…
5	문항 3	5	0	0	0	0	…
6	문항 4	0	3	2	0	0	…
7	문항 5	1	1	0	2	1	…
8	…	…	…	…	…	…	…

① COUNTIF
② COUNT
③ COUNTA
④ DSUM
⑤ SUMIF

36 다음 시트에서 [B1] 셀에 수식 「=INT(A1)」 함수를 입력했을 때 결괏값으로 옳은 것은?

	A	B
1	100.58	

① 100
② 100.5
③ 100.58
④ 100.6
⑤ 101

37 다음 워크시트에서 [틀 고정] 기능을 통해 A열과 1행을 고정하고자 할 때, 어느 셀을 클릭한 후 [틀 고정]을 해야 하는가?

	A	B	C
1	코드번호	성명	취미
2	A001	이진수	컴퓨터
3	A002	홍인호	축구
4	A003	성미라	미술
5	A004	김민수	컴퓨터
6	A005	임소라	농구

① [A1]
② [A2]
③ [B1]
④ [B2]
⑤ [C2]

38 다음은 〈조건〉에 따라 작성된 스프레드 시트이다. 사용된 수식에 대한 설명으로 옳은 것을 〈보기〉에서 모두 고르면?

조건

- 평균([G4:G8])은 3월 ~ 7월까지의 사원 상점의 평균이다.
- 순위([H4:H8])는 평균을 기준으로 내림차순으로 구한 등수이다.
- 비고([I4:I8])는 순위가 1 ~ 3이면 "우수 사원"이고, 그 외에는 공백이다.
- 합계([B9:F9])는 월별 사원 상점의 합이다.
- 누적 합계([B10:F10])는 합계의 누적이다.
- [G4:I8] 셀은 [G4:I4] 셀에 수식을 각각 입력한 후 '자동 채우기'를 실행한다.
- [B9:F10] 셀은 [B9:B10] 셀에 수식을 각각 입력한 후 '자동 채우기'를 실행한다.

	A	B	C	D	E	F	G	H	I
1				우수 사원 현황					
2									
3	이름	3월	4월	5월	6월	7월	평균	순위	비고
4	○준범	2	14	5	5	20	9.2	2	우수 사원
5	○지연	5	20	8	6	2	8.2	4	
6	○민호	4	20	7	4	1	7.2	5	
7	○예진	4	12	10	7	15	9.6	1	우수 사원
8	○윤성	5	10	10	8	10	8.6	3	우수 사원
9	합계	20	76	40	30	48			
10	누적 합계	20	96	136	166	214			

보기

ㄱ. [G4] 셀은 「=AVERAGE(B4:F8)」로 구할 수 있다.
ㄴ. [H4] 셀은 「=RANK(G4,$G$4:$G$8)」로 구할 수 있다.
ㄷ. [I4] 셀은 「=IF(H4>=3,"우수 사원"," ")」로 구할 수 있다.
ㄹ. [B10] 셀은 「=SUM($B$9:B9)」으로 구할 수 있다.

---

① ㄱ, ㄴ 　　　　　　　② ㄱ, ㄷ
③ ㄴ, ㄷ 　　　　　　　④ ㄴ, ㄹ
⑤ ㄷ, ㄹ

※ 다음은 자료, 정보, 지식에 대한 내용이다. 이어지는 질문에 답하시오. [39~40]

〈자료, 정보, 지식에 대한 구분〉

자료 (Data)	⇨	객관적 실제의 반영이며, 그것을 전달할 수 있도록 기호화한 것	⇨	예	• 고객의 휴대폰 기종 • 고객의 휴대폰 활용 횟수
⇩					
정보 (Information)	⇨	자료를 특정한 목적과 문제해결에 도움이 되도록 가공한 것	⇨	예	• 중년층의 휴대폰 기종 • 중년층의 휴대폰 활용 횟수
⇩					
지식 (Knowledge)	⇨	정보를 집적하고 체계화하여 장래의 일반적인 사항에 대비해 보편성을 갖도록 한 것	⇨	예	• 휴대폰 디자인에 대한 중년층의 취향 • 중년층을 주요 타깃으로 신종 휴대폰 개발

39 다음 〈보기〉 중 정보(Information)에 해당하는 것을 모두 고르면?

> **보기**
> ㉠ 라면 종류별 전체 판매량　　　　　㉡ 1인 가구의 인기 음식
> ㉢ 남성을 위한 고데기 개발　　　　　㉣ 다큐멘터리와 예능 시청률
> ㉤ 만보기 사용 횟수　　　　　　　　㉥ 5세 미만 아동들의 선호 색상

① ㉠, ㉢
② ㉡, ㉣
③ ㉡, ㉥
④ ㉢, ㉥
⑤ ㉣, ㉤

40 다음 자료(Data)를 통해 추론할 수 있는 지식(Knowledge)으로 적절하지 않은 것은?

> • 연령대별 선호 운동　　　　　　　• 직장인 평균 퇴근 시간
> • 실내운동과 실외운동의 성별 비율　• 운동의 목적에 대한 설문조사 자료
> • 선호하는 운동 부위의 성별 비율　　• 운동의 실패 원인에 대한 설문조사 자료

① 퇴근 후 부담 없이 운동 가능한 운동기구 개발
② 20·30대 남성들을 위한 실내체육관 개설 계획
③ 요일마다 특정 운동부위 발달을 위한 운동 가이드 채널 편성
④ 다이어트에 효과적인 식이요법 자료 발행
⑤ 목적에 맞는 운동 프로그램 계획 설계

| 02 | 자원관리능력

41 다음 글을 참고할 때, 성격이 다른 비용은?

> 예산관리란 활동이나 사업에 소요되는 비용을 산정하고 예산을 편성하는 것뿐만 아니라 예산을 통제하는 것 또한 포함한다. 이러한 예산은 대부분 개인 또는 기업에 한정되어 있기 때문에, 정해진 예산을 얼마나 효율적으로 사용하는지는 매우 중요한 문제이다. 하지만 어떤 활동이나 사업의 비용을 추정하거나 예산을 잡는 작업은 결코 생각하는 것만큼 쉽지 않다. 무엇보다 추정해야 할 매우 많은 유형의 비용이 존재하기 때문이다. 이러한 비용은 크게 제품 생산 또는 서비스를 창출하기 위해 직접 소비되는 비용인 직접비용과 제품 생산 또는 서비스를 창출하기 위해 소비된 비용 중에서 직접비용을 제외한 비용으로, 제품 생산에 직접 관련되지 않은 비용인 간접비용으로 나눌 수 있다.

① 보험료   ② 건물관리비

③ 잡비   ④ 통신비

⑤ 광고비

42 K회사 자재관리팀에 근무 중인 귀하는 행사에 사용할 배너를 제작하는 업무를 맡았다. 다음 상황을 보고 상사의 추가 지시에 따라 계산한 현수막 제작 비용은?

■ 다음은 행사 장소를 나타낸 도면이다.

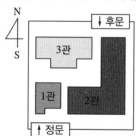

■ 행사 장소 : 본 건물 3관

■ 배너 제작 비용(배너 거치대 포함)
 - 일반 배너 한 장당 15,000원
 - 양면 배너 한 장당 20,000원

■ 현수막 제작 비용
 - 기본 크기(세로×가로) : 1m×3m → 5,000원
 - 기본 크기에서 추가 시 → 1m³당 3,000원씩 추가

> 상사 : 행사장 위치를 명확하게 알리려면 현수막도 설치하는 것이 좋을 것 같네요. 정문하고 후문에 하나씩 걸고 2관 건물 입구에도 하나를 답시다. 정문하고 후문에는 3m×8m 크기로 하고, 2관 건물 입구에는 1m×4m의 크기가 적당할 것 같아요. 견적 좀 부탁할게요.

① 84,000원   ② 98,000원

③ 108,000원   ④ 120,000원

⑤ 144,000원

※ 다음은 텀블러 제조 업체인 K회사의 생산 비용 절감에 대한 글이다. 이어지는 질문에 답하시오. **[43~44]**

K회사는 텀블러 뚜껑 생산에 소비전력이 5,000W인 기계를 하루 8시간 가동하여 한 달 기준 1,200kWh의 전기를 사용한다. 텀블러 뚜껑 제작에 드는 비용은 전기 사용료가 84만 원, 연료비는 100만 원이다.

K회사는 비용 절감을 위해 다양한 제품의 생산 비용을 분석하였다. 그러자 텀블러 뚜껑을 생산하는 고정 비용의 비율이 K회사 전체 제품 생산 비용의 45%인 것으로 밝혀졌다. 이에 따라 임원진은 텀블러 뚜껑 생산 비용의 절감을 요구하였다.

텀블러 뚜껑 생산팀장인 귀하는 C회사의 설비를 설치하면 전기 사용량은 같지만 연료비가 한 달 기준 75만 원으로 줄어드는 효과가 있다는 것을 알았다. C회사의 설비를 설치하는 데 드는 비용은 1,000만 원이다. 또 다른 업체인 F회사의 설비는 연료비는 기존과 동일하지만 소비전력을 1,250W나 감소시켜 한 달 기준 전기 사용량이 900kWh로 감소한다. 한 달 기준 전기 사용료를 25% 절감할 수 있는 것이다. F회사의 설비를 설치하는 데 드는 비용은 5,000만 원이다.

43 C회사와 F회사의 설비를 함께 설치하여 사용하는 첫 1년은 설치 전 1년 대비 얼마만큼의 효율(비용 절감)이 있는가?(단, 설치비는 제외한다)

① 15%
② 18%
③ 21%
④ 25%
⑤ 28%

44 C회사와 F회사의 설비를 함께 설치하기로 결정하여 약 5년간 사용하였다. 그 후 텀블러 뚜껑 기계를 교체하게 되면서 C회사와 F회사의 설비를 다른 회사에 1,000만 원에 판매하였다면, 이익이나 손해는 얼마인가?

① 1,760만 원 손해
② 2,240만 원 이익
③ 2,240만 원 손해
④ 3,240만 원 이익
⑤ 3,240만 원 손해

45 K사원의 팀은 출장근무를 마치고 서울로 복귀하고자 한다. 다음 자료를 참고할 때, 서울에 가장 일찍 도착할 수 있는 예정시각은 언제인가?

〈상황〉

• K사원이 소속된 팀원은 총 4명이다.
• 대전에서 출장을 마치고 서울로 돌아가려고 한다.
• 고속버스터미널에는 은행, 편의점, 화장실, 패스트푸드점 등이 있다.
  ※ 시설별 소요시간 : 은행 30분, 편의점 10분, 화장실 20분, 패스트푸드점 25분

〈대화 내용〉

A과장 : 긴장이 풀려서 그런가? 배가 출출하네. 햄버거라도 사 먹어야겠어.
B대리 : 저도 출출하긴 한데 그것보다 화장실이 더 급하네요. 금방 다녀오겠습니다.
C주임 : 그럼 그사이에 버스표를 사야 하니 은행에 들러 현금을 찾아오겠습니다.
K사원 : 저는 그동안 버스 안에서 먹을 과자를 편의점에서 사 오겠습니다.
A과장 : 지금이 16시 50분이니까 다들 각자 볼일 보고 빨리 돌아와. 다 같이 타고 가야 하니까.

〈시외버스 배차정보〉

대전 출발	서울 도착	잔여 좌석수
17:00	19:00	6
17:15	19:15	8
17:30	19:30	3
17:45	19:45	4
18:00	20:00	8
18:15	20:15	5
18:30	20:30	6
18:45	20:45	10
19:00	21:00	16

① 17:45
② 19:15
③ 19:45
④ 20:15
⑤ 20:45

46 K패션회사의 기획홍보부에 근무하는 P대리는 자신이 해야 할 일들을 다음과 같이 메모하였고, 일이 차질 없이 진행되도록 〈보기〉에 따라 업무를 나누어 적어보려고 한다. 각 업무에 해당하는 순위를 바르게 연결한 것은?

〈해야 할 일(1월 1일 기준)〉

㉠ 기획홍보부 신입사원 사내 기본교육 및 업무 인수인계 진행(다음 주까지)

㉡ 경쟁업체 신규 매장 오픈(4월 1일)으로 인한 경영전략 수립(3월 중 유통부와 공조하여 진행)

㉢ 3월 1일에 시작하는 봄맞이 프로모션 준비 : 할인 품목 및 할인율 재점검, 프로모션 전략자료 준비(2월 1일까지 제출)

㉣ 어학학원 수강신청 및 등록

보기

	중요한 것	
긴급하지 않은 것	2순위 계획하고 준비해야 할 문제	1순위 제일 먼저 해결해야 할 긴급하고 중요한 문제
	4순위 상대적으로 하찮은 일	3순위 신속히 해결해야 할 문제
	중요하지 않은 것	긴급한 것

	1순위	2순위	3순위	4순위
①	㉠	㉡	㉢	㉣
②	㉡	㉢	㉠	㉣
③	㉢	㉠	㉡	㉣
④	㉢	㉡	㉠	㉣
⑤	㉣	㉢	㉠	㉡

47 K공사는 동절기에 인력을 감축하여 운영한다. 다음 〈조건〉을 참고할 때, 동절기 업무시간 단축 대상자가 바르게 짝지어진 것은?

〈동절기 업무시간 단축 대상자 현황〉

성명	업무성과 평가	통근거리	자녀 유무
최나래	C	3km	×
박희영	B	5km	○
이지규	B	52km	×
박슬기	A	55km	○
황보연	D	30km	○
김성배	B	75km	×
이상윤	C	60km	○
이준서	B	70km	○
김태란	A	68km	○
한지혜	C	50km	×

조건

• K공사의 동절기 업무시간 단축 대상자는 총 2명이다.
• 업무성과 평가에서 상위 40% 이내에 드는 경우 동절기 업무시간 단축 대상자 후보가 된다.
  ※ A>B>C>D 순서로 매기고, 동순위자 발생 시 동순위자를 모두 고려함
• 통근거리가 50km 이상인 경우에만 동절기 업무시간 단축 대상자가 될 수 있다.
• 동순위자 발생 시 자녀가 있는 경우에는 동절기 업무시간 단축 대상 우선순위를 준다.
• 위의 조건에서 대상자가 정해지지 않은 경우, 통근거리가 가장 먼 직원부터 대상자로 선정한다.

① 황보연, 이상윤　　　　　　② 박슬기, 김태란
③ 이준서, 김태란　　　　　　④ 이준서, 김성배
⑤ 최나래, 황보연

48 다음 사례에 해당하는 물적자원관리의 방해요인이 바르게 연결되지 않은 것은?

- A는 손톱깎이를 사용한 뒤 항상 아무 곳에나 놓는다. 그래서 손톱깎이가 필요할 때마다 한참 동안 집 안 구석구석을 찾아야 한다.
- B는 길을 가다가 귀여운 액세서리를 발견하면 그냥 지나치지 못한다. 그래서 B의 화장대 서랍에는 액세서리가 쌓여 있다.
- C는 지난 주에 휴대폰을 잃어버려 얼마 전에 새로 구입하였다. 그런데 오늘 또 지하철에서 새로 산 휴대폰을 잃어버리고 말았다.
- D는 작년에 친구에게 선물 받은 크리스마스 한정판 화장품을 잃어버린 후 찾지 못했고, 다시 구입하려고 하니 이미 판매가 끝난 상품이라 구입할 수 없었다.
- E는 건조한 실내 공기에 작년에 사용하고 넣어 두었던 가습기를 찾았으나, 창고에서 꺼내 온 가습기는 곰팡이가 피어 작동하지 않았다.

① A : 보관 장소를 파악하지 못하는 경우
② B : 분명한 목적 없이 물건을 구입하는 경우
③ C : 물품을 분실한 경우
④ D : 보관 장소를 파악하지 못하는 경우
⑤ E : 물품이 훼손된 경우

49 다음은 지점 간 경로와 거리를 나타낸 행렬이다. S지점에서 F지점까지의 최단거리는 몇 km인가?

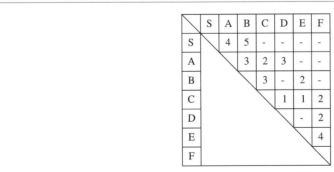

	S	A	B	C	D	E	F
S		4	5	-	-	-	-
A			3	2	3	-	-
B				3	-	2	-
C					1	1	2
D						-	2
E							4
F							

- A지점에서 C지점 사이에 2km의 경로가 존재하고, 숫자가 없는 성분은 경로가 존재하지 않는다.

① 5km
② 6km
③ 7km
④ 8km
⑤ 9km

다음 자료를 근거로 판단할 때, A~E 중 두 번째로 많은 지원금을 받는 모임은?

〈지원계획〉

- 지원을 받기 위해서는 한 모임당 6명 이상 9명 미만으로 구성되어야 한다.
- 기본지원금은 모임당 1,500만 원을 기본으로 지원한다. 단, 상품개발을 위한 모임의 경우는 2,000만 원을 지원한다.
- 추가지원금

등급	상	중	하
추가지원금(만 원/명)	120	100	70

※ 추가지원금은 연구 계획 사전평가결과에 따라 달라짐
- 협업 장려를 위해 협업이 인정되는 모임에는 위의 두 지원금을 합한 금액의 30%를 별도로 지원한다.

〈연구모임 현황 및 평가결과〉

모임	상품개발 여부	구성원 수	연구 계획 사전평가결과	협업 인정 여부
A	○	5	상	○
B	×	6	중	×
C	×	8	상	○
D	○	7	중	×
E	×	9	하	×

① A
② B
③ C
④ D
⑤ E

| 03 | 기술능력

41 다음 글을 읽고 추론할 수 있는 기술 혁신의 특성으로 옳은 것은?

> 인간의 개별적인 지능과 창의성, 상호학습을 통해 발생하는 새로운 지식과 경험은 빠른 속도로 축적되고 학습되지만, 이러한 지식은 문서화되기 어렵기 때문에 다른 사람들에게 쉽게 전파될 수 없다. 따라서 연구개발에 참가한 연구원과 엔지니어들이 그 기업을 떠나는 경우 기술과 지식의 손실이 크게 발생하여 기술 개발을 지속할 수 없는 경우가 종종 발생한다.

① 기술 혁신은 그 과정 자체가 매우 불확실하다.
② 기술 혁신은 장기간의 시간을 필요로 한다.
③ 기술 혁신은 지식 집약적인 활동이다.
④ 기술 혁신 과정의 불확실성과 모호함은 기업 내에서 많은 갈등을 유발할 수 있다.
⑤ 기술 혁신은 조직의 경계를 넘나든다.

42 다음 글의 벤치마킹에 대한 설명으로 옳은 것은?

> 네스프레소는 가정용 커피머신 시장의 선두주자이다. 이러한 성장 배경으로 기존의 산업 카테고리를 벗어나 랑콤, 이브로쉐 등 고급 화장품 업계의 채널 전략을 벤치마킹했다. 고급 화장품 업체들은 독립 매장에서 고객들에게 화장품을 직접 체험할 수 있는 기회를 제공하고, 이를 적극적으로 수요와 연계하고 있었다. 네스프레소는 이를 통해 신규 수요를 창출하기 위해서는 커피머신의 기능을 강조하는 것이 아니라, 즉석에서 추출한 커피의 신선한 맛을 고객에게 체험하게 하는 것이 중요하다는 인사이트를 도출했다. 이후 전 세계 유명 백화점에 오프라인 단독 매장들을 개설해 고객에게 커피를 시음할 수 있는 기회를 제공했다. 이를 통해 네스프레소의 수요는 급속도로 늘어나 매출 부문에서 30 ~ 40%의 고속성장을 거두게 되었고, 전 세계로 확장되며 여전히 높은 성장세를 이어가고 있다.

① 자료수집이 쉬우며 효과가 크지만 편중된 내부시각에 대한 우려가 있다는 단점이 있다.
② 비용 또는 시간적 측면에서 상대적으로 많이 절감할 수 있다는 장점이 있다.
③ 문화 및 제도적인 차이에 대한 검토가 부족하면 잘못된 결과가 나올 수 있다.
④ 경영성과와 관련된 정보 입수가 가능하나 윤리적인 문제가 발생할 소지가 있다.
⑤ 새로운 아이디어가 나올 가능성이 높지만 가공하지 않고 사용한다면 실패할 수 있다.

※ K회사는 사무실이 건조하다는 직원들의 요청으로 '에어워셔'를 설치하였다. 다음 설명서를 읽고 이어지는 질문에 답하시오. [43~45]

■ 안전한 사용법

- 벽면에 가깝게 놓고 사용하지 마세요(제품의 좌·우측, 뒷면은 실내공기가 흡입되는 곳이므로 벽면으로부터 30cm 이상 간격을 두고 사용하세요. 적정공간을 유지하지 않으면 고장의 원인이 됩니다).
- 바닥이 튼튼하고 평평한 곳에 두고 사용하세요(바닥이 기울어져 있으면 소음이 발생하거나 내부부품 변형으로 고장의 원인이 될 수 있습니다. 탁자 위보다 바닥에 두는 것이 안전합니다).
- 제품에 앉거나 밟고 올라가지 마세요(제품이 파손되고, 상해를 입을 수도 있습니다).
- 가연성 스프레이를 제품 가까이에서 사용하지 마세요(화재 발생의 위험이 있으며 플라스틱 면이 손상될 수 있습니다).
- 플라스틱에 유해한 물질은 사용하지 마세요(향기 제품 사용 시 플라스틱 부분의 깨짐, 변형 및 고장의 원인이 될 수 있습니다).
- 하부 수조에 뜨거운 물을 부어 사용하지 마세요(제품에 변형이 발생하거나 고장 발생의 원인이 될 수 있습니다).
- 사용 중인 제품 위에는 옷, 수건 등 기타 물건을 올려놓지 마세요(발열에 의한 화재 원인이 됩니다).
- 운전조작부를 청소할 때는 물을 뿌려 닦지 마세요(감전이나 화재, 제품고장의 원인이 됩니다).
- 장기간 사용하지 않을 때에는 수조 내부의 물을 완전히 비우고 수조와 디스크에 세제를 풀어 부드러운 솔로 청소하여 건조시킨 후 보관하세요(오염의 원인이 되므로 7일 이상 사용하지 않을 경우 물을 비우고 전원플러그를 빼두세요).
- 직사광선을 받는 곳, 너무 더운 곳, 전열기와 가까운 곳은 피해 주세요(제품 외관의 변형이 발생하고, 전열기와 너무 가까운 곳에 두면 화재가 발생할 수 있습니다).

■ 서비스 신청 전 확인사항

증상	확인사항	해결방안
소음이 나요.	평평하지 않거나 경사진 곳에서 작동시켰습니까?	평평한 곳을 찾아 제품을 배치해 주세요.
	상부 본체와 하부 수조가 빈틈없이 잘 조립되어 있습니까?	상부 본체와 하부 수조를 잘 맞춰 주세요.
	디스크 캡이 느슨하게 체결되어 있습니까?	디스크 캡을 조여 줍니다.
팬이 돌지 않아요.	상부 본체와 하부 수조의 방향이 맞게 조립되어 있습니까?	상부 본체와 하부 수조를 잘 맞춰 주세요.
	상부 본체와 하부 수조가 빈틈없이 잘 조립되어 있습니까?	상부 본체와 하부 수조를 잘 맞춰 주세요.
	표시등에 'E3'이 깜박이고 있습니까?	물을 보충해 주세요.
	팬 주변으로 이물질이 끼어 있습니까?	전원을 차단시킨 후 이물질을 제거해 주세요.
	표시등에 'E5'가 깜박이고 있습니까?	팬모터 이상으로, 전원을 빼고 서비스센터에 문의하세요.
디스크가 돌지 않아요.	상부 본체와 하부 수조의 방향이 맞게 조립되어 있습니까?	상부 본체와 하부 수조를 잘 맞춰 주세요.
	디스크가 정위치에 올려져 있습니까?	디스크가 회전하는 정위치에 맞게 올려 주세요.
	디스크 캡이 풀려있지 않습니까?	디스크 캡을 다시 조여 주세요.
	자동운전 / 취침운전이 설정되어 있지 않습니까?	자동운전 / 취침운전 시 습도가 60% 이상이면 자동으로 디스크가 정지합니다.

43 '에어워셔'의 사용법을 숙지하지 않으면 감전이나 화재 등의 위험이 따를 수 있다. 다음 중 감전이나 화재에 대한 원인으로 적절하지 않은 것은?

① 가연성 스프레이를 에어워셔 옆에서 뿌렸다.

② 장기간 사용하지 않았으나 물을 비우지 않았다.

③ 히터를 에어워셔 옆에서 작동시켰다.

④ 전원을 켠 상태로 수건을 올려두었다.

⑤ 운전조작부에 이물질이 묻어 물을 뿌려 닦았다.

44 '에어워셔' 사용 도중 작동이 원활하지 않아 K사원은 서비스센터에 수리를 요청하였다. 다음 중 K사원이 서비스센터에 문의한 증상으로 가장 적절한 것은?

① 디스크 캡이 느슨하게 체결되어 있다.

② 표시등에 'E3'이 깜박이고 있다.

③ 팬 주변으로 이물질이 끼어 있다.

④ 디스크가 정위치에 놓여있지 않았다.

⑤ 표시등에 'E5'가 깜박이고 있다.

45 다음 중 '에어워셔'의 고장 원인으로 볼 수 없는 것은?

① 에어워셔와 벽면과의 좌·우측 간격은 30cm로, 뒷면과의 간격은 10cm로 두었다.

② 하부 수조에 뜨거운 물을 부어 사용하였다.

③ 수조 내부에 물을 뿌리고 부드러운 수세미로 닦아 주었다.

④ 향기 제품을 물에 희석하여 사용하였다.

⑤ 탁자 위에 에어워셔를 두고 사용하였다.

※ K공사에서는 조리실의 후드를 교체하고자 한다. 다음 설명서를 읽고 이어지는 질문에 답하시오. **[46~48]**

■ **설치방법**

1) 브라켓을 후드의 측면 설치 구멍과 일치되게 하고, 후드 본체와 수평이 되도록 나사로 고정합니다.
2) 후드 하단에 후드 본체를 끼워 넣고 후드장 양쪽 측면과 브라켓을 밀착시킨 후 나사로 고정합니다.
3) 자바라를 연결합니다(꺾임이 없고, 직경이 100인치인 자바라를 사용할 것).
4) 배기구 부분 및 댐퍼 부위를 밴드로 조여 공기가 새어나가는 것을 막습니다.
5) 전원을 연결합니다(220V/60Hz 전용).

■ **설치 시 주의사항**

– 후드가 가장 효과적으로 작동하기 위해서는 조리대 위로부터 65cm 이상, 80cm 이하에 설치하는 것이 좋습니다.
– 흡입식 후드와 히터가 동시에 사용되는 장소에서는 외부 공기가 항상 공급될 수 있도록 하는 것이 좋습니다.
– 후드는 연소성 배기 덕트에 연결되어서는 안 됩니다.
– 사용하는 장소의 전원과 후드의 전원이 같은지 확인하고 연결합니다.

■ **사용방법**

1. 조명 OFF 버튼 : 조명이 OFF된 상태입니다. 반대편을 누르면 조명이 켜집니다.
2. 팬동작 OFF 버튼 : 팬동작이 OFF된 상태입니다.
3. 약풍량 버튼 : 팬동작 OFF 상태에서 버튼을 누르면 약풍량이 작동됩니다.
4. 강풍량 버튼 : 팬동작 OFF 상태에서 버튼을 누르면 강풍량이 작동됩니다.

■ **청소방법**

– 후드의 표면상태 보호를 위해 부드러운 헝겊에 중성세제를 묻혀 표면을 닦은 후 마른 헝겊으로 닦아 주세요.
– 필터에 기름때 및 오물이 끼어있으면 배기효과가 떨어지므로 금속 필터망은 중성세제를 푼 더운물에 30 ~ 40분 정도 담근 후 부드러운 천으로 세척해 주십시오.

■ **사용 시 주의사항**

– 전원 플러그는 반드시 전용 콘센트를 사용하십시오.
– 운전 중 필터를 떼어 내거나 회전 중에 내부에 손을 넣지 마십시오.
– 조리 시에는 반드시 후드를 작동시켜 주십시오(후드의 고장을 예방합니다).
– 프라이팬의 기름에 불이 붙으면 가스를 끔과 동시에 후드를 정지하십시오. 후드가 작동되면 불길이 점점 세집니다.
– 청소 시에는 후드 동작을 정지시키고 전원 플러그를 뽑아 주세요.

■ **고장 시 조치방법**

고장	해결방법
팬이 작동하지 않아요.	– 정전이 된 것은 아닌지 확인합니다. – 전원플러그가 콘센트에 바르게 꽂혀 있는지 확인합니다.
조명이 켜지지 않아요.	– 작동방법이 올바른지 확인합니다. – 램프 수명이 끝난 건 아닌지 확인 후 교체합니다.
이상 소음이 나거나 흡입이 잘 되지 않아요.	– 후드 배기관에 이물질이 있거나 배기관이 바르게 설치되었는지 확인합니다. – 후드가 평형상태로 바르게 설치되었는지 확인합니다. – 후드 배기관이나 중간연도가 막혀 있는지 확인합니다.

46 다음 중 후드의 설치 완료 후 이를 점검하기 위한 사항으로 적절하지 않은 것은?

① 브라켓과 후드 본체가 수평이 되었는지 확인한다.

② 자바라의 꺾임이 없는지 확인한다.

③ 배기구 부분과 댐퍼 부위가 잘 조여져 있는지 확인한다.

④ 후드가 조리대 위로부터 65cm 이하에 정확히 설치되었는지 확인한다.

⑤ 설치된 장소의 전원이 220V/60Hz인지 확인한다.

47 조리실에 근무하는 요리사 A씨는 조리 과정에서 후드를 사용하였다. 다음 중 A씨의 행동으로 적절하지 않은 것은?

① 조리를 시작할 때 풍량 스위치를 위쪽으로 눌러 후드 팬을 작동시켰다.

② 프라이팬에 불이 붙자 즉시 가스를 끄고, 풍량 스위치를 가운데로 놓았다.

③ 후드 작동 중에 후드 필터에 이물질이 끼자 손을 넣어 빼내었다.

④ 후드의 배기효과를 위해 금속 필터망을 더운물에 담근 후 부드러운 천으로 세척하였다.

⑤ 조리 후 후드의 표면을 중성세제를 묻힌 부드러운 헝겊으로 닦은 후 마른 헝겊으로 닦았다.

48 후드가 제대로 작동하지 않아 A/S를 요청하기 전 문제를 해결해 보고자 한다. 다음 중 문제 상황에 대한 해결방법으로 가장 적절한 것은?

① 팬이 작동하지 않을 경우 후드 배기관에 이물질이 없는지 확인한다.

② 조명이 켜지지 않을 경우 후드가 평형상태로 바르게 설치되었는지 확인한다.

③ 조명이 켜지지 않을 경우 램프를 새것으로 교체한다.

④ 이상 소음이 발생할 경우 전원플러그가 바르게 꽂혀 있는지 확인한다.

⑤ 이상 소음이 발생할 경우 정전이 된 것은 아닌지 확인한다.

49 다음 사례의 재해를 예방하기 위한 대책으로 옳지 않은 것은?

재해 개요	K기업에 설치된 소각로 하부에서 소각재 및 이물질을 하부 배출구로 밀어주는 4번 푸셔가 정상 작동되지 않아 경고판을 무시한 피해자가 전원부의 차단 없이 에어건을 사용하여 정비 작업 중 갑자기 작동된 4번 푸셔에 상체가 끼어 사망한 재해

① 근로자 상호 간에 불안전한 행동을 지적하여 안전에 대한 이해를 증진시킨다.
② 설비의 정비, 청소 등의 작업 시 근로자가 위험해질 우려가 있는 경우 설비를 정지시킨다.
③ 설비의 운전을 정지하였을 때, 타인이 설비를 운전하는 것을 방지한다.
④ 끼임에 대한 위험성이 있는 장소에는 방호울이나 방책을 설치한다.
⑤ 기계가 양호한 상태로 작동되도록 유지 관리를 한다.

50 다음 글에서 설명하는 것은?

기술 혁신은 신기술이 발생, 발전, 채택되고, 다른 기술에 의해 사라질 때까지의 일정한 패턴을 가지고 있다. 기술의 발달은 처음에는 서서히 시작되다가 성과를 낼 수 있는 힘이 축적되면 급속한 진전을 보인다. 그리고 기술의 한계가 오면 성과는 점차 줄어들게 되고, 한계가 온 기술은 다시 성과를 내는 단계로 상승할 수 없으며, 여기에 혁신적인 새로운 기술이 출현한다. 혁신적인 새로운 기술은 기존의 기술이 한계에 도달하기 전에 출현하는 경우가 많으며, 기존에 존재하는 시장의 요구를 만족시키면서 전혀 새로운 지식을 기반으로 하는 기술이다. 이러한 기술의 예로 필름 카메라에서 디지털카메라로, 콤팩트디스크(Compact Disk)에서 MP3플레이어로의 전환 등을 들 수 있다.

① 바그너 법칙   ② 기술의 S곡선
③ 빅3 법칙   ④ 생산비의 법칙
⑤ 기술경영

2일 차
기출응용 모의고사

www.sdedu.co.kr

〈문항 및 시험시간〉

평가영역	문항 수	시험시간	모바일 OMR 답안채점/성적분석 서비스	
[공통] 의사소통능력＋문제해결능력 ＋수리능력＋정보능력 [행정직] 자원관리능력 [토목직] 기술능력	50문항	50분	행정직	토목직

2일 차 기출응용 모의고사

| 문항 수 : 50문항 |
| 시험시간 : 50분 |

|01| 공통

01 다음 글의 내용으로 가장 적절한 것은?

> 지진해일은 지진, 해저 화산폭발 등으로 바다에서 발생하는 파장이 긴 파도이다. 지진에 의해 바다 밑바닥이 솟아오르거나 가라앉으면 바로 위의 바닷물이 갑자기 상승 또는 하강하게 된다. 이 영향으로 지진해일파가 빠른 속도로 퍼져나가 해안가에 엄청난 위험과 피해를 일으킬 수 있다.
>
> 전 세계의 모든 해안 지역이 지진해일의 피해를 받을 수 있지만, 우리에게 피해를 주는 지진해일의 대부분은 태평양과 주변해역에서 발생한다. 이는 태평양의 규모가 거대하고 이 지역에서 대규모 지진이 많이 발생하기 때문이다. 태평양에서 발생한 지진해일은 발생 하루 만에 발생지점에서 지구의 반대편까지 이동할 수 있으며, 수심이 깊을 경우 파고가 낮고 주기가 길기 때문에 선박이나 비행기에서도 관측할 수 없다.
>
> 먼바다에서 지진해일의 파고는 해수면으로부터 수십 cm 이하이지만 얕은 바다에서는 급격하게 높아진다. 수심이 6,000m 이상인 곳에서 지진해일은 비행기의 속도와 비슷한 시속 800km로 이동할 수 있다. 지진해일은 얕은 바다에서 파고가 급격히 높아짐에 따라 그 속도가 느려지며, 지진해일이 해안가의 수심이 얕은 지역에 도달할 때 그 속도는 시속 45 ~ 60km까지 느려지면서 파도가 강해진다. 이것이 해안을 강타함에 따라 파도의 에너지는 더 짧고 더 얕은 곳으로 모여 무시무시한 파괴력을 가져 우리의 생명을 위협하는 파도로 발달하게 된다. 최악의 경우, 파고가 15m 이상으로 높아지고 지진의 진앙 근처에서 발생한 지진해일의 경우 파고가 30m를 넘을 수도 있다. 파고가 3 ~ 6m 높이가 되면 많은 사상자와 피해를 일으키는 아주 파괴적인 지진해일이 될 수 있다.
>
> 지진해일의 파도 높이와 피해 정도는 에너지의 양, 지진해일의 전파 경로, 앞바다와 해안선의 모양 등으로 결정될 수 있다. 또한 암초, 항만, 하구나 해저의 모양, 해안의 경사 등 모든 것이 지진해일을 변형시키는 요인이 된다.

① 지진해일은 파장이 짧으며, 화산폭발 등으로 인해 발생한다.
② 태평양 인근에서 발생한 지진해일은 대부분 한 달에 걸쳐 지구 반대편으로 이동하게 된다.
③ 바다가 얕을수록 지진해일의 파고가 높아진다.
④ 지진해일이 해안가에 도달할수록 파도가 강해지며 속도는 800km에 달한다.
⑤ 해안의 경사는 지진해일에 아무런 영향을 주지 않는다.

02 다음 글의 빈칸에 들어갈 문장을 〈보기〉에서 찾아 순서대로 바르게 나열한 것은?

우리가 사용하는 플라스틱은 석유를 증류하는 과정에서 얻어진 휘발유나 나프타를 기반으로 생산된다. _____ 특히 폐기물의 불완전 연소에 의한 대기오염은 심각한 환경오염의 원인으로 대두되었다. 이로 인해 자연 분해가 거의 불가능한 난분해성 플라스틱 제품에 대한 정부의 규제가 강화되었고, 플라스틱 소재 분야에서도 환경 보존을 위한 노력을 하고 있다.

'바이오 플라스틱'은 옥수수, 사탕수수 등 식물체를 가공한 바이오매스를 원료로 만든 친환경 플라스틱이다. 바이오 플라스틱은 바이오매스 함유 정도에 따라, 바이오매스가 50% 이상인 '생분해성 플라스틱'과 25% 이상인 '바이오 베이스 플라스틱'으로 크게 구분된다. 생분해성 플라스틱은 일정한 조건에서 시간의 경과에 따라 완전 분해될 수 있는 플라스틱이고, 바이오 베이스 플라스틱은 바이오매스와 석유 화학 유래 물질 등을 이용하여 생산되는 플라스틱이다. 생분해성 플라스틱은 보통 3 ~ 6개월 정도의 빠른 기간에, 미생물에 의해 물과 이산화탄소 등으로 자연 분해된다. 분해 과정에서 다이옥신 등 유해 물질이 방출되지 않으며, 탄소 배출량도 적어 친환경적이다. _____ 이로 인해 생분해성보다는 이산화탄소 저감에 중점을 두고 있는 바이오 베이스 플라스틱의 개발이 빠르게 진행되고 있다. 바이오 베이스 플라스틱은 식물 유래의 원료와 일반 플라스틱 수지를 중합하거나 결합하는 방식으로 생산되지만, 이산화탄소의 총량을 기준으로 볼 때는 환경 문제가 되지 않는다. _____ 바이오매스 원료 중에서 가장 대표적인 것은 옥수수 전분이다. 그런데 최근에는 바이오매스 원료 중에서도 볏짚, 왕겨, 옥수숫대, 콩 껍질 등 비식용 부산물을 사용하는 기술이 발전하고 있다. 이는 지구상 곳곳에서 많은 사람들이 굶주리는 상황에서 제기된 비판이 있었기 때문이다.

바이오 베이스 플라스틱은 생분해성 플라스틱보다 내열성 및 가공성이 우수하고, 분해 기간 조절이 가능하기 때문에 비닐봉지와 음료수병, 식품 포장기는 물론 다양한 산업용품 개발에 활용되고 있다. 근래에는 전자 제품에서부터 건축 자재, 자동차용품까지 적용 분야가 확대되는 추세이다. 하지만 바이오매스와 배합되는 원료들이 완전히 분해되지는 않으므로, 바이오 베이스 플라스틱이 진정한 의미의 환경친화적 대체재라고 볼 수는 없다.

보기

㉠ 왜냐하면 플라스틱을 폐기할 때 화학 분해가 되어도 그 플라스틱의 식물성 원료가 이산화탄소를 흡수하며 성장했기 때문이다.

㉡ 하지만 내열성 및 가공성이 취약하고, 바이오매스의 가격이 비싸며, 생산 비용이 많이 드는 단점이 있다.

㉢ 석유로 플라스틱을 만드는 과정이나 소각 또는 매립하여 폐기하는 과정에서 유독 물질, 이산화탄소 등의 온실가스가 많이 배출된다.

① ㉠, ㉡, ㉢
② ㉠, ㉢, ㉡
③ ㉡, ㉠, ㉢
④ ㉡, ㉢, ㉠
⑤ ㉢, ㉡, ㉠

※ 다음 글을 읽고 이어지는 질문에 답하시오. [3~5]

피보나치 수열은 운명적으로 가장 아름답다는 황금비를 만들어 낸다. 황금비는 피라미드, 파르테논 신전이나 다빈치, 미켈란젤로의 작품에서 시작해 오늘날에는 신용카드와 담뱃갑, 종이의 가로와 세로의 비율까지 광범위하게 쓰인다. 이러한 황금비는 태풍과 은하수의 형태, 초식동물의 뿔, 바다의 파도에도 있다. 배꼽을 기준으로 한 사람의 상체와 하체, 목을 기준으로 머리와 상체의 비율도 황금비이다. 이런 사례를 찾다 보면 우주가 피보나치 수열의 장난으로 만들어졌는지도 모른다는 생각까지 든다.

피보나치 수열은 12세기 말 이탈리아 천재 수학자 레오나르도 피보나치가 제안했다. 한 쌍의 토끼가 계속 새끼를 낳을 경우 몇 마리로 불어나는가를 숫자로 나타낸 것이 이 수열이다. 이 수열은 앞서 나오는 두 개의 숫자의 합이다. 1, 1, 1+1=2, 1+2=3, 2+3=5, 3+5=8, 5+8=13, 8+13=21, 13+21=34, 21+34=55, 34+55=89 … 이처럼 계속 수열을 만들어가는 것이다.

우리 주변의 꽃잎을 세어보면 거의 모든 꽃잎이 3장, 5장, 8장, 13장 … 으로 되어 있다. 백합과 붓꽃은 꽃잎이 3장, 채송화·패랭이·동백·야생장미는 5장, 모란·코스모스는 8장, 금불초와 금잔화는 13장이다. 과꽃과 치커리는 21장, 질경이와 데이지는 34장, 쑥부쟁이는 종류에 따라 55장과 89장이다. 신기하게도 모두 피보나치 숫자인 것이다.

피보나치 수열은 해바라기나 데이지 꽃 머리의 씨앗 배치에도 존재한다. 해바라기 씨앗이 촘촘히 박혀 있는 꽃 머리를 유심히 보면 최소의 공간에 최대의 씨앗을 배치하기 위한 '최적의 수학적 해법'으로 꽃이 피보나치 수열을 선택한다는 것을 알 수 있다. 씨앗은 꽃 머리에서 왼쪽과 오른쪽 두 개의 방향으로 엇갈리게 나선 모양으로 자리 잡는다. 데이지 꽃 머리에는 서로 다른 34개와 55개의 나선이 있고, 해바라기 꽃 머리에는 55개와 89개의 나선이 있다.

피보나치 수열은 식물의 잎차례에도 잘 나타나 있다. 잎차례는 줄기에서 잎이 나와 배열하는 방식으로 t/n로 표시한다. t번 회전하는 동안 잎이 n개 나오는 비율이 참나무·벚꽃·사과는 2/5이고, 포플러·장미·배·버드나무는 3/8, 갯버들과 아몬드는 5/13이다. 모두 피보나치 숫자로 전체 식물의 90%가 피보나치 수열의 잎차례를 따르고 있다. 이처럼 잎차례가 피보나치 수열을 따르는 것은 잎이 바로 위의 잎에 가리지 않고, 햇빛을 최대한 받을 수 있는 최적의 수학적 해법이기 때문이다.

예전에는 식물의 DNA가 피보나치 수열을 만들어 낸다고 생각했다. 그러나 요즘에는 식물이 새로 자라면서 환경에 적응해 최적의 성장 방법을 찾아가는 과정에서 자연스럽게 피보나치 수열이 형성된다고 생각하는 학자들이 많아졌다. 최근 들어 생물뿐만 아니라 전하를 입힌 기름방울을 순서대로 떨어뜨려도 해바라기 씨앗처럼 퍼진다는 사실이 ⊙ 밝혀졌다. 이처럼 피보나치 수열과 이 수열이 만들어 내는 황금비는 생물은 물론 자연과 우주 어디에나 숨어 있다.

03 다음 중 윗글의 내용으로 적절하지 않은 것은?

① 식물의 잎차례는 햇빛을 최대한 받을 수 있도록 피보나치 수열을 따르고 있다.

② 식물의 잎차례에도 피보나치 수열이 잘 나타나며, 모든 식물의 잎차례는 이 수열을 따르고 있다.

③ 학자들은 식물이 환경에 적응하기 위해 최적의 성장 방법을 찾아가는 과정에서 이 수열이 형성된다고 생각한다.

④ 해바라기 꽃 머리를 보면 최소의 공간에 최대의 씨앗이 배치될 수 있도록 피보나치 수열을 선택했음을 알 수 있다.

⑤ 꽃잎과 식물의 잎에서 피보나치 수열을 찾을 수 있으며, 이 수열은 피라미드, 신용카드 등에 나타나는 황금비를 만들어 낸다.

04 다음 중 윗글의 제목으로 가장 적절한 것은?

① 일상 생활 속에서 광범위하게 사용되는 황금비

② 피보나치 수열의 정의와 형성 원리

③ 피보나치 수열에 대한 학자들의 기존 입장과 새롭게 밝혀진 원리

④ 식물에서 찾아볼 수 있는 피보나치 수열

⑤ 잎차례가 피보나치 수열을 따르는 이유

05 다음 중 윗글의 ㉠과 밑줄 친 부분이 다른 의미로 사용된 것은?

① 그동안 숨겨왔던 진실이 밝혀졌다.

② 철수는 돈과 지위를 밝히기로 유명하다.

③ 나의 결백함이 밝혀질 것으로 믿는다.

④ 오랜 연구의 결과로 옛 문헌의 가치가 밝혀졌다.

⑤ 경찰이 사고의 원인을 밝히고 있다.

다음 글을 읽고 알 수 있는 내용으로 가장 적절한 것은?

(가) 딸의 생일 선물을 깜빡 잊은 아빠가 "내일 우리 집보다 더 큰 곰 인형 사 올게."라고 말했을 때, 아빠가 발화한 문장은 상황에 적절한 발화인가, 아닌가?

(나) 발화의 적절성 판단은 상황에 의존하고 있다. 화행(話行) 이론은 요청, 명령, 질문, 약속, 충고 등의 발화가 상황에 적절한지를 판단하는 기준으로 적절성 조건을 제공한다. 적절성 조건은 상황에 대한 배경적 정보와 관련되는 예비 조건, 그 행위에 대한 진실된 심리적 태도와 관련되는 진지성 조건, 그 행위가 본래의 취지대로 이행되도록 만드는 발화 효과와 관련되는 기본 조건으로 나뉜다. 어떤 발화가 적절한 것으로 판정되기 위해서는 이 세 가지 조건이 전부 충족되어야 한다.

(다) 적절성 조건을 요청의 경우에 적용해 보자. 청자가 그 행위를 할 능력이 있음을 화자가 믿는 것이 예비 조건, 청자가 그 행위를 하기를 화자가 원하는 것이 진지성 조건, 화자가 청자로 하여금 그 행위를 하게 하고자 하는 것이 기본 조건이다. "산타 할아버지를 만나게 해 주세요."라는 발화는 산타클로스의 존재를 믿는 아들의 입장에서는 적절한 발화이지만 수행할 능력이 없는 부모의 입장에서는 예비 조건을 어긴 요청이 된다. "저 좀 미워해 주세요."라는 요청은 화자가 진심으로 원하는 상황이라면 적절하지만, 진심으로 원하지 않는 상황이라면 진지성 조건을 어긴 요청이 된다. "저 달 좀 따다 주세요."라는 요청은 화자가 청자로 하여금 정말로 달을 따러 가게 하지 않을 것이므로 기본 조건을 어긴 요청이 된다.

(라) 둘 이상의 조건을 어긴 발화도 있다. 앞서 예로 들었던 "저 달 좀 따다 주세요."의 경우 화자는 청자가 달을 따다 줄 능력이 없음을 알고 있고 달을 따다 주기를 진심으로 원하지도 않으며, 달을 따러 가게 할 생각도 없는 것이 일반적인 상황이므로, 세 조건을 전부 어기고 있다. 그런데도 이 발화가 동서고금을 막론하고 빈번히 사용되고 또 용인되는 이유는 무엇일까? 화자는 이 발화가 세 조건을 전부 어기고 있음을 알고 있지만 오히려 이를 이용해서 모종의 목적을 이루고자 하고, 청자 또한 그런 점을 이해하기 때문에 이 발화는 적절하지는 않지만 유효한 의사소통의 방법으로 용인된다.

(마) 화행 이론은 적절성 조건을 이용하여 상황에 따라 달라지는 발화의 적절성에 대해 유용한 설명을 제공한다. 그러나 발화가 이루어지는 상황은 너무나 복잡다단하여 이것만으로 발화와 상황의 상호 관계를 다 설명할 수는 없다. 이러한 한계는 발화 상황과 연관 지어 언어를 이해하고 설명하려는 언어 이론의 공통적 한계이기도 하다.

① 적절성 조건을 어긴 문장은 문법적으로도 잘못이다.
② 예비 조건은 다른 적절성 조건들보다 우선 적용된다.
③ 적절성 조건이 가장 잘 적용되는 발화 행위는 요청이다.
④ 하나의 발화도 상황에 따라 적절성 여부가 달라질 수 있다.
⑤ 적절성 조건을 어긴 발화는 그렇지 않은 발화보다 의사소통에 효과적이다.

07 다음 문단을 논리적 순서대로 바르게 나열한 것은?

(가) 결국 이를 다시 생각하면, 과거와 현재의 문화 체계와 당시 사람들의 의식 구조, 생활상 등을 역추적할 수 있다는 말이 된다. 즉, 동물의 상징적 의미가 문화를 푸는 또 하나의 열쇠이자 암호가 되는 것이다. 그리고 동물의 상징적 의미를 통해 인류의 총체인 문화의 실타래를 푸는 것은 우리는 어떤 존재인가라는 정체성에 대한 답을 하는 과정이 될 수 있다.

(나) 인류는 선사시대부터 생존을 위한 원초적 본능에서 동굴이나 바위에 그림을 그리는 일종의 신앙 미술을 창조했다. 신앙 미술은 동물에게 여러 의미를 부여하기 시작했고, 동물의 상징적 의미는 현재까지도 이어지고 있다. 1억 원 이상 복권 당첨자의 23%가 돼지꿈을 꿨다거나, 황금돼지해에 태어난 아이는 만복을 타고난다는 속설 때문에 결혼과 출산이 줄을 이었고, 대통령 선거에서 '두 돼지가 나타나 두 뱀을 잡아먹는다.'는 식으로 후보들이 홍보를 하기도 했다. 이렇게 동물의 상징적 의미는 우리 시대에도 여전히 유효한 관념으로 남아 있는 것이다.

(다) 동물의 상징적 의미는 시대나 나라에 따라 변하고 새로운 역사성을 담기도 했다. 예를 들면, 뱀은 다산의 상징이자 불사의 존재이기도 했지만, 사악하고 차가운 간사한 동물로 여겨지기도 했다. 하지만 그리스에서 뱀은 지혜의 신이자, 아테네의 상징물이었고, 논리학의 상징이었다. 그리고 과거에 용은 숭배의 대상이었으나, 상상의 동물일 뿐이라는 현대의 과학적 사고는 지금의 용에 대한 믿음을 약화시키고 있다.

(라) 동물의 상징적 의미가 이렇게 다양하게 변하는 것은 문화가 살아 움직이기 때문이다. 문화는 인류의 지식, 신념, 행위의 총체로서, 동물의 상징적 의미 또한 문화에 속한다. 문화는 항상 현재 진행형이기 때문에 현재의 생활이 바로 문화이며, 이것은 미래의 문화로 전이된다. 문화는 과거, 현재, 미래가 따로 떨어진 게 아니라 뫼비우스의 띠처럼 연결되어 있는 것이다. 다시 말하면 그 속에 포함된 동물의 상징적 의미 또한 거미줄처럼 얽히고설켜 형성된 것으로, 그 시대의 관념과 종교, 사회·정치적 상황에 따라 의미가 달라질 수밖에 없다는 말이다.

① (가) – (다) – (라) – (나)
② (나) – (가) – (다) – (라)
③ (나) – (다) – (라) – (가)
④ (다) – (나) – (라) – (가)
⑤ (다) – (라) – (가) – (나)

08 다음 중 밑줄 친 부분의 띄어쓰기가 옳지 않은 것은?

① 이번 일은 <u>법대로</u> 해결하자.
② 지난번 <u>약속대로</u> 돈을 돌려줬으면 좋겠어.
③ 그 일은 이미 <u>지나간 대로</u> 그냥 잊어버리자.
④ 네가 <u>아는 대로</u> 전부 말해줘.
⑤ 어제 <u>약속한대로</u> 오늘 함께 운동하자.

09 다음 중 빈칸에 들어갈 단어를 순서대로 바르게 나열한 것은?

> • 관계 _____을/를 위하여 노력하다.
> • 악법의 _____에 힘쓰다.
> • 노후된 건물을 _____하다.

① 개선(改善) – 개정(改正) – 개조(改造)
② 개조(改造) – 개정(改正) – 개선(改善)
③ 개선(改善) – 개조(改造) – 개정(改正)
④ 개조(改造) – 개선(改善) – 개정(改正)
⑤ 개정(改正) – 개조(改造) – 개선(改善)

10 다음 글의 중심 내용으로 가장 적절한 것은?

> 통계는 다양한 분야에서 사용되며 막강한 위력을 발휘하고 있다. 그러나 모든 도구나 방법이 그렇듯이, 통계 수치에도 함정이 있다. 함정에 빠지지 않으려면 통계 수치의 의미를 정확히 이해하고, 도구와 방법을 바르게 사용해야 한다. 친구 5명이 만나서 이야기를 나누다가 연봉이 화제가 되었다. 2천만 원이 4명, 7천만 원이 1명이었는데, 평균을 내면 3천만 원이다. 이 숫자에 대해 4명은 "나는 봉급이 왜 이렇게 적을까?" 하며 한숨을 내쉬었다. 그러나 이 평균값 3천만 원이 5명의 집단을 대표하는 데 아무 문제가 없을까? 물론 계산 과정에는 하자가 없지만, 평균을 집단의 대푯값으로 사용하는 데 어떤 한계가 있을 수 있는지 깊이 생각해 보지 않는다면, 우리는 잘못된 생각에 빠질 수도 있다. 평균은 극단적인 아웃라이어(비정상적인 수치)에 민감하다. 집단 내에 아웃라이어가 하나만 있어도 평균이 크게 바뀐다는 것이다. 위의 예에서 1명의 연봉이 7천만 원이 아니라 100억 원이었다고 하자. 그러면 평균은 20억 원이 넘게 된다.
> 나머지 4명은 자신의 연봉이 평균치의 100분의 1밖에 안 된다며 슬퍼해야 할까? 연봉 100억 원인 사람이 아웃라이어이듯이 처음의 예에서 연봉 7천만 원인 사람도 아웃라이어인 것이다. 두드러진 아웃라이어가 있는 경우에는 평균보다는 최빈값이나 중앙값이 대푯값으로써 더 나을 수 있다.

① 평균은 집단을 대표하는 수치로서는 매우 부적당하다.
② 통계는 숫자 놀음에 불과하므로 통계 수치에 일희일비할 필요가 없다.
③ 평균보다는 최빈값이나 중앙값을 대푯값으로 사용해야 한다.
④ 통계 수치의 의미와 한계를 정확히 인식하고 사용할 필요가 있다.
⑤ 통계는 바르게 활용하면 다양한 분야에서 사용할 수 있는 도구이다.

11 다음은 K국의 섬유산업을 SWOT 분석한 자료이다. 이를 토대로 섬유산업이 발전할 수 있는 방안으로 적절한 것을 〈보기〉에서 모두 고르면?

강점(Strength)	약점(Weakness)
• 빠른 제품 개발 시스템	• 기능 인력 부족 심화 • 인건비 상승
기회(Opportunity)	위협(Threat)
• 한류의 영향으로 한국 제품 선호 • 국내 기업의 첨단 소재 개발 성공	• 외국산 저가 제품 공세 강화 • 선진국의 기술 보호주의 강화

보기

ㄱ. 한류 배우를 모델로 브랜드 홍보 전략을 추진한다.
ㄴ. 단순 노동 집약적인 소품종 대량 생산 체제를 갖춘다.
ㄷ. 소비자 기호를 빠르게 분석하여 제품 생산에 반영한다.
ㄹ. 선진국의 원천 기술을 이용한 기능성 섬유를 생산한다.

① ㄱ, ㄴ   ② ㄱ, ㄷ
③ ㄴ, ㄷ   ④ ㄴ, ㄹ
⑤ ㄷ, ㄹ

12 K기업의 가대리, 나사원, 다사원, 라사원, 마대리 중 1명이 어제 출근하지 않았다. 이와 관련하여 5명의 직원이 다음과 같이 말했다. 이들 중 2명이 거짓말을 한다고 할 때, 출근하지 않은 직원은 누구인가?(단, 출근을 하였어도, 결근 사유를 듣지 못할 수도 있다)

> 가대리 : 나는 출근했고, 마대리도 출근했다. 누가 왜 출근하지 않았는지는 알지 못한다.
> 나사원 : 다사원은 출근하였다. 가대리님의 말은 모두 사실이다.
> 다사원 : 라사원은 출근하지 않았다.
> 라사원 : 나사원의 말은 모두 사실이다.
> 마대리 : 출근하지 않은 사람은 라사원이다. 라사원이 개인 사정으로 인해 출석하지 못한다고 가대리에게 전했다.

① 가대리   ② 나사원
③ 다사원   ④ 라사원
⑤ 마대리

13 K공사 재무팀 직원들은 회의를 위해 회의실에 모였다. 회의실의 테이블은 원형이고, 다음 〈조건〉에 따라 자리배치를 하려고 할 때, 김팀장을 기준으로 시계방향으로 앉은 사람을 순서대로 나열한 것은?

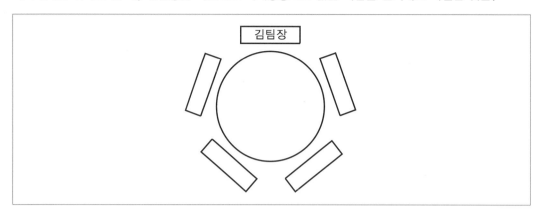

조건

• 정차장과 오과장은 서로 사이가 좋지 않아서 나란히 앉지 않는다.
• 김팀장은 정차장이 바로 오른쪽에 앉기를 바란다.
• 한대리는 오른쪽 귀가 좋지 않아서 양사원이 왼쪽에 앉기를 바란다.

① 정차장 – 양사원 – 한대리 – 오과장
② 한대리 – 오과장 – 정차장 – 양사원
③ 양사원 – 정차장 – 오과장 – 한대리
④ 오과장 – 양사원 – 한대리 – 정차장
⑤ 오과장 – 한대리 – 양사원 – 정차장

※ K공사 직원들은 자영농가 초청행사 안내 현수막을 설치하려고 한다. 다음 자료를 보고 이어지는 질문에 답하시오. [14~15]

- 현수막 설치 후보 장소 : 주민센터, K공사 본관, 우체국, 주유소, 마트
- 현수막 설치일자 : 3월 29 ~ 31일

구분	주민센터	K공사 본관	우체국	주유소	마트
설치가능 일자	3월 31일	3월 29일	3월 30일	3월 31일	4월 2일
게시기간	3월 31일 ~ 4월 15일	3월 29일 ~ 4월 18일	3월 30일 ~ 4월 8일	3월 31일 ~ 4월 8일	4월 2일 ~ 4월 25일
하루평균 유동인구	230명	300명	260명	270명	310명
설치비용	200만 원	300만 원	250만 원	200만 원	300만 원
게시비용	10만 원/일	8만 원/일	12만 원/일	12만 원/일	7만 원/일

※ 현수막은 유동인구가 가장 많은 2곳에 설치 예정임
※ 유동인구가 하루 20명 이상 차이 나지 않는 경우 게시기간이 긴 장소에 설치함
※ 설치비용은 한 번만 지불함

14 다음 중 안내 현수막을 설치할 장소를 모두 고르면?(단, 설치장소 선정에 설치 및 게시비용은 고려하지 않는다)

① 주민센터, K공사 본관
② K공사 본관, 우체국
③ 우체국, 주유소
④ 주유소, 마트
⑤ 주민센터, 마트

15 상부 지시로 다른 조건은 모두 배제하고 설치 및 게시비용만 고려하여 가장 저렴한 곳에 현수막을 설치하기로 하였다. 다음 중 현수막을 설치할 장소는?(단, 현수막은 장소마다 제시되어 있는 게시기간 모두 사용한다)

① 주민센터
② K공사 본관
③ 우체국
④ 주유소
⑤ 마트

16 다음 기사에 나타난 문제 유형을 바르게 설명한 것은?

> 도색이 완전히 벗겨진 차선과 지워지기 직전의 흐릿한 차선이 서울 강남의 도로 여기저기서 발견되고 있다. 알고 보니 규격 미달의 불량 도료 때문이었다. 시공 능력이 없는 업체들이 서울시가 발주한 도색 공사를 따낸 뒤 브로커를 통해 전문 업체에 공사를 넘겼고, 이 과정에서 수수료를 떼인 전문 업체들은 손해를 만회하기 위해 값싼 도료를 사용한 것이다. 차선용 도료에 값싼 일반용 도료를 섞다 보니 야간에 차선이 잘 보이도록 하는 유리알이 제대로 붙어있지 못해 차선 마모는 더욱 심해졌다. 지난 4년간 서울 전역에서는 74건의 부실 시공이 이뤄졌고, 공사 대금은 총 183억 원에 달하는 것으로 밝혀졌다.

① 탐색형 문제로, 발견 문제에 해당한다.
② 탐색형 문제로, 예측 문제에 해당한다.
③ 탐색형 문제로, 잠재 문제에 해당한다.
④ 발생형 문제로, 미달 문제에 해당한다.
⑤ 발생형 문제로, 이탈 문제에 해당한다.

17 A, B 두 여행팀은 다음 정보에 따라 자신의 효용을 극대화하는 방향으로 관광지 이동을 결정한다고 할 때, 각 여행팀은 어떤 결정을 할 것이며, 그때 두 여행팀의 총효용은 얼마인가?

> 〈여행팀의 효용정보〉
>
> • A여행팀과 B여행팀이 동시에 오면 각각 10, 15의 효용을 얻는다.
> • A여행팀은 왔으나, B여행팀이 안 온다면 각각 15, 10의 효용을 얻는다.
> • A여행팀은 안 오고, B여행팀만 왔을 땐 각각 25, 20의 효용을 얻는다.
> • A, B여행팀이 모두 오지 않았을 때는 각각 35, 15의 효용을 얻는다.
>
> 〈결정방법〉
>
> A, B여행팀 모두 결정할 때 효용의 총합은 신경 쓰지 않는다. 상대방이 어떤 선택을 했는지는 알 수 없고 서로 상의하지 않는다. 각 팀은 자신의 선택에 따른 다른 팀의 효용이 얼마인지는 알 수 있다. 이때 다른 팀의 선택을 예상해서 자신의 효용을 극대화하는 선택을 한다.

	A여행팀	B여행팀	총효용
①	관광지에 간다	관광지에 간다	25
②	관광지에 가지 않는다	관광지에 간다	45
③	관광지에 간다	관광지에 가지 않는다	25
④	관광지에 가지 않는다	관광지에 가지 않는다	50
⑤	관광지에 간다	관광지에 간다	50

※ A ~ G 7명은 제주도로 겨울여행을 가기 위해 게스트하우스에 묵기로 하였고, 1층에 방 3개, 2층에 방 2개를 빌렸다. 방 배정조건이 다음과 같을 때, 이어지는 질문에 답하시오. [18~19]

- 1인용 방은 꼭 혼자 사용해야 하고, 2인용 방은 혼자 또는 두 명이 사용할 수 있다.
- 1인용 방은 각 층에 하나씩 있으며, D와 F가 사용한다.
- A와 F는 2층을 사용한다.
- B와 G는 같은 방을 사용한다.
- C와 E는 다른 층을 사용한다.

18 다음 중 A와 방을 함께 쓸 사람은 누구인가?

① C 또는 E   ② C 또는 F
③ E 또는 G   ④ F 또는 D
⑤ F 또는 G

19 2층은 몇 명이 사용하는가?

① 1명   ② 2명
③ 3명   ④ 4명
⑤ 알 수 없음

20 다음은 도서코드(ISBN)에 대한 자료이다. 주문한 도서에 대한 설명으로 옳은 것은?

〈[예시] 도서코드(ISBN)〉

국제표준도서번호					부가기호		
접두부	국가번호	발행자번호	서명식별번호	체크기호	독자대상	발행형태	내용분류
123	12	1234567		1	1	1	123

※ 국제표준도서번호는 5개의 군으로 나누어지고 군마다 '−'로 구분함

〈도서코드(ISBN) 세부사항〉

접두부	국가번호	발행자번호	서명식별번호	체크기호
978 또는 979	한국 89 미국 05 중국 72 일본 40 프랑스 22	발행자번호 − 서명식별번호 7자리 숫자 예 8491 − 208 : 발행자번호가 8491번인 출판사에서 208번째 발행한 책		0 ~ 9

독자대상	발행형태	내용분류
0 교양 1 실용 2 여성 3 (예비) 4 청소년 5 중고등 학습참고서 6 초등 학습참고서 7 아동 8 (예비) 9 전문	0 문고본 1 사전 2 신서판 3 단행본 4 전집 5 (예비) 6 도감 7 그림책, 만화 8 혼합자료, 점자자료, 전자책, 마이크로자료 9 (예비)	030 백과사전 100 철학 170 심리학 200 종교 360 법학 470 생명과학 680 연극 710 한국어 770 스페인어 740 영미문학 720 유럽사

〈주문도서〉

978 − 05 − 441 − 1011 − 314710

① 한국에서 출판한 도서이다.
② 441번째 발행된 도서이다.
③ 발행자번호는 총 7자리이다.
④ 한 권으로만 출판되지는 않았다.
⑤ 한국어로 되어 있다.

21 집에서 약수터까지 가는 데 형은 $\frac{1}{2}$ m/s로 걸어서 10분 걸리고, 동생은 15분이 걸린다. 두 사람이 동시에 집에서 출발하여 약수터를 다녀오는 데 형이 집에 도착했을 때 동생은 집에서 몇 m 떨어진 곳에 있는가?(단, 약수터에서 머문 시간은 생각하지 않는다)

① 150m   ② 200m

③ 250m   ④ 300m

⑤ 350m

22 은경이는 1분에 2.5mL의 물이 나오는 호스로 750mL인 물통에 물을 채우려고 한다. 이때, 은경이가 물통을 가득 채울 때까지 걸리는 시간은 몇 분인가?

① 100분   ② 150분

③ 200분   ④ 250분

⑤ 300분

23 1, 1, 1, 2, 2, 3을 가지고 여섯 자리 수를 만들 때, 가능한 모든 경우의 수는 몇 가지인가?

① 30가지   ② 60가지

③ 120가지   ④ 240가지

⑤ 480가지

24 다음은 국제 대출금리 동향에 대한 자료이다. 이에 대한 설명으로 옳지 않은 것은?

〈국제 대출금리 동향〉

(단위 : %)

구분		2018년	2019년	2020년	2021년	2022년	2023년	2024년
한국	금리	5.59	5.99	6.55	7.17	5.65	5.51	5.76
	지수	85.34	91.45	100.00	109.47	86.26	84.12	87.94
미국	금리	5.86	6.41	6.34	6.04	5.04	4.69	4.46
	지수	92.43	101.10	100.00	95.27	79.50	73.97	70.35
독일	금리	2.09	2.82	3.87	3.86	0.71	0.44	0.87
	지수	54.01	72.87	100.00	99.74	18.35	11.37	22.48
중국	금리	5.58	6.12	7.47	5.31	5.31	5.81	6.56
	지수	74.70	81.93	100.00	71.08	71.08	77.78	87.82
일본	금리	1.68	1.67	1.88	1.91	1.72	1.60	N.A.
	지수	89.36	88.83	100.00	101.60	91.49	85.11	N.A.

※ N.A.(Not Available) : 참고 예상 수치 없음

① 2018년 대비 2020년의 대출금리 증가율이 가장 높은 나라는 독일이다.
② 조사 기간 중 가장 높은 금리를 기록한 나라는 중국이다.
③ 2022년에 전년 대비 지수의 등락 폭이 가장 큰 나라와 가장 작은 나라와의 지수 차이는 50%p 이상이다.
④ 독일의 대출금리가 일본보다 떨어지기 시작한 해는 2022년이었으며, 2023년에도 일본의 대출금리를 앞지르지 못했다.
⑤ 2018 ~ 2024년 대출금리의 등락 폭이 가장 큰 나라는 독일로, 가장 높았을 때와 가장 낮았을 때의 포인트 차이는 3.5%p 이상이다.

25 다음은 2020 ~ 2024년 자원봉사 참여현황에 대한 자료이다. 참여율이 4번째로 높은 해의 전년 대비 참여율의 증가율을 구하면?(단, 소수점 둘째 자리에서 반올림한다)

〈자원봉사 참여현황〉

(단위 : 명, %)

구분	2020년	2021년	2022년	2023년	2024년
총 성인 인구수	39,377,310	39,832,282	40,287,814	40,747,638	41,210,561
자원봉사 참여 성인 인구수	5,077,428	5,823,697	6,666,477	7,169,252	7,998,625
참여율	12.9	14.6	16.5	17.6	19.4

① 7.5%
② 9.6%
③ 11.6%
④ 13.2%
⑤ 14.5%

26 다음은 기업 점유율에 대한 자료이다. 이에 대한 설명으로 옳지 않은 것은?

〈기업 점유율 현황〉

구분	2022년	2023년	2024년	전년 대비
상위 10대 기업	25.0%	26.9%	25.6%	▽ 1.3%p
상위 50대 기업	42.2%	44.7%	44.7%	−
상위 100대 기업	48.7%	51.2%	51.0%	▽ 0.2%p
상위 200대 기업	54.5%	56.9%	56.7%	▽ 0.2%p

① 2024년의 상위 10대 기업의 점유율은 전년 대비 낮아졌다.
② 2022년 상위 101 ~ 200대 기업이 차지하고 있는 비율은 5% 미만이다.
③ 전년 대비 2024년에는 상위 50대 기업을 제외하고 모두 점유율이 감소했다.
④ 2023년 대비 2024년의 상위 100대 기업이 차지하고 있는 점유율은 약간 떨어졌다.
⑤ 2022 ~ 2024년 동안 상위 10대 기업의 등락률과 상위 200대 기업의 등락률은 같은 추이를 보인다.

27 K공사 영업부는 야유회에서 4개의 팀으로 나누어서 철봉에 오래 매달리기 시합을 하였다. 팀별 기록에 대한 정보가 다음과 같을 때, A팀 4번 선수와 B팀 2번 선수 기록의 평균은 얼마인가?

〈팀별 철봉 오래 매달리기 기록〉

(단위 : 초)

구분	1번 선수	2번 선수	3번 선수	4번 선수	5번 선수
A팀	32	46	42	( )	42
B팀	48	( )	36	53	55
C팀	51	30	46	45	53
D팀	36	50	40	52	42

※ C팀의 평균은 A팀의 평균보다 3초 긺
※ D팀의 평균은 B팀의 평균보다 2초 짧음

① 43초
② 42초
③ 41초
④ 40초
⑤ 39초

28 다음은 1년 동안 K병원을 찾은 당뇨병 환자에 대한 자료이다. 이에 대한 설명으로 옳지 않은 것은?

〈당뇨병 환자 수〉

(단위 : 명)

당뇨병 \ 나이	경증		중증	
	여자	남자	여자	남자
50세 미만	9	13	8	10
50세 이상	10	18	8	24

① 여자 환자 중 중증인 환자의 비율은 $\frac{16}{35}$ 이다.

② 경증 환자 중 남자 환자의 비율은 중증 환자 중 남자 환자의 비율보다 높다.

③ 50세 이상의 환자 수는 50세 미만 환자 수의 1.5배이다.

④ 중증인 여자 환자의 비율은 전체 당뇨병 환자의 16%이다.

⑤ 50세 미만 남자 중에서 경증 환자 비율은 50세 이상 여자 중에서 경증 환자 비율보다 높다.

29 다음은 시도별 인구 수 변동 현황에 대한 자료이다. 이에 대한 설명으로 옳은 것을 〈보기〉에서 모두 고르면?

〈시도별 인구 수 변동 현황〉

(단위 : 천 명)

구분	2018년	2019년	2020년	2021년	2022년	2023년	2024년
전체	49,582	49,782	49,990	50,269	50,540	50,773	51,515
서울	10,173	10,167	10,181	10,193	10,201	10,208	10,312
부산	3,666	3,638	3,612	3,587	3,565	3,543	3,568
대구	2,525	2,511	2,496	2,493	2,491	2,489	2,512
인천	2,579	2,600	2,624	2,665	2,693	2,710	2,758
광주	1,401	1,402	1,408	1,413	1,423	1,433	1,455
대전	1,443	1,455	1,466	1,476	1,481	1,484	1,504
울산	1,081	1,088	1,092	1,100	1,112	1,114	1,126
경기	10,463	10,697	10,906	11,106	11,292	11,460	11,787

보기

㉠ 서울 인구 수와 경기 인구 수의 차이는 2018년에 비해 2024년에 더 커졌다.
㉡ 2018년과 비교했을 때, 2024년 인구가 감소한 지역은 부산뿐이다.
㉢ 전년 대비 증가한 인구 수를 비교했을 때, 광주는 다른 연도보다 2024년에 가장 많이 증가했다.
㉣ 대구는 2020년부터 전년 대비 인구가 꾸준히 감소했다.

① ㉠, ㉡
② ㉠, ㉢
③ ㉡, ㉢
④ ㉡, ㉣
⑤ ㉠, ㉡, ㉢

30 다음은 1인 1일 스팸 수신량을 나타낸 그래프이다. 이에 대한 설명으로 옳지 않은 것은?

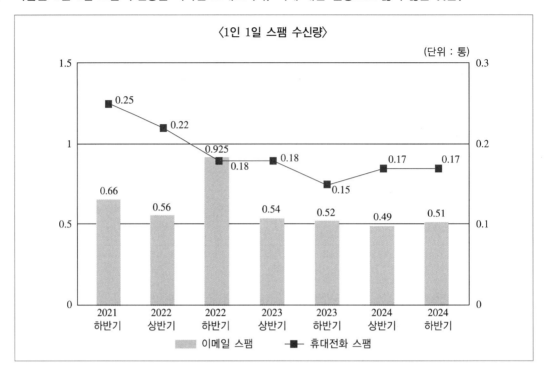

① 이메일과 휴대전화 모두 스팸 수신량이 가장 높은 시기는 2022년 하반기이다.

② 이메일 스팸 수신량이 휴대전화 스팸 수신량보다 항상 많다.

③ 이메일과 휴대전화 스팸 수신량 사이에 밀접한 관련이 있다고 보기 어렵다.

④ 이메일 스팸 총수신량의 평균은 휴대전화 스팸 총수신량 평균의 3배 이상이다.

⑤ 컴퓨터 사용량과 이메일 스팸 수신량이 정비례 관계에 있다고 한다면, 2022년 하반기 우리나라 국민의 평균 컴퓨터 사용량이 제일 높았을 것이다.

31 K공사의 P사원은 고객의 지출성향을 파악하기 위하여 다음과 같은 내역을 조사하여 파일을 작성하였다. 다음 중 외식비로 지출된 금액의 총액을 구하고자 할 때, [G5] 셀에 들어갈 함수식으로 옳은 것은?

	A	B	C	D	E	F	G
1							
2		날짜	항목	지출금액			
3		01월 02일	외식비	35,000			
4		01월 05일	교육비	150,000			
5		01월 10일	월세	500,000		외식비 합계	
6		01월 14일	외식비	40,000			
7		01월 19일	기부	1,000,000			
8		01월 21일	교통비	8,000			
9		01월 25일	외식비	20,000			
10		01월 30일	외식비	15,000			
11		01월 31일	교통비	2,000			
12		02월 05일	외식비	22,000			
13		02월 07일	교통비	6,000			
14		02월 09일	교육비	120,000			
15		02월 10일	월세	500,000			
16		02월 13일	외식비	38,000			
17		02월 15일	외식비	32,000			
18		02월 16일	교통비	4,000			
19		02월 20일	외식비	42,000			
20		02월 21일	교통비	6,000			
21		02월 23일	외식비	18,000			
22		02월 24일	교통비	8,000			
23							
24							

① =SUMIF(C4:C23, "외식비", D4:D23)

② =SUMIF(C3:C22, "외식비", D3:D22)

③ =SUMIF(C3:C22, "C3", D3:D22)

④ =SUMIF("외식비", C3:C22, D3:D22)

⑤ =SUMIF(C3:C22, D3:D22, "외식비")

※ K공사 정보운영처에 근무하는 A대리는 현재 '랜섬웨어'에 대한 직원들의 문의가 빗발쳐 비상이 걸린 상태다. B팀장은 A대리에게 직원들한테 주의사항을 공지할 것을 지시했다. 다음 메일을 참고하여 이어지는 질문에 답하시오. [32~33]

발신 A(정보운영처 / 대리, abcd@ekr.or.kr) 2025. ××. ××. 14:25:32
수신 전체
참조 B(정보운영처 / 팀장, ***@ekr.or.kr)
제목 [긴급 공지] 랜섬웨어 유포 관련 주의사항

안녕하십니까? 정보운영처 A대리입니다.
최근 해외에서 기승을 부리던 랜섬웨어가 국내로까지 확장되고 있다는 보도가 나왔습니다. 이와 관련하여 직원 여러분들께 몇 가지 주의사항을 당부드리고자 합니다.

〈주의사항〉
_____

〈보도자료 일부〉

랜섬웨어(Ransomware)란 몸값을 의미하는 랜섬(Ransom)과 소프트웨어(Software)의 합성어로, 금전 갈취를 목표로 하는 신종 악성코드(Malware)의 일종이다. 랜섬웨어에 감염된 컴퓨터는 시스템에 대한 접근이 제한되고 이를 해결하기 위해서는 랜섬웨어 제작자에게 대가로 금품을 제공해야 한다. 이러한 랜섬웨어가 확산되기 시작하면서 컴퓨터 보안업계에 비상이 걸렸다. 그간 미국, 일본, 영국 등 해외에서 기승을 부리던 랜섬웨어가 이제는 한국어 버전으로 출현해 국내도 더 이상 안전지대가 아니라는 게 전문가들의 지적이다. 특히 문서, 사진, 동영상 등 데이터를 암호화하는 '크립토 랜섬웨어(Crypto Ransomware)'는 한번 감염되면 복구가 쉽지 않아 보안이 허술한 중소기업 등의 경영 활동에 걸림돌이 될 수 있다는 우려도 제기된다.

이외 랜섬웨어 대응에 관해 궁금한 점이 있으시면 언제든지 정보운영처로 연락해 주시기 바랍니다. 감사합니다.

정보운영처 A 드림.

---

32 다음 중 A대리가 보낸 메일에 포함될 주의사항으로 적절하지 <u>않은</u> 것은?

① 모바일 OS나 인터넷 브라우저 등을 최신 버전으로 유지하십시오.

② 출처가 명확하지 않은 앱이나 프로그램은 설치하지 마십시오.

③ 비트코인 등 전자 화폐를 구입하라는 메시지는 즉시 삭제하고, 유사 사이트에 접속하지 마십시오.

④ 파일이 랜섬웨어에 감염되면 복구 프로그램을 활용해서 최대한 빨리 복구하십시오.

⑤ 중요 자료는 정기적으로 백업하십시오.

33 메일을 발송하려던 중 랜섬웨어와 같은 컴퓨터 악성코드에 대해 잘 모르는 직원들을 위해 설명을 추가하기로 하였다. 다음 중 A대리가 메일에 추가할 내용으로 적절하지 않은 것은?

① 악성코드는 악의적인 용도로 사용될 수 있는 유해 프로그램을 말합니다.

② 악성코드는 외부 침입을 탐지하고 분석하는 프로그램으로 잘못된 정보를 남발할 수 있습니다.

③ 악성코드는 때로 실행하지 않은 파일을 저절로 삭제하거나 변형된 모습으로 나타나게 합니다.

④ 악성코드에는 대표적으로 스파이웨어, 트로이 목마 같은 것이 있습니다.

⑤ 악성코드는 트로이 목마와 같이 다른 프로그램의 한 유형인 것처럼 가장하여 활동할 수도 있습니다.

34 다음 중 다양한 상황과 변수에 따른 여러 가지 결괏값의 변화를 가상의 상황을 통해 예측하여 분석할 수 있는 도구는?

① 통합   ② 목푯값 찾기

③ 부분합   ④ 시나리오 관리자

⑤ 데이터 표

35 다음 중 함수식의 결괏값으로 옳지 않은 것은?

① $=MOD(17,-5) \rightarrow 2$

② $=PRODUCT(7,2,2) \rightarrow 28$

③ $=INT(-5.2) \rightarrow -6$

④ $=ROUND(6.29,0) \rightarrow 6$

⑤ $=PRODUCT(2,8,9) \rightarrow 144$

36 다음 시트에서 'O' 한 개당 20점으로 시험 점수를 계산하여 점수 필드에 입력하려고 할 때, [H2] 셀에 입력할 함수식으로 옳은 것은?

▲	A	B	C	D	E	F	G	H
1	수험번호	성명	문항 1	문항 2	문항 3	문항 4	문항 5	점수
2	20250001	구대영	O	O	×	O	O	
3	20250002	오해영	×	O	O	O	×	
4	20250003	김은희	O	O	O	O	O	

① =COUNT(C2:G2, "O")*20

② =COUNTIF(C2:G2, "O")*20

③ =SUM(C2:G2, "O")*20

④ =SUMIF(C2:G2, "O")*20

⑤ =SUM(C2:G2, "O")

37 다음은 K사의 신입공채 지원자들에 대한 평가점수를 정리한 자료이다. [B9] 셀에 아래와 같은 함수를 실행하였을 때, [B9]의 결괏값으로 옳지 않은 것은?

▲	A	B	C	D	E
1	이름	협동점수	태도점수	발표점수	필기점수
2	부경필	75	80	92	83
3	김효남	86	93	74	95
4	박현정	64	78	94	80
5	백자영	79	86	72	97
6	이병현	95	82	79	86
7	노경미	91	86	80	79
8					
9	점수				

	[B9]에 입력된 함수	[B9]의 결괏값
①	=AVERAGE(LARGE(B2:E2,3),SMALL(B5:E5,2))	79.5
②	=SUM(MAX(B3:E3),MIN(B7:E7))	174
③	=AVERAGE(MAX(B7:E7),COUNTA(B6:E6))	50
④	=SUM(MAXA(B4:E4),COUNT(B3:E3))	98
⑤	=AVERAGE(SMALL(B3:E3,3),LARGE(B7:E7,3))	86.5

38 RFID 기술이 확산됨에 따라 K유통업체는 RFID를 물품관리시스템에 도입하여 긍정적인 효과를 얻고 있다. 다음 중 RFID에 대한 설명으로 적절하지 않은 것은?

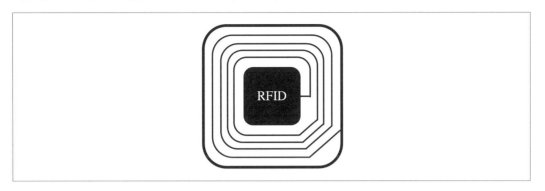

① 바코드와 달리 물체에 직접 접촉하지 않고도 데이터를 인식할 수 있다.

② 여러 개의 정보를 동시에 인식하거나 수정할 수 있다.

③ 바코드에 비해 많은 양의 데이터를 허용한다.

④ 데이터를 읽는 속도가 매우 빠르며, 데이터의 신뢰도 또한 높다.

⑤ 종류에 따라 반복적으로 데이터를 기록할 수 있지만 단기적으로만 이용할 수 있다.

39 다음 중 추세선을 추가할 수 있는 차트 종류는?

① 방사형　　　　　　　　　② 분산형

③ 원형　　　　　　　　　　④ 표면형

⑤ 도넛형

40 왼쪽 워크시트 [A1:C8] 영역에 오른쪽과 같이 규칙의 조건부 서식을 적용하는 경우 지정된 서식이 적용되는 셀의 개수는?(단, 조건부 서식 규칙에서 규칙 유형 선택을 '고유 또는 중복 값만 서식 지정'으로 설정한다)

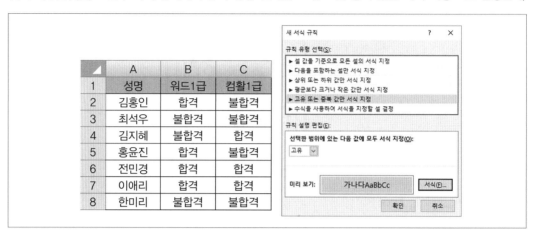

① 2개

② 7개

③ 10개

④ 12개

⑤ 24개

41 K공사에서 비품구매를 담당하고 있는 A사원은 비품관리 매뉴얼과 비품현황을 고려해 비품을 구매하려고 한다. 비품별 요청사항이 다음과 같을 때, 가장 먼저 구매해야 하는 비품은?

〈비품관리 매뉴얼〉

비품관리 우선순위는 다음과 같다.
1. 비품을 재사용할 수 있는 경우에는 구매하지 않고 재사용하도록 한다.
2. 구매요청 부서가 많은 비품부터 순서대로 구매한다.
3. 비품은 빈번하게 사용하는 정도에 따라 등급을 매겨 구매가 필요한 경우 A, B, C 순서대로 구매한다.
4. 필요한 비품 개수가 많은 비품부터 순서대로 구매한다.

〈비품별 요청사항〉

구분	필요 개수 (개)	등급	재사용 가능 여부	구매요청 부서	구분	필요 개수 (개)	등급	재사용 가능 여부	구매요청 부서
연필	5	B	×	인사팀 총무팀 연구팀	커피	10	A	×	인사팀 총무팀 생산팀
볼펜	10	A	×	생산팀	녹차	6	C	×	홍보팀
지우개	15	B	×	연구팀	A4 용지	12	A	×	홍보팀 총무팀 인사팀
메모지	4	A	×	홍보팀 총무팀	문서용 집게	4	B	○	인사팀 총무팀 생산팀 연구팀
수첩	3	C	×	홍보팀	클립	1	C	○	연구팀
종이컵	20	A	×	총무팀	테이프	0	B	×	총무팀

---

① A4 용지
② 커피
③ 클립
④ 연필
⑤ 문서용 집게

※ 다음은 K공사 직원들의 핵심성과지표(KPI)를 토대로 인사점수를 산정한 자료이다. 이어지는 질문에 답하시오. [42~43]

〈개별 인사점수〉

(단위 : 점)

내용	리더십	조직기여도	성과	교육이수여부	부서
L과장	88	86	83	×	영업부
M차장	92	90	88	○	고객만족부
N주임	90	82	85	×	IT부
O사원	90	90	85	×	총무부
P대리	83	90	88	○	영업부

※ 교육을 이수하였으면 20점을 가산함
※ 사원, 주임은 50점, 대리는 80점, 과장 이상의 직급은 100점을 가산함

〈부서 평가〉

구분	영업부	총무부	IT부	고객만족부	기획부
등급	A	C	B	A	B

※ 부서평가 등급이 A등급인 부서는 조직기여도 점수에 1.5배, B등급은 1배, C등급은 0.8배로 계산함

42 다음 중 총점수가 400점 이상 410점 이하인 직원은 모두 몇 명인가?

① 1명 ② 2명
③ 3명 ④ 4명
⑤ 5명

43 다음 중 가장 높은 점수를 받은 직원은 누구인가?

① L과장 ② M차장
③ N사원 ④ O사원
⑤ P대리

44 K회사 마케팅 팀장은 팀원 50명에게 연말 선물을 하기 위해 물품을 구매하려고 한다. 아래는 업체별 품목 가격과 팀원들의 품목 선호도를 나타낸 자료이다. 다음 〈조건〉에 따라 팀장이 구매할 물품과 업체를 순서대로 바르게 나열한 것은?

〈업체별 품목 금액〉

구분		한 벌당 가격(원)
A업체	티셔츠	6,000
	카라 티셔츠	8,000
B업체	티셔츠	7,000
	후드 집업	10,000
	맨투맨	9,000

〈구성원 품목 선호도〉

순위	품목
1	카라 티셔츠
2	티셔츠
3	후드 집업
4	맨투맨

조건
• 구성원의 선호도를 우선으로 품목을 선택한다.
• 총 구매금액이 30만 원 이상이면 총금액에서 5% 할인을 해준다.
• 차순위 품목이 1순위 품목보다 총금액이 20% 이상 저렴하면 차순위를 선택한다.

① 티셔츠, A업체
② 카라 티셔츠, A업체
③ 티셔츠, B업체
④ 후드 집업, B업체
⑤ 맨투맨, B업체

45 K회사는 직원들의 문화생활을 위해 매달 티켓을 준비하여 신청을 받는다. 인사부에서 선정한 이달의 문화생활은 다음과 같고, 마지막 주 수요일 오후 업무시간에 모든 직원들이 하나의 문화생활을 참여한다고 할 때, 이번 달 티켓 구매에 필요한 예산은 얼마인가?

〈부서별 문화생활 신청 현황〉

(단위 : 명)

구분	연극	영화	음악회	미술관
A부서	5	6	4	0
B부서	1	8	4	0
C부서	0	3	0	1
D부서	4	2	3	1
E부서	3	2	0	1
F부서	1	5	2	1

〈문화생활 정보〉

구분	연극	영화	음악회	미술관
정원	20명	30명	10명	30명
1인당 금액	20,000원	12,000원	50,000원	13,000원
기타 사항	단체 10명 이상 총금액의 15% 할인	마지막 주 수요일은 1인당 50% 할인	–	단체 10명 이상 총금액의 20% 할인

※ 정원이 초과된 문화생활은 정원이 초과되지 않은 것으로 다시 신청함
※ 정원이 초과된 인원은 1인당 금액이 높은 문화생활 순으로 남은 정원을 모두 채움

① 920,600원
② 958,600원
③ 997,000원
④ 998,000원
⑤ 999,600원

46 K공사에서 근무하는 김사원은 수출계약 건으로 한국에 방문하는 바이어를 맞이하기 위해 인천공항에 가야 한다. 미국 뉴욕에서 오는 바이어는 현지시각으로 21일 오전 8시 30분에 한국행 비행기에 탑승할 예정이며, 비행시간은 17시간이다. K공사에서 인천공항까지는 1시간 30분이 걸리고, 바이어의 도착 예정시각보다는 30분 일찍 도착하여 대기하려고 할 때, 김사원이 회사에서 출발해야 하는 시각은?(단, 뉴욕은 한국보다 13시간이 느리다)

① 21일 10시 30분   ② 21일 12시 30분

③ 22일 12시   ④ 22일 12시 30분

⑤ 22일 14시 30분

47 다음은 바코드 원리를 활용하여 물품을 기호화하고 관리한 자료이다. 이와 같은 방식의 특징으로 옳지 않은 것은?

① 물품의 위치를 쉽게 파악할 수 있다.
② 동일성의 원칙과 유사성의 원칙을 기반으로 분류한 것이다.
③ 보유하고 있는 물품에 대한 정보를 쉽게 확인할 수 있다.
④ 지속적으로 확인해서 개정해야 하는 번거로움이 없다.
⑤ 물품을 관리하는 데 관심을 기울일 수 있게 한다.

※ 다음은 K공사의 프로젝트 목록이다. 이어지는 질문에 답하시오. [48~49]

〈프로젝트별 진행 세부사항〉

프로젝트명	필요인원(명)	소요기간(개월)	기간	1인당 인건비(만 원)	진행비(만 원)
A	46	1	2월	130	20,000
B	42	4	2 ~ 5월	550	3,000
C	24	2	3 ~ 4월	290	15,000
D	50	3	5 ~ 7월	430	2,800
E	15	3	7 ~ 9월	400	16,200

※ 1인당 인건비는 프로젝트가 끝날 때까지의 1인당 총 인건비를 말함

48 모든 프로젝트를 완료하기 위해 필요한 최소 인원은 몇 명인가?(단, 프로젝트 참여자는 하나의 프로젝트를 끝내면 다른 프로젝트에 참여한다)

① 50명   ② 65명
③ 92명   ④ 107명
⑤ 117명

49 K공사는 인건비와 진행비를 합산하여 프로젝트 비용을 산정하려고 한다. A ~ E프로젝트 중 총비용이 가장 적게 드는 것은?

① A프로젝트   ② B프로젝트
③ C프로젝트   ④ D프로젝트
⑤ E프로젝트

50 K기업의 해외사업부는 7월 중에 2박 3일로 워크숍을 떠나려고 한다. 사우들의 단합을 위해 일정은 주로 야외 활동으로 잡았다. 다음 7월 미세먼지 예보와 〈조건〉을 고려했을 때 워크숍 일정으로 가장 적절한 날짜는?

〈미세먼지 PM_{10} 등급〉

구간	좋음	보통	약간 나쁨	나쁨	매우 나쁨
예측농도($\mu g/m^3 \cdot$ 일)	$0 \sim 30$	$31 \sim 80$	$81 \sim 120$	$121 \sim 200$	201 이상

〈7월 미세먼지 예보〉

일	월	화	수	목	금	토
	1 $204\mu g/m^3$	2 $125\mu g/m^3$	3 $123\mu g/m^3$	4 $25\mu g/m^3$	5 $132\mu g/m^3$	6 $70\mu g/m^3$
7 $10\mu g/m^3$	8 $115\mu g/m^3$	9 $30\mu g/m^3$	10 $200\mu g/m^3$	11 $116\mu g/m^3$	12 $121\mu g/m^3$	13 $62\mu g/m^3$
14 $56\mu g/m^3$	15 $150\mu g/m^3$	16 $140\mu g/m^3$	17 $135\mu g/m^3$	18 $122\mu g/m^3$	19 $98\mu g/m^3$	20 $205\mu g/m^3$
21 $77\mu g/m^3$	22 $17\mu g/m^3$	23 $174\mu g/m^3$	24 $155\mu g/m^3$	25 $110\mu g/m^3$	26 $80\mu g/m^3$	27 $181\mu g/m^3$
28 $125\mu g/m^3$	29 $70\mu g/m^3$	30 $85\mu g/m^3$	31 $125\mu g/m^3$			

조건
- 첫째 날과 둘째 날은 예측농도가 '좋음 ~ 약간 나쁨' 사이여야 한다.
- 워크숍 일정은 평일로 하되 불가피할 시 토요일을 워크숍 마지막 날로 정할 수 있다.
- 매달 둘째, 넷째 주 수요일은 기획회의가 있다.
- 셋째 주 금요일 저녁에는 우수성과팀 시상식이 있다.
- 7월 29 ~ 31일은 중국 현지에서 열리는 콘퍼런스에 참여한다.

① 1 ~ 3일
② 8 ~ 10일
③ 17 ~ 19일
④ 25 ~ 27일
⑤ 29 ~ 31일

| 03 | 기술능력

41 다음은 매뉴얼 작성 규칙과 해외여행 중 자연재해에 대한 행동 매뉴얼이다. 밑줄 친 (가) ~ (마) 중 매뉴얼 작성 규칙에 위배되는 것은?

〈매뉴얼 작성 규칙〉

- 매뉴얼의 서술은 가능한 단순하고 간결해야 하며, 비전문가도 쉽게 이해할 수 있어야 한다.
- 매뉴얼 내용 서술에 애매모호한 단어 사용을 금지해야 한다.
- 추측성 내용의 서술은 금물이다.
- 이용자로 하여금 알기 쉬운 문장으로 쓰여야 한다.

〈해외여행 중 자연재해 행동 매뉴얼〉

(가) 재외공관에 연락하여 본인의 소재지 및 여행 동행자의 정보를 남기고, 공관의 안내에 따라 신속히 현장을 빠져나와야 합니다.

(나) 지진이 일어났을 경우, 비교적 안전한 위치에서 자세를 낮추고 머리 등 신체 주요부위를 보호합니다. 그리고 엘리베이터 대신 가급적 계단을 이용해야 하며, 엘리베이터 이용 중 지진이 일어난 경우에는 가까운 층을 눌러 대피합니다.

(다) 해일이 발생할 경우, 가능한 높은 지대로 이동합니다. 이때, 목조건물로 대피할 경우 급류에 쓸려갈 수 있으므로 가능한 철근콘크리트 건물로 이동해야 합니다.

(라) 태풍·호우 시 큰 나무를 피하고, 고압선 가로등 등을 피하면 감전의 위험을 줄일 수도 있습니다.

(마) 자연재해 발생 시 TV·라디오 등을 켜두어 중앙행정기관에서 발표하는 위기대처방법을 숙지합니다.

① (가)
② (나)
③ (다)
④ (라)
⑤ (마)

42 다음 그림은 기술선택을 위한 절차를 나타낸 자료이다. 빈칸 (ㄱ) ~ (ㄹ)에 들어갈 내용을 바르게 나열한 것은?

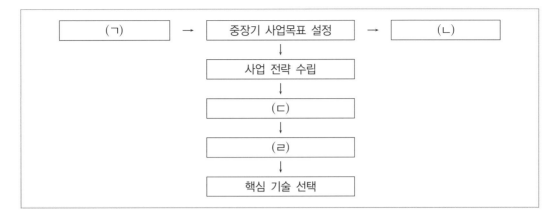

	(ㄱ)	(ㄴ)	(ㄷ)	(ㄹ)
①	내부 역량 분석	외부 환경 분석	요구 기술 분석	기술 전략 수립
②	내부 역량 분석	외부 환경 분석	기술 전략 수립	요구 기술 분석
③	외부 환경 분석	내부 역량 분석	요구 기술 분석	기술 전략 수립
④	외부 환경 분석	내부 역량 분석	기술 전략 수립	요구 기술 분석
⑤	외부 환경 분석	기술 전략 수립	내부 역량 분석	요구 기술 분석

43 다음 글에 나타난 산업 재해의 원인으로 옳은 것은?

> 원유저장탱크에서 탱크 동체 하부에 설치된 믹서 임펠러의 날개깃이 파손됨에 따라, 과진동(과하중)이 발생하여 믹서의 지지부분(볼트)이 파손되어 축이 이탈되면서 생긴 구멍으로 탱크 내부의 원유가 대량으로 유출되었다. 분석에 따르면 임펠러 날개깃의 파손이 피로 현상에 의해 발생되어 표면에 응력집중을 일으킬 수 있는 결함이 존재하였을 가능성이 높다고 한다.

① 작업 관리상 원인   ② 기술적 원인
③ 교육적 원인   ④ 불안전한 행동
⑤ 고의적인 악행

※ 다음은 K공장에서 안전을 위해 정기적으로 하는 검침에 대한 안내사항이다. 이어지는 질문에 답하시오.
[44~45]

〈계기판 검침 안내사항〉

정기적으로 매일 오전 9시에 다음의 안내사항에 따라 검침을 하고 그에 따른 조치를 취하도록 한다.

계기판 A·B·C의 표준 수치		

계기판 A	계기판 B	계기판 C

[기계조작실]
1. 계기판을 확인하여 PSD 수치를 구한다.
   ※ 검침하는 시각에 바깥 온도계의 온도가 영상이면 B계기판은 고려하지 않음
   ※ 검침하는 시각에 실내 온도계의 온도가 20℃ 미만이면 Parallell Mode를, 20℃ 이상이면 Serial Mode를 적용함
   • Parallel Mode
     (PSD)=(검침 시각 각 계기판 수치의 평균)
   • Serial Mode
     (PSD)=(검침 시각 각 계기판 수치의 합)
2. PSD 수치에 따라서 적절한 버튼을 누른다.

수치	버튼
PSD ≤ 기준치	정상
기준치<PSD<기준치+5	경계
기준치+5≤PSD	비정상

   ※ 화요일과 금요일은 세 계기판의 표준 수치의 합의 1/2를 기준치로 삼고, 나머지 요일은 세 계기판의 표준 수치의 합을 기준
     치로 삼음(단, 온도에 영향을 받지 않음)
3. 기계조작실에서 버튼을 누르면 버튼에 따라 상황통제실의 경고등에 불이 들어온다.

버튼	경고등
정상	녹색
경계	노란색
비정상	빨간색

[상황통제실]
들어온 경고등의 색을 보고 필요한 조치를 취한다.

경고등	조치
녹색	정상가동
노란색	안전요원 배치
빨간색	접근제한 및 점검

44 목요일 오전 9시에 실외 온도계의 수치는 15℃이고 실내 온도계의 수치는 22℃이며, 계기판 수치는 다음과 같았다. 이때 눌러야 하는 버튼은 무엇이며, 상황통제실에서는 어떤 조치를 취해야 하는가?

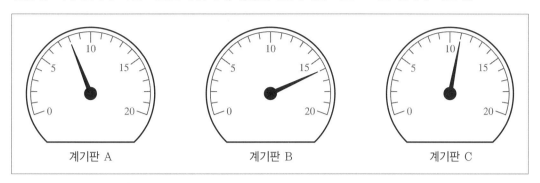

① 정상, 정상가동
② 정상, 안전요원 배치
③ 경계, 안전요원 배치
④ 비정상, 접근 제한 및 점검
⑤ 비정상, 안전요원 배치

45 화요일 오전 9시에 실외 온도계의 수치는 −3℃이고 실내 온도계의 수치는 15℃이며, 계기판 수치는 다음과 같았다. 이때 눌러야 하는 버튼은 무엇이며, 상황통제실에서는 어떤 조치를 취해야 하는가?

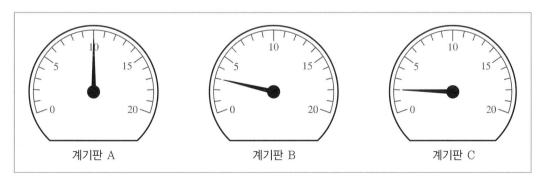

① 정상, 정상가동
② 정상, 안전요원 배치
③ 경계, 안전요원 배치
④ 비정상, 접근 제한 및 점검
⑤ 비정상, 안전요원 배치

46 다음 중 ㉠사와 ㉡사가 활용한 벤치마킹을 바르게 짝지은 것은?

㉠사는 기존 신용카드사가 시도하지 않았던 새로운 분야를 개척하며 성장했다. ㉠사만의 독특한 문화와 경영 방식 중 상당 부분은 회사 바깥에서 얻었다. 이런 작업의 기폭제가 바로 'Insight Tour'이다. ㉠사 직원들은 업종을 불문하고 새로운 마케팅으로 주목받는 곳을 방문한다. 심지어 혁신적인 미술관이나 자동차 회사까지 찾아간다. 금융회사는 가급적 가지 않는다. 카드사는 고객이 결제하는 카드만 취급하는 것이 아니라 회사의 고객 라이프 스타일까지 디자인하는 곳이라는 게 ㉠사의 시각이다. ㉠사의 브랜드 실장은 "카드사는 생활과 밀접한 분야에서 통찰을 얻어야 한다. 'Insight Tour'는 고객의 삶을 업그레이드시키는 데 역점을 둔다."고 강조했다.

㉡사의 첫 벤치마킹 대상은 선반이 높은 창고형 매장을 운영한 월마트였다. 하지만 한국 문화에 맞지 않았다. 3년 후 일본 할인점인 이토요카토로 벤치마킹 대상을 바꿨다. 신선식품에 주력하고 시식행사도 마련하였고, 결과는 성공이었다. 또한, 자체브랜드(PL; Private Label) 전략도 벤치마킹을 통해 가다듬었다. 기존 ㉡사의 PL은 저가 이미지가 강했지만, 이를 극복하기 위해 ㉡사는 'PL 종주국' 유럽을 벤치마킹했다. 유럽의 기업인 테스코는 PL 브랜드를 세분화해서 '테스코 파이니스트 – 테스코 노멀 – 테스코 벨류'란 브랜드를 달았다. 이와 유사하게 ㉡사도 '베스트 – 벨류 – 세이브' 등의 브랜드로 개편했다.

	㉠사	㉡사
①	경쟁적 벤치마킹	비경쟁적 벤치마킹
②	간접적 벤치마킹	글로벌 벤치마킹
③	비경쟁적 벤치마킹	글로벌 벤치마킹
④	직접적 벤치마킹	경쟁적 벤치마킹
⑤	비경쟁적 벤치마킹	경쟁적 벤치마킹

47 다음 중 상향식 기술선택과 하향식 기술선택에 대한 설명으로 적절하지 않은 것은?

① 상향식 기술선택은 연구자나 엔지니어들이 자율적으로 기술을 선택한다.

② 상향식 기술선택은 기술 개발자들의 창의적인 아이디어를 활용할 수 있다.

③ 상향식 기술선택은 기업 간 경쟁에서 승리할 수 없는 기술이 선택될 수 있다.

④ 하향식 기술선택은 단기적인 목표를 설정하고 달성하기 위해 노력한다.

⑤ 하향식 기술선택은 기업이 획득해야 하는 대상 기술과 목표기술수준을 결정한다.

48 다음 글이 설명하는 것은?

농부는 농기계와 화학비료를 써서 밀을 재배하고 수확한다. 이렇게 생산된 밀은 보관업자, 운송업자, 제분회사, 제빵 공장을 거쳐 시장으로 판매된다. 보다 높은 생산성을 위해 화학비료를 연구하고, 공장을 가동하기 위해 공작기계와 전기를 생산한다. 보다 빠른 운송을 위해서 트럭이나 기차, 배가 개발되었고, 보다 효과적인 운송수단과 농기계를 운용하기 위해 증기기관에서 석유에너지로 발전하였다. 이렇듯 우리의 식탁에 올라오는 빵은 여러 기술이 네트워크로 결합하여 시너지를 내고 있다.

① 기술시스템   ② 기술혁신

③ 기술경영   ④ 기술이전

⑤ 기술경쟁

※ 다음은 비데를 설치하기 위해 참고할 제품 설명서의 일부이다. 이어지는 질문에 답하시오. **[49~50]**

<설치 방법>

1) 비데 본체의 변좌와 변기의 앞면이 일치되도록 전후로 고정하십시오.
2) 비데용 급수호스를 정수필터와 비데 본체에 연결한 후 급수밸브를 열어 주십시오.
3) 전원을 연결하십시오(반드시 전용 콘센트를 사용하십시오).
4) 비데가 작동하는 소리가 들린다면 설치가 완료된 것입니다.

<주의사항>

• 전원은 반드시 AC220V에 연결하십시오(반드시 전용 콘센트를 사용하십시오).
• 변좌에 걸터앉지 말고 항상 중앙에 앉고, 변좌 위에 어떠한 것도 놓지 마십시오(착좌센서가 동작하지 않을 수도 있습니다).
• 정기적으로 수도필터와 정수필터를 청소 또는 교환해 주십시오.
• 급수밸브를 꼭 열어 주십시오.

<A/S 신청 전 확인 사항>

현상	원인	조치 방법
물이 나오지 않을 경우	급수 밸브가 잠김	매뉴얼을 참고하여 급수밸브를 열어 주세요.
	정수필터가 막힘	매뉴얼을 참고하여 정수필터를 교체하여 주세요(A/S상담실로 문의하세요).
	본체 급수호스 등이 동결	더운물에 적신 천으로 급수호스 등의 동결부위를 녹여 주세요.
기능 작동이 되지 않을 경우	수도필터가 막힘	흐르는 물에 수도필터를 닦아 주세요.
	착좌센서 오류	착좌센서에서 의류, 물방울, 이물질 등을 치워 주세요.
수압이 약할 경우	수도필터에 이물질이 낌	흐르는 물에 수도필터를 닦아 주세요.
	본체의 호스가 꺾임	호스의 꺾인 부분을 펴 주세요.
노즐이 나오지 않을 경우	착좌센서 오류	착좌센서에서 의류, 물방울, 이물질을 치워 주세요.
본체가 흔들릴 경우	고정 볼트가 느슨해짐	고정 볼트를 다시 조여 주세요.
비데가 작동하지 않을 경우	급수밸브가 잠김	매뉴얼을 참고하여 급수밸브를 열어 주세요.
	급수호스의 연결문제	급수호스의 연결상태를 확인해 주세요. 계속 작동하지 않는다면 A/S상담실로 문의하세요.
변기의 물이 샐 경우	급수호스가 느슨해짐	급수호스 연결부분을 조여 주세요. 계속 샐 경우 급수 밸브를 잠근 후 A/S상담실로 문의하세요.

49 귀하는 지시에 따라 비데를 설치하였다. 일주일이 지난 뒤, 동료 K사원으로부터 비데의 기능이 작동하지 않는다는 사실을 접수하였다. 해당 문제점에 대한 원인을 파악하기 위해 확인해야 할 사항으로 가장 적절한 것은?

① 급수밸브의 잠김 여부
② 수도필터의 청결 상태
③ 정수필터의 청결 상태
④ 급수밸브의 연결 상태
⑤ 비데의 고정 여부

50 49번 문제에서 확인한 사항이 추가로 다른 문제를 일으킬 수 있는지 미리 점검하고자 할 때, 가장 적절한 행동은?

① 수압이 약해졌는지 확인한다.
② 물이 나오지 않는지 확인한다.
③ 본체가 흔들리는지 확인한다.
④ 노즐이 나오지 않는지 확인한다.
⑤ 변기의 물이 새는지 확인한다.

3일 차
기출응용 모의고사

〈문항 및 시험시간〉

평가영역	문항 수	시험시간	모바일 OMR 답안채점/성적분석 서비스
경영학 / 경제학 / 법학 / 행정학 / 토목학	각 40문항	40분	경영학 경제학 법학 행정학 토목학

3일 차 기출응용 모의고사

| 01 | 경영학

01 다음 중 피들러(Fiedler)의 리더십 상황이론에 대한 설명으로 옳지 않은 것은?

① 리더 및 부하의 관계, 과업과 집단구조, 리더의 직위권한을 상황변수로 본다.

② 과업구조가 구조화되어 있으면 리더에게 호의적인 상황이다.

③ 리더 및 부하의 관계가 비호의적인 상황에는 관계지향적 리더가 적합하다.

④ 피들러는 LPC 점수에 따라 리더를 과업지향적 리더와 관계지향적 리더로 분류한다.

⑤ 피들러는 리더십 효과가 리더의 스타일과 리더십 상황의 적합성에 달려 있다는 전제에서 시작하였다.

02 다음 중 선입선출법에 대한 설명으로 옳은 것은?

① 원가법이나 시가법에 의하여 평가한 가액 중 낮은 쪽의 가액을 재고상품가액으로 계산한다.

② 인플레이션 때에 이익이 과대계상되지 않는다.

③ 먼저 구입한 상품이 먼저 사용되거나 판매된 것으로 가정한다.

④ 가장 최근에 입고한 재고부터 판매 또는 제조에 사용된다고 가정한다.

⑤ 일정기간의 매입합계액을 동일기간의 매입수량의 합계로 나누어 단가를 계산한다.

03 K회사는 철물 관련 사업을 하는 중소기업이다. 이 회사는 수요가 어느 정도 안정된 소모품을 다양한 거래처에 납품하고 있으며, 내부적으로는 부서별 효율성을 추구하고 있다. 이러한 회사의 조직구조로 적합한 유형은?

① 기능별 조직

② 사업부제 조직

③ 프로젝트 조직

④ 매트릭스 조직

⑤ 다국적 조직

04 다음 중 BCG 매트릭스와 GE 매트릭스의 차이점으로 옳지 않은 것은?

① BCG 매트릭스는 총 4칸으로 구성되며, GE 매트릭스는 총 9칸으로 구성된다.

② GE 매트릭스는 투자수익률(ROI)를 강조한다.

③ BCG 매트릭스에서 현금의 흐름이 가장 많은 것은 캐시카우(Cash Cow) 사업부이다.

④ BCG 매트릭스에서 상대적 시장점유율이 1보다 크다는 것은 시장점유율이 50% 이상이라는 것을 의미한다.

⑤ BCG 매트릭스는 시장을 시장점유율과 상대적 시장점유율로 분석하고, GE 매트릭스는 시장을 장기 산업 매력도와 사업단위 경쟁력으로 분석한다.

05 다음 중 B2B에 대한 설명으로 옳지 않은 것은?

① B2B는 타깃시장이 비교적 작기 때문에 시장에 진출하기 위해서는 전문성이 강조된다.

② B2B는 기업이 고객이기 때문에 고객별 전략 수립 및 실행이 중요하다.

③ B2B는 고객사와 공급사 간의 지속적인 관계유지가 중요하다.

④ B2B는 판매 사이클이 비교적 길기 때문에 사후관리가 중요하다.

⑤ B2B는 전자상거래 수단이나 관리 및 TV광고 같은 홍보활동이 중요하다.

06 본예산은 투자로 인한 수익이 1년 이상에 걸쳐 장기적으로 실현될 투자결정에 대한 일련의 과정을 말한다. 다음 중 투자안의 평가방법에 해당하지 않는 것은?

① 유동성분석법   ② 수익성지수법

③ 순현재가치법   ④ 내부수익률법

⑤ 회수기간법

07 주당 액면금액이 5,000원인 보통주 100주를 주당 8,000원에 현금 발행한 경우 재무제표에 미치는 영향으로 옳지 않은 것은?

① 자산 증가   ② 자본 증가

③ 수익 불변   ④ 부채 불변

⑤ 이익잉여금 증가

08 다음 빈칸에 들어갈 벤치마킹 유형으로 옳은 것은?

> _____은 경쟁회사의 강점과 약점을 파악하여 성공적인 대응전략을 수립하는 방법이다. 이 방법은 특정고객의 요구를 확인하고 상대적인 업무 수준이 평가되기 때문에 업무개선의 우선순위를 정하는 데 도움을 준다. 또한, 생산방식과 배달방식 등에 초점을 맞추며 이를 통하여 경쟁회사에 대한 경쟁력을 확보할 수 있다.

① 내부 벤치마킹   ② 경쟁기업 벤치마킹

③ 산업 벤치마킹   ④ 선두그룹 벤치마킹

⑤ 선택적 벤치마킹

09 다음 〈보기〉 중 맥그리거(McMgregor)의 XY이론에서 X이론적 인간관과 동기부여 전략에 해당하는 것을 모두 고르면?

> **보기**
>
> ㄱ. 천성적 나태   ㄴ. 변화지향적
> ㄷ. 자율적 활동   ㄹ. 민주적 관리
> ㅁ. 어리석은 존재   ㅂ. 타율적 관리
> ㅅ. 변화에 저항적   ㅇ. 높은 책임감

① ㄱ, ㄴ, ㄷ, ㄹ   ② ㄱ, ㄴ, ㄹ, ㅁ

③ ㄱ, ㅁ, ㅂ, ㅅ   ④ ㄴ, ㄷ, ㄹ, ㅇ

⑤ ㄴ, ㅁ, ㅂ, ㅅ

10 다음 중 카르텔(Kartell)의 특성으로 옳지 않은 것은?

① 같은 종류의 상품을 생산하는 기업끼리 협정한다.

② 경쟁에 있어 배타적이다.

③ 경제적, 법률적 기능의 독립성을 상실한다.

④ 기업 안정화에 영향을 미친다.

⑤ 기업 간 수평적 결합을 한다.

11 다음 중 목표설정이론 및 목표관리(MBO)에 대한 설명으로 옳지 않은 것은?

① 목표는 구체적이고 도전적으로 설정하는 것이 바람직하다.

② 목표는 지시적 목표, 자기설정 목표, 참여적 목표로 구분된다.

③ 목표를 설정하는 과정에 부하직원이 함께 참여한다.

④ 조직의 목표를 구체적인 부서별 목표로 전환하게 된다.

⑤ 성과는 경영진이 평가하여 부하직원 개개인에게 통보한다.

12 다음 수요예측기법 중 성격이 다른 하나는?

① 델파이 기법   ② 역사적 유추법

③ 시계열 분석 방법   ④ 시장조사법

⑤ 라이프사이클 유추법

13 다음 중 인사평가방법에서 피평가자의 능력, 태도, 작업, 성과 등에 대한 표준행동들을 제시하고 평가자가 해당 서술문을 대조하여 평가하는 방법은?

① 서열법   ② 평정척도법

③ 체크리스트법   ④ 중요사건기술법

⑤ 목표관리법

14 다음 중 자재소요계획(MRP)에 대한 설명으로 옳은 것은?

① MRP는 풀 생산방식(Pull System)에 속하며, 시장 수요가 생산을 촉발시키는 시스템이다.

② MRP는 독립수요를 갖는 부품들의 생산수량과 생산시기를 결정하는 방법이다.

③ 자재명세서의 부품별 계획 주문 발주시기를 근거로 MRP를 수립한다.

④ MRP는 필요할 때마다 요청해서 생산하는 방식이다.

⑤ 생산 일정계획의 완제품 생산일정(MPS), 자재명세서(BOM), 재고기록철(IR) 정보를 근거로 MRP를 수립한다.

15 다음 중 빈칸에 들어갈 용어로 옳은 것은?

> _____는 기업의 장래 인적자원의 수요를 예측하여, 기업전략의 실현에 필요한 인적자원을 확보하기 위해 실시하는 일련의 활동이다.

① 회계관리　　　　　　　　　　　② 마케팅관리
③ 물류관리　　　　　　　　　　　④ 인적자원관리
⑤ 창고관리

16 다음 중 투자부동산에 해당하지 않는 것은?

① 장래 용도를 정하지 못한 상태로 보유하고 있는 토지
② 직접 소유하고 운용리스로 제공하는 건물
③ 장기적인 시세차익을 위해 보유하고 있는 토지
④ 통상적인 영업 과정에서 단기간에 판매하기 위해 보유하고 있는 토지
⑤ 미래에 투자부동산으로 사용하기 위하여 건설 중인 건물

17 다음 중 고전적 경영이론에 대한 설명으로 옳지 않은 것은?

① 고전적 경영이론은 인간의 행동이 합리적이고 경제적인 동기에 의해 이루어진다고 가정한다.
② 차별 성과급제, 기능식 직장제도는 테일러의 과학적 관리법을 기본이론으로 한다.
③ 포드의 컨베이어 벨트 시스템은 표준화를 통한 대량생산방식을 설명한다.
④ 베버는 조직을 합리적이고 법적인 권한으로 운영하는 관료제 조직이 가장 합리적이라고 주장한다.
⑤ 페이욜은 기업활동을 기술활동, 영업활동, 재무활동, 회계활동 4가지 분야로 구분하였다.

18 다음 중 대규모 데이터베이스에서 숨겨진 패턴이나 관계를 발견하여 의사결정 및 미래예측에 활용할 수 있도록 데이터를 모아서 분석하는 것은?

① 데이터 웨어하우스(Data Warehouse)　　② 데이터 마이닝(Data Mining)
③ 데이터 마트(Data Mart)　　　　　　　　④ 데이터 정제(Data Cleansing)
⑤ 데이터 세정(Data Scrubbing)

19 다음 중 최고경영자, 중간경영자, 하위경영자 모두가 공통적으로 가져야 할 능력은?

① 타인에 대한 이해력과 동기부여 능력

② 지식과 경험을 해당 분야에 적용시키는 능력

③ 복잡한 상황 등 여러 상황을 분석하여 조직 전체에 적용하는 능력

④ 담당 업무를 수행하기 위한 육체적, 지능적 능력

⑤ 한 부서의 변화가 다른 부서에 미치는 영향을 파악하는 능력

20 K기업의 2024년 말 창고에 보관 중인 재고자산실사액은 10,000원이다. 다음 자료를 반영할 경우 2024년 기말재고자산은?

- 은행에서 자금을 차입하면서 담보로 원가 1,000원의 상품을 제공하였으며, 동 금액은 상기 재고실사금액에 포함되어 있지 않다.
- 수탁자에게 인도한 위탁상품의 원가는 2,000원이며, 이 중 70%만 최종소비자에게 판매되었다.
- 도착지인도조건으로 판매하여 기말 현재 운송 중인 상품은 원가가 3,000원이며, 2025년 1월 2일 도착 예정이다.

---

① 10,600원 ② 11,600원

③ 13,600원 ④ 14,600원

⑤ 15,600원

21 다음 중 행동기준고과법(BARS)에 대한 설명으로 옳지 않은 것은?

① 전통적인 인사평가 방법에 비해 평가의 공정성이 증가하는 장점이 있다.

② 어떤 행동이 목표달성과 관련이 있는지 인식하여 목표관리의 일환으로 사용이 가능하다.

③ 다양하고 구체적인 직무에 적용이 가능하다는 장점이 있다.

④ 평정척도법과 중요사건기록법을 혼용하여 평가직무에 직접 적용되는 행동패턴을 척도화하여 평가하는 방법이다.

⑤ 점수를 통해 등급화하기보다는 개별행위를 빈도를 나눠서 측정하기 때문에 풍부한 정보를 얻을 수 있지만 종업원의 행동변화를 유도하기 어렵다는 단점이 있다.

22 다음 중 시장세분화에 대한 설명으로 옳은 것은?

① 시장포지셔닝은 세분화된 시장의 좋은 점을 분석한 후 진입할 세분시장을 선택하는 것이다.

② 행동적 세분화는 구매자의 사회적 위치, 생활습관, 개인성격을 바탕으로 시장을 나누는 것이다.

③ 사회심리적 세분화는 추구하는 편익, 사용량, 상표애호도, 사용여부 등을 바탕으로 시장을 나누는 것이다.

④ 인구통계적 세분화는 나이, 성별, 가족규모, 소득, 직업, 종교, 교육수준 등을 바탕으로 시장을 나누는 것이다.

⑤ 시장표적화는 시장경쟁이 치열해졌거나 소비자의 욕구가 급격히 변할 때 저가격으로 설정하는 전략방법이다.

23 다음 중 재무회계의 한계점에 대한 설명으로 옳지 않은 것은?

① 계량적인 자료를 중심으로 정보를 분석하므로 비계량적 요소와 질적 요소를 반영할 수 없다.

② 과거의 정보를 분석하므로 의사결정을 위한 미래정보의 제공이 어렵다.

③ 용인된 회계원칙안에도 주관성이 개입될 수 있어 불확실성이 내재되어 있다.

④ 기업 내부정보이용자를 위한 회계시스템이므로 외부정보이용자에게 인정받기 어렵다.

⑤ 회계처리에 여러 대체적인 방법이 존재하여 기업 간 비교가능성이 저하되므로 정보자체의 유용성이 떨어질 수 있다.

24 다음 중 소비자에게 제품의 가격이 낮게 책정되었다는 인식을 심어주기 위해 이용하는 가격설정방법은?

① 단수가격(Odd Pricing) ② 준거가격(Reference Pricing)

③ 명성가격(Prestige Pricing) ④ 관습가격(Customary Pricing)

⑤ 기점가격(Basing – Point Pricing)

25 다음 중 액면가가 10,000원, 만기가 5년, 표면이자율이 0%인 순할인채 채권의 듀레이션은?

① 5년 ② 6년

③ 7년 ④ 8년

⑤ 9년

26 다음 중 선물환거래에 대한 설명으로 옳지 않은 것은?

① 기업들은 달러화 가치가 하락할 것으로 예상하는 경우 선물환을 매수하게 된다.

② 선물환거래란 미래에 특정외화의 가격을 현재 시점에서 미리 계약하고 이 계획을 약속한 미래시점에 이행하는 금융거래이다.

③ 선물환거래에는 외국환은행을 통해 고객 간에 이루어지는 대고객선물환거래와 외환시장에서 외국은행 사이에 이뤄지는 시장선물환거래가 있다.

④ 선물환거래는 약정가격의 차액만을 주고받는 방식이어서 NDF(역외선물환)거래라고도 한다.

⑤ 만기가 되면 수출업체는 수출대금으로 받은 달러를 금융회사에 미리 정한 환율로 넘겨주고 금융회사는 이를 해외 달러 차입금 상환에 활용하게 된다.

27 다음 중 제품수명주기(Product Life Cycle)에 대한 설명으로 옳지 않은 것은?

① 도입기, 성장기, 성숙기, 쇠퇴기의 4단계로 나누어진다.

② 성장기에는 제품선호형 광고에서 정보제공형 광고로 전환한다.

③ 도입기에는 제품인지도를 높이기 위해 광고비가 많이 소요된다.

④ 성숙기에는 제품의 매출성장률이 점차적으로 둔화되기 시작한다.

⑤ 쇠퇴기에는 매출이 떨어지고 순이익이 감소하기 시작한다.

28 다음 특징을 모두 가지고 있는 자산은?

> • 개별적으로 식별하여 별도로 인식할 수 없다.
> • 손상징후와 관계없이 매년 손상검사를 실시한다.
> • 손상차손환입을 인식할 수 없다.
> • 사업결합 시 이전대가가 피취득자 순자산의 공정가치를 초과한 금액이다.

① 특허권   ② 회원권

③ 영업권   ④ 라이선스

⑤ 가상화폐

29 다음 중 네트워크 조직(Network Organization)의 장점으로 옳지 않은 것은?

① 정보 공유의 신속성 및 촉진이 용이하다.

② 광범위한 전략적 제휴로 기술혁신이 가능하다.

③ 개방성 및 유연성이 뛰어나 전략과 상품의 전환이 빠르다.

④ 전문성이 뛰어나 아웃소싱 업체의 전문성 및 핵심역량을 활용하기 용이하다.

⑤ 관리감독자의 수가 줄어들게 되어 관리비용이 절감된다.

30 다음 중 내부모집에 대한 설명으로 옳지 않은 것은?

① 외부모집에 비해 비용이 적게 든다.

② 구성원의 사회화 기간을 단축시킬 수 있다.

③ 외부모집에 비해 지원자를 정확하게 평가할 가능성이 높다.

④ 빠르게 변화하는 환경에 적응하는 데 외부모집보다 효과적이다.

⑤ 모집과정에서 탈락한 직원들은 사기가 저하될 수 있다.

31 K기업은 2024년 총 계약금액 500,000원의 용역계약을 수주하였다. 예상 총 용역원가는 400,000원이고, 2024년에 실제 발생 용역원가는 120,000원이다. 다음 중 2024년의 용역제공에 대한 설명으로 옳지 않은 것은?

① 용역제공거래의 결과를 신뢰성 있게 추정할 수 있다면 진행기준에 따라 수익을 인식한다.

② 발생원가 기준에 따른 용역 진행률은 30%이다.

③ 발생원가를 기준으로 진행기준을 적용할 경우 이익인식액은 30,000원이다.

④ 용역제공거래의 성과를 신뢰성 있게 추정할 수 없는 경우 인식할 수 있는 용역수익의 최대 금액은 120,000원이다.

⑤ 발생원가의 회수가능성이 높지 않은 경우 발생원가 120,000원은 자산으로 계상한 후 손상차손 여부를 판단한다.

32 다음 중 제품별 배치에 대한 설명으로 옳지 않은 것은?

① 높은 설비이용률을 가진다.

② 낮은 제품단위당 원가로 경쟁우위를 점할 수 있다.

③ 수요 변화에 적응하기 어렵다.

④ 설비 고장에 큰 영향을 받는다.

⑤ 다품종 생산이 가능하다.

33 다음 중 조직설계 요소에서 통제범위에 대한 설명으로 옳지 않은 것은?

① 과업이 복잡할수록 통제범위는 좁아진다.

② 관리자가 스텝으로부터 업무상 조언과 지원을 많이 받을수록 통제의 범위가 좁아진다.

③ 관리자가 작업자에게 권한과 책임을 위임할수록 통제범위는 넓어진다.

④ 작업자와 관리자의 상호작용 및 피드백이 많이 필요할수록 통제범위는 좁아진다.

⑤ 작업자가 잘 훈련되고 작업동기가 높을수록 통제범위는 넓어진다.

34 다음 중 조직차원의 공식적 커뮤니케이션에 해당하지 않는 것은?

① 군집형 커뮤니케이션

② 대각적 커뮤니케이션

③ 수평적 커뮤니케이션

④ 상향식 커뮤니케이션

⑤ 하향식 커뮤니케이션

35 다음 중 집약적 유통채널에 대한 설명으로 옳은 것은?

① 특정 지역에서 단일의 유통업자와 거래한다.

② 주로 과자나 저가 소비재 등 소비자들이 구매의 편의성을 중시하는 품목에서 채택한다.

③ 고도의 상품지식을 필요로 하는 전문 품목에서 채택한다.

④ 제조업자의 통제력이 매우 높다.

⑤ 유통 비용이 비교적 저렴하다.

36 다음 글에서 설명하는 가격정책은?

> 유표품(Branded Goods)의 제조업자가 도매상 및 소매상과의 계약에 의하여 자기회사제품의 도소매 가격을
> 사전에 설정해 놓고, 이 가격으로 자사제품을 판매하는 전략으로, 유표품이 도·소매상의 손실유인상품
> (Loss Leader)으로 이용되는 것을 방지하여 가격안정과 명성유지를 도모하고자 하는 정책이다.

① 상대적 저가격전략   ② 상대적 고가격전략

③ 상층흡수가격정책   ④ 재판매가격 유지정책

⑤ 침투가격정책

37 다음 글에서 설명하는 M&A와 관련된 용어는?

> 단 한 주만으로도 합병·이사해임 등 경영권에 직결되는 중요 의사결정에 대해 절대적인 권한을 행사할 수
> 있는 특별 주식이다.

① 황금주   ② 백기사제도

③ 곰의 포옹   ④ 그린메일

⑤ 역매수전략

38 다음 자료를 이용하여 계산한 매출원가는 얼마인가?(단, 계산의 편의상 1년은 360일이며, 평균 재고자산은 기초와 기말의 평균이다)

• 기초 재고자산	90,000원
• 기말 재고자산	210,000원
• 재고자산 보유(회전)기간	120일

① 350,000원 ② 400,000원
③ 450,000원 ④ 500,000원
⑤ 550,000원

39 다음 〈보기〉 중 리더십이론에 대한 설명으로 옳은 것을 모두 고르면?

보기

ㄱ. 변혁적 리더십을 발휘하는 리더는 부하에게 이상적인 방향을 제시하고 임파워먼트(Empowerment)를 실시한다.
ㄴ. 거래적 리더십을 발휘하는 리더는 비전을 통해 단결, 비전의 전달과 신뢰의 확보를 강조한다.
ㄷ. 카리스마 리더십을 발휘하는 리더는 부하에게 높은 자신감을 보이며 매력적인 비전을 제시하지만 위압적이고 충성심을 요구하는 측면이 있다.
ㄹ. 슈퍼리더십을 발휘하는 리더는 부하를 강력하게 지도하고 통제하는 데 역점을 둔다.

① ㄱ, ㄷ ② ㄱ, ㄹ
③ ㄴ, ㄷ ④ ㄴ, ㄹ
⑤ ㄷ, ㄹ

40 다음 글에서 설명하는 용어로 옳은 것은?

이 전략의 대표적인 예로는 전기, 전화, 수도 등의 공공요금 및 택시요금, 놀이공원 등이 있다.

① 2부제 가격 전략 ② 부산품 전략
③ 묶음가격 ④ 가격계열화
⑤ 심리적가격

01 다음 중 IS곡선에 대한 설명으로 옳지 않은 것은?

① IS곡선 하방의 한 점은 생산물시장이 초과수요 상태임을 나타낸다.

② 한계저축성향(s)이 클수록 IS곡선은 급경사이다.

③ 정부지출과 조세가 동액만큼 증가하더라도 IS곡선은 우측으로 이동한다.

④ 피구(Pigou)효과를 고려하게 되면 IS곡선의 기울기는 보다 가팔라진다.

⑤ 수입은 소득의 증가함수이므로 개방경제하의 IS곡선은 폐쇄경제하의 IS곡선보다 가파르다.

02 다음 중 항상소득가설에 의해 소비에 미치는 영향이 가장 큰 소득의 변화는?

① 직장에서 과장으로 승진해 월급이 올랐다.

② 로또에서 3등으로 당첨돼 당첨금을 받았다.

③ 감기로 인한 결근으로 급여가 일시적으로 감소했다.

④ 휴가를 최대한 사용해 미사용 연차휴가수당이 줄었다.

⑤ 일시적인 수요 증가로 초과 근무가 늘어나고 초과 수당이 증가했다.

03 다음 중 화폐에 대한 설명으로 옳은 것은?

① 상품화폐의 내재적 가치는 변동하지 않는다.

② 광의의 통화(M2)는 준화폐(Near Money)를 포함하지 않는다.

③ 불태환화폐(Flat Money)는 내재적 가치를 갖는 화폐이다.

④ 가치 저장수단의 역할로 소득과 지출의 발생 시점을 분리시켜 준다.

⑤ 다른 용도로 사용될 수 있는 재화는 교환의 매개 수단으로 활용될 수 없다.

04 다음 중 공공재의 특성에 대한 설명으로 옳은 것은?

① 한 사람의 소비가 다른 사람의 소비를 감소시킨다.

② 소비에 있어서 경합성 및 배제성의 원리가 작용한다.

③ 무임승차의 문제로 과소 생산의 가능성이 있다.

④ 공공재는 민간이 생산, 공급할 수 없다.

⑤ 시장에 맡기면 사회적으로 적절한 수준보다 과대공급될 우려가 있다.

05 다음 〈보기〉 중 디플레이션(Deflation)에 대한 설명으로 옳은 것을 모두 고르면?

> **보기**
> 가. 명목금리가 마이너스(−)로 떨어져 투자수요와 생산 감소를 유발할 수 있다.
> 나. 명목임금의 하방경직성이 있는 경우 실질임금의 하락을 초래한다.
> 다. 기업 명목부채의 실질상환 부담을 증가시킨다.
> 라. 기업의 채무불이행 증가로 금융기관 부실화가 초래될 수 있다.

① 가, 나   ② 가, 다

③ 나, 다   ④ 나, 라

⑤ 다, 라

06 한 국가의 명목 GDP는 1,650조 원이고, 통화량은 2,500조 원이다. 이 국가의 물가수준이 2% 상승하고, 실질 GDP는 3% 증가할 경우에 적정 통화공급 증가율은 얼마인가?(단, 유통속도 변화 $\Delta V = 0.0033$이다)

① 2.5%   ② 3.0%

③ 3.5%   ④ 4.0%

⑤ 4.5%

07 다음 중 상품 A의 가격을 10% 인상하였을 때 판매량이 5% 감소하였다면 이에 대한 설명으로 옳은 것은?

① 공급의 가격탄력성은 1이다.

② 공급의 가격탄력성은 1보다 크다.

③ 공급의 가격탄력성이 1보다 작다.

④ 수요의 가격탄력성이 1보다 크다.

⑤ 수요의 가격탄력성이 1보다 작다.

08 다음 〈보기〉 중 내생적 성장이론에 대한 설명으로 옳은 것을 모두 고르면?

> **보기**
>
> 가. 인적자본의 축적이나 연구개발은 경제성장을 결정하는 중요한 요인이다.
> 나. 정부의 개입이 경제성장에 중요한 역할을 한다.
> 다. 자본의 한계생산은 체감한다고 가정한다.
> 라. 선진국과 후진국 사이의 소득격차가 줄어든다.

① 가, 나   ② 가, 다

③ 나, 다   ④ 나, 라

⑤ 다, 라

09 다음 〈보기〉 중 고전학파의 관점에 따른 정부지출의 효과에 대한 설명으로 옳지 않은 것을 모두 고르면?

> **보기**
>
> ㉠ 정부지출이 증가하면 경제 전체의 총저축이 증가한다.
> ㉡ 정부지출이 증가하면 대부자금의 공급곡선이 좌측으로 이동한다.
> ㉢ 정부지출이 증가하면 실질이자율이 상승하여 민간투자가 감소한다.
> ㉣ 정부지출로 인해 구축효과가 발생하여 민간소비가 증가한다.

① ㉠, ㉡   ② ㉠, ㉣

③ ㉡, ㉢   ④ ㉡, ㉣

⑤ ㉢, ㉣

10 막걸리 시장이 기업 A와 기업 B만 존재하는 과점상태에 있다. 기업 A와 기업 B의 한계수입(MR)과 한계비용(MC)이 다음과 같을 때, 쿠르노(Cournot) 균형에서 기업 A와 기업 B의 생산량은?(단, Q_A는 기업 A의 생산량이고 Q_B는 기업 B의 생산량이다)

- 기업 A : $MR_A = 84 - 2Q_A - Q_B$, $MC_A = 28$
- 기업 B : $MR_B = 84 - Q_A - 2Q_B$, $MC_B = 20$

	Q_A	Q_B
①	6	44
②	10	36
③	12	26
④	16	24
⑤	24	20

11 화폐수량설과 피셔방정식(Fisher Equation)이 성립하고 화폐유통속도가 일정한 경제에서 실질경제성장률이 3%, 통화증가율이 6%, 명목이자율이 10%일 때, 실질이자율은?

① 3% ② 5%

③ 7% ④ 8%

⑤ 9%

12 1950년대 이후 선진국 간의 무역이 크게 증가하였다. 이러한 선진국 간의 무역 증가를 가장 잘 설명한 것은?

① 리카도의 비교우위론 ② 헥셔 – 올린 정리

③ 요소가격균등화 정리 ④ 레온티에프의 역설

⑤ 규모의 경제

13 다음 〈보기〉 중 주어진 물가수준에서 총수요곡선을 오른쪽으로 이동시키는 원인으로 옳은 것을 모두 고르면?

> **보기**
> ㄱ. 개별소득세 인하
> ㄴ. 장래경기에 대한 낙관적인 전망
> ㄷ. 통화량 감소에 따른 이자율 상승
> ㄹ. 해외경기 침체에 따른 순수출의 감소

① ㄱ, ㄴ
② ㄴ, ㄷ
③ ㄷ, ㄹ
④ ㄱ, ㄴ, ㄷ
⑤ ㄴ, ㄷ, ㄹ

14 기업은 가격차별을 통해 보다 많은 이윤을 획득하고자 한다. 다음 중 기업이 가격차별을 할 수 있는 환경이 아닌 것은?

① 제품의 재판매가 용이하다.
② 소비자들의 특성이 다양하다.
③ 기업의 독점적 시장지배력이 높다.
④ 분리된 시장에서 수요의 가격탄력성이 서로 다르다.
⑤ 시장 분리 비용이 가격차별에 따른 이윤 증가보다 적다.

15 다음 중 독점에 대한 설명으로 옳지 않은 것은?

① 독점기업의 총수입을 극대화하기 위해서는 수요의 가격탄력성이 1인 점에서 생산해야 한다.
② 독점기업은 시장지배력을 갖고 있기 때문에 제품 가격과 공급량을 각각 원하는 수준으로 결정할 수 있다.
③ 특허권 보장기간이 길어질수록 기술개발에 대한 유인이 증가하므로 더 많은 기술개발이 이루어질 것이다.
④ 원자재 가격의 상승은 평균비용과 한계비용을 상승시키므로 독점기업의 생산량이 감소하고 가격은 상승한다.
⑤ 독점의 경우 자중손실과 같은 사회적 순후생손실이 발생하기 때문에 경쟁의 경우에 비해 효율성이 떨어진다고 볼 수 있다.

16 A지역의 자동차 공급은 가격에 대해 매우 탄력적인 반면, B지역의 자동차 공급은 가격에 대해 상대적으로 비탄력적이라고 한다. 다음 중 두 지역의 자동차 수요가 동일하게 증가하였을 경우 이에 대한 결과로 옳은 것은?

① A지역의 자동차 가격이 B지역 자동차 가격보다 더 크게 상승한다.
② B지역의 자동차 가격이 A지역 자동차 가격보다 더 크게 상승한다.
③ A지역의 자동차 가격은 상승하지만 B지역 자동차 가격은 상승하지 않는다.
④ B지역의 자동차 가격은 상승하지만 A지역 자동차 가격은 상승하지 않는다.
⑤ 두 지역 모두 자동차 가격이 상승하지 않는다.

17 다음 〈보기〉 중 실제 GDP가 잠재 GDP 수준보다 낮은 상태의 경제에 대한 설명으로 옳은 것을 모두 고르면?

> **보기**
>
> 가. 디플레이션 갭(불황 갭)이 존재한다.
> 나. 실제실업률이 자연실업률보다 높다.
> 다. 노동시장에서 임금의 하락 압력이 발생한다.
> 라. 인플레이션 압력이 발생한다.
> 마. 단기총공급곡선이 점차 오른쪽으로 이동하게 된다.

① 가, 나, 다   ② 가, 다, 마
③ 나, 라, 마   ④ 가, 나, 다, 마
⑤ 나, 다, 라, 마

18 다음 중 리카도 대등정리(Ricardian Equivalence Theorem)에 대한 설명으로 옳은 것은?

① 국채 발행을 통해 재원이 조달된 조세삭감은 소비에 영향을 미치지 않는다.
② 국채 발행이 증가하면 이자율이 하락한다.
③ 경기침체 시에는 조세 대신 국채 발행을 통한 확대재정정책이 더 효과적이다.
④ 소비이론 중 절대소득가설에 기초를 두고 있다.
⑤ 소비자들이 유동성제약에 직면해 있는 경우 이 이론의 설명력이 더 커진다.

19 일반적인 형태의 수요곡선과 공급곡선을 가지는 재화 X의 가격이 상승하고 생산량이 감소하였다면 재화 X의 수요곡선과 공급곡선은 어떻게 이동한 것인가?

① 수요곡선이 하방이동하였다.

② 공급곡선이 하방이동하였다.

③ 수요곡선이 상방이동하였다.

④ 공급곡선이 상방이동하였다.

⑤ 수요곡선과 공급곡선이 동시에 하방이동하였다.

20 솔로우(R. Solow)의 경제성장모형에서 1인당 생산함수는 $y = 2k^{0.5}$, 저축률은 30%, 자본의 감가상각률은 25%, 인구증가율은 5%라고 가정한다. 균제상태(Steady State)에서의 1인당 생산량 및 자본량은?(단, y는 1인당 생산량, k는 1인당 자본량이다)

① $y = 1,\ k = 1$ ② $y = 2,\ k = 2$

③ $y = 3,\ k = 3$ ④ $y = 4,\ k = 4$

⑤ $y = 5,\ k = 5$

21 한계소비성향이 0.8이라면 국민소득을 500만큼 증가시키기 위해서는 정부지출을 어느 정도 늘려야 하는가?

① 100   ② 200

③ 300   ④ 400

⑤ 500

22 다음 중 경기가 불황임에도 불구하고 물가가 상승하는 현상은?

① 애그플레이션   ② 하이퍼인플레이션

③ 에코플레이션   ④ 스태그플레이션

⑤ 차이나플레이션

X재의 가격이 5% 상승할 때 X재의 소비지출액은 전혀 변화하지 않은 반면, Y재의 가격이 10% 상승할 때 Y재의 소비지출액은 10% 증가하였다. 이때, 두 재화에 대한 수요의 가격탄력성은?

	X재	Y재
①	완전탄력적	단위탄력적
②	단위탄력적	완전탄력적
③	단위탄력적	완전비탄력적
④	완전비탄력적	비탄력적
⑤	완전비탄력적	단위탄력적

24 완전경쟁기업 K의 X재 생산의 이윤극대화 생산량이 100단위이고, 현재 생산량 수준에서 평균비용이 24원, 평균고정비용이 10원, 한계비용이 40원일 때, 준지대의 크기는 얼마인가?

① 2,000원
② 2,300원
③ 2,600원
④ 2,900원
⑤ 3,200원

25 다음 중 수요견인 인플레이션(Demand - pull Inflation)이 발생하는 경우로 옳은 것은?

① 가계의 소비 증가
② 수입 자본재 가격의 상승
③ 임금의 삭감
④ 환경오염의 감소
⑤ 국제 원자재 가격의 상승

26 다음 중 통화승수에 대한 설명으로 옳지 않은 것은?

① 통화승수는 법정지급준비율을 낮추면 커진다.
② 통화승수는 이자율 상승으로 요구불예금이 증가하면 작아진다.
③ 통화승수는 대출을 받은 개인과 기업들이 더 많은 현금을 보유할수록 작아진다.
④ 통화승수는 은행들이 지급준비금을 더 많이 보유할수록 작아진다.
⑤ 화폐공급에 내생성이 없다면 화폐공급곡선은 수직선의 모양을 갖는다.

27 다음 〈보기〉 중 최저가격제에 대한 설명으로 옳은 것을 모두 고르면?

가. 수요자를 보호하기 위한 제도이다.

나. 최저임금은 최저가격제의 한 사례이다.

다. 정부가 최저가격을 설정할 때 시장가격보다 높게 설정해야 실효성이 있다.

라. 정부가 경쟁시장에 실효성이 있는 최저가격제를 도입하면 그 재화에 대한 초과수요가 발생한다.

마. 아파트 분양가격, 임대료 등을 통제하기 위해 사용되는 규제방법이다.

① 가, 나   ② 나, 다

③ 라, 마   ④ 가, 다, 라

⑤ 나, 다, 마

28 다음 중 빈칸 ㉠ ~ ㉢에 들어갈 내용을 바르게 연결한 것은?

단기에 기업의 평균총비용곡선은 생산량 증가에 따라 평균총비용이 처음에는 하락하다가 나중에 상승하는 U자의 형태를 갖는다. 평균총비용이 처음에 하락하는 이유는 생산량이 증가함에 따라 _____㉠_____ 하기 때문이다. 하지만 나중에 평균총비용이 상승하는 이유는 _____㉡_____ 의 법칙에 따라 _____㉢_____ 하기 때문이다.

	㉠	㉡	㉢
①	평균고정비용이 하락	한계생산 체감	평균가변비용이 증가
②	평균고정비용이 하락	규모수익 체감	평균가변비용이 증가
③	평균가변비용이 하락	한계생산 체감	평균고정비용이 증가
④	평균가변비용이 증가	규모수익 체감	평균고정비용이 감소
⑤	평균고정비용이 증가	한계생산 체감	평균가변비용이 감소

29 다음 중 경제지표를 산출할 때 시점의 상대적 위치에 따라 실제 경제 상황보다 위축되거나 부풀려지는 현상은?

① 피셔 효과(Fisher Effect)   ② 기저 효과(Based Effect)

③ 베블런 효과(Veblen Effect)   ④ 부메랑 효과(Boomerang Effect)

⑤ 승수 효과(Multiplier Effect)

30 다음은 X재에 대한 수요곡선이다. 이에 대한 설명으로 옳은 것은?(단, X재는 정상재이다)

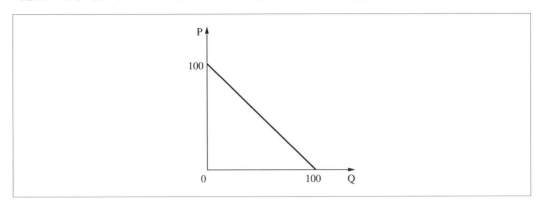

① 가격이 100원이면 X재의 수요량은 100이다.
② 가격에 상관없이 가격탄력성의 크기는 일정하다.
③ 소득이 증가하는 경우 수요곡선은 왼쪽으로 이동한다.
④ X재와 대체관계에 있는 Y재의 가격이 오르면 X재의 수요곡선은 왼쪽으로 이동한다.
⑤ X재 시장이 독점시장이라면 독점기업이 이윤극대화를 할 때 설정하는 가격은 50원 이상이다.

31 다음 중 지니계수에 대한 설명으로 옳지 않은 것을 〈보기〉에서 모두 고르면?

> **보기**
> 가. 지니계수의 크기는 0과 2 사이에 있다.
> 나. 지니계수의 크기는 로렌츠 곡선으로부터 도출할 수 있다.
> 다. 지니계수가 0에 가까울수록 소득분배가 균등하다.
> 라. 지니계수는 경제성장률과 항상 반비례의 관계를 갖는다.

① 가, 다   ② 가, 라
③ 나, 다   ④ 나, 라
⑤ 다, 라

32 다음 중 등량곡선에 대한 설명으로 옳지 않은 것은?(단, 투입량의 증가에 따라 산출량의 증가를 가져오는 표준적인 두 종류의 생산요소를 가정한다)

① 등량곡선이 원점에 대해 볼록한 이유는 한계기술대체율을 체감하기 때문이다.

② 등량곡선이 원점으로 접근할수록 더 적은 산출량을 의미한다.

③ 기술진보가 이루어진다면 같은 생산량을 갖는 등량곡선은 원점으로부터 멀어진다.

④ 동일한 등량곡선상에서의 이동은 생산요소 결합비율의 변화를 의미한다.

⑤ 등량곡선은 서로 교차하지 않는다.

33 다음 중 조세정책에 대한 설명으로 옳지 않은 것은?

① 조세정책은 정부가 경제영역 중 분배영역에 개입할 수 있는 중요한 수단 중 하나이다.

② 정부는 기업의 고용 및 투자를 촉진하기 위한 수단으로 소득세, 법인세 감면 등을 시행한다.

③ 조세정책을 시행하는 곳은 한국은행이다.

④ 세율을 높이면 세수입이 늘어나지만 일정 수준 이상의 세율에서는 오히려 세금이 줄어드는 현상이 나타난다.

⑤ 조세정의 실현을 위해 지하경제 양성화, 역외탈세 근절 등이 매우 중요하다.

34 다음 중 소비함수이론과 투자함수이론에 대한 설명으로 옳지 않은 것은?

① 케인스(Keynes)의 절대소득가설에서 소비는 그 당시 소득의 절대적인 크기에 따라 결정된다.

② 상대소득가설에서 소비는 이중적 성격에 따라 장기소비성향과 단기소비성향이 다르다.

③ 국민소득계정상의 투자는 그 나라가 만든 재화 중 기업이 구입한 재화의 가치이다.

④ 딕싯(Dixit)의 투자옵션이론은 미래에 대한 불확실성이 커질수록 기업의 투자는 늘어난다고 주장한다.

⑤ 케인스(Keynes)의 내부수익률법에서 기대 투자수익률은 순현재가치를 0으로 만들어 주는 이자율을 뜻한다.

35 다음 중 인플레이션에 의해 나타날 수 있는 현상으로 옳지 않은 것은?

① 구두창 비용의 발생   ② 메뉴비용의 발생

③ 통화가치 하락   ④ 총요소생산성의 상승

⑤ 단기적인 실업률 하락

36 어느 국가의 생산가능인구는 3,160명, 비경제활동인구는 580명, 실업자 수는 1,316명이다. 15세 미만 인구는 500명이라고 가정할 때, 고용률은?

① 39%

② 40%

③ 43%

④ 44%

⑤ 47%

37 다음 〈조건〉은 X재에 대한 시장수요곡선과 시장공급곡선을 나타낸 자료이다. 이를 이용하여 계산한 생산 자잉여의 크기로 옳은 것은?

> **조건**
> - 시장수요곡선 $P = 340 - 4X$
> - 시장공급곡선 $P = 100 + 4X$

① 6,600

② 3,300

③ 2,200

④ 1,800

⑤ 1,500

38 다음 중 규모의 경제에 대한 설명으로 옳지 않은 것은?

① 규모의 경제는 생산량과 비용 간의 관계를 나타내는 개념이다.

② 생산량이 증가할 때 장기평균비용이 감소하는 경우를 규모의 경제라고 한다.

③ 규모의 경제에서의 장기평균비용곡선은 U자 형태로 도출된다.

④ 최적시설규모 중 가장 작은 단기평균비용의 시설규모를 최소효율규모(MES)라고 한다.

⑤ 규모의 경제는 규모에 대한 수익체증과는 별개의 개념이다.

39 어느 경제의 로렌츠 곡선이 다음 그림과 같이 주어져 있을 때, 옳은 것은?

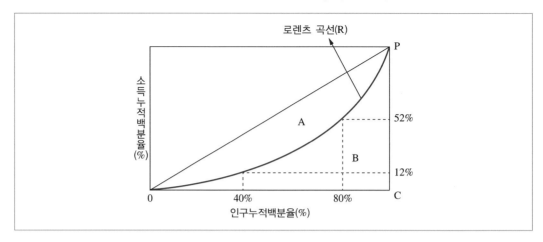

① 10분위분배율의 값은 4이다.
② 지니계수는 삼각형 OCP 면적을 면적 A로 나눈 값으로 산출한다.
③ 중산층 붕괴현상이 발생하면 A의 면적은 감소하고, B의 면적은 증가한다.
④ 불경기로 인해 저소득층의 소득이 상대적으로 크게 감소하면 A의 면적이 커진다.
⑤ 미국의 서브프라임모기지 사태는 로렌츠 곡선을 대각선에 가깝도록 이동시킨다.

40 다음 〈조건〉은 해외부문이 존재하지 않는 폐쇄경제인 K국의 소비함수와 민간투자, 정부지출에 대한 자료이다. K국의 정부가 정부지출을 현재보다 40만큼 늘린다고 할 때, 옳은 것은?

> **조건**
> - 소비함수 $C = 100 + 0.6Y$
> - 민간투자 : 180
> - 정부지출 : 180
>
> ※ C는 소비, Y는 국민소득, 조세율은 0임

① 국민소득은 변하지 않는다.
② 국민소득은 40만큼 커진다.
③ 국민소득은 60만큼 커진다.
④ 국민소득은 80만큼 커진다.
⑤ 국민소득은 100만큼 커진다.

| 03 | 법학

01 다음 중 민사소송법상 인정되는 관할에 해당하지 않는 것은?

① 토지관할　　　　　　　　　　　　② 합의관할

③ 송무관할　　　　　　　　　　　　④ 사물관할

⑤ 직무관할

02 다음 중 신의성실의 원칙에 대한 설명으로 옳지 않은 것은?(단, 다툼이 있는 경우 판례에 따른다)

① 신의성실의 원칙은 법률관계 당사자 간의 약정에 의해 그 적용이 배제될 수 없다.

② 신의성실의 원칙은 권리의 발생, 변경, 소멸의 기능을 갖는다.

③ 신의성실의 원칙은 사법분야뿐만 아니라 공법분야에도 적용되는 법의 일반 원칙이다.

④ 신의성실의 원칙에 반하는 것은 당사자의 주장이 없으면, 법원은 그 위반 여부를 직권으로 판단할 수 없다.

⑤ 신의성실의 원칙은 권리내용을 구체적으로 형성하는 원칙일 뿐만 아니라 권리행사를 제한하는 원칙이기도 하다.

03 다음 중 행정입법에 대한 설명으로 옳지 않은 것은?(단, 다툼이 있는 경우 판례에 따른다)

① 국회규칙은 법규명령이다.

② 대통령령은 총리령 및 부령보다 우월한 효력을 가진다.

③ 총리령으로 제정된 법인세법 시행규칙에 따른 '소득금액조정합계표 작성요령'은 법령을 보충하는 법규사항으로서 법규명령의 효력을 가진다.

④ '학교장·교사 초빙제 실시'는 행정조직 내부에서만 효력을 가지는 행정상의 운영지침을 정한 것으로서 국민이나 법원을 구속하는 효력이 없는 행정규칙에 해당한다.

⑤ 건강보험심사평가원이 보건복지가족부 고시인 '요양급여비용 심사·지급업무 처리기준'에 근거하여 제정한 심사지침인 '방광내압 및 요누출압 측정 시 검사방법'은 내부적 업무처리 기준으로서 행정규칙에 불과하다.

04 다음 중 행정상 강제집행이 아닌 것은?

① 즉시강제
② 강제징수
③ 직접강제
④ 이행강제금
⑤ 대집행

05 다음 중 행정청이 타인의 법률행위를 보충하여 그 행위의 효력을 완성시켜 주는 행정행위의 강학상의 용어는?

① 인가
② 면제
③ 허가
④ 특허
⑤ 공증

06 다음 중 위법·부당한 행정행위로 인하여 권익을 침해당한 자가 행정기관에 그 시정을 구하는 절차는?

① 행정소송
② 행정심판
③ 행정상 손해배상제도
④ 행정상 손실보상제도
⑤ 행정상 즉시강제제도

07 다음 중 준법률행위적 행정행위에 해당하는 것은?

① 하명
② 특허
③ 승인
④ 공증
⑤ 면제

08 다음 중 우리나라 헌법의 기본원리라고 볼 수 없는 것은?

① 국민주권의 원리
② 법치주의
③ 문화국가의 원리
④ 사회적 민주주의
⑤ 국제평화주의

09 다음 중 물권적 청구권에 대한 설명으로 옳지 않은 것은?(단, 다툼이 있는 경우 판례에 따른다)

① 소유권에 기한 물권적 청구권은 소멸시효에 걸리지 않는다.
② 부동산에 대한 점유취득시효 완성을 원인으로 하는 소유권이전등기 청구권은 물권적 청구권이다.
③ 임차인이 임차권에 기하여 토지를 점유하고 있는 경우, 임대인인 토지소유자는 임차인에게 물권적 청구권을 행사할 수 없다.
④ 소유권을 상실한 전(前)소유자는 제3자의 불법점유에 대하여 소유권에 기한 물권적 청구권을 행사할 수 없다.
⑤ 토지의 매수인이 소유권이전등기를 경료받기 전에 매매계약의 이행으로 그 토지를 인도받은 경우, 매도인은 매수인에게 토지 소유권에 기한 물권적 청구권을 행사할 수 없다.

10 다음 중 행정상 강제집행에 대한 설명으로 옳지 않은 것은?(단, 다툼이 있는 경우 판례에 따른다)

① 관계 법령상 행정대집행의 절차가 인정되어 행정청이 행정대집행의 방법으로 건물 철거 등 대체적 작위의무의 이행을 실현할 수 있는 경우에는 따로 민사소송의 방법으로 그 의무의 이행을 구할 수 없다.
② 건축법에 위반된 건축물의 철거를 명하였으나 불응하자 이행강제금을 부과·징수한 후, 이후에도 철거를 하지 않자 다시 행정대집행계고처분을 한 경우 그 계고처분은 유효하다.
③ 한국자산공사의 공매통지는 공매의 요건이 아니라 공매사실 자체를 체납자에게 알려주는 데 불과한 것으로서 행정처분에 해당한다고 할 수 없다.
④ 건축법상 이행강제금은 의무자에게 심리적 압박을 주어 시정명령에 따른 의무이행을 간접적으로 강제하는 강제집행수단이 아니라 시정명령의 불이행이라는 과거의 위반행위에 대한 금전적 제재에 해당한다.
⑤ 위법건축물에 대한 철거명령 및 계고처분에 불응하여 제2차, 제3차로 계고처분을 한 경우에 제2차, 제3차의 후행 계고처분은 행정처분에 해당하지 아니한다.

11 다음 중 민법상 계약의 해지·해제에 대한 설명으로 옳지 않은 것은?

① 당사자의 일방 또는 쌍방이 수인인 경우에는 계약의 해지나 해제는 그 일인에 대하여도 가능하다.

② 계약의 해지 또는 해제는 손해배상의 청구에 영향을 미치지 아니한다.

③ 채무자의 책임 있는 사유로 이행이 불능하게 된 때에는 채권자는 계약을 해제할 수 있다.

④ 계약 또는 법률의 규정에 의하여 당사자의 일방이나 쌍방이 해지 또는 해제의 권리가 있는 때에는 그 해지 또는 해제는 상대방에 대한 의사표시로 한다.

⑤ 당사자 일방이 계약을 해제한 때에는 각 당사자는 그 상대방에 대하여 원상회복의 의무가 있다. 그러나 제삼자의 권리를 해하지 못한다.

12 다음 중 관할행정청 甲이 乙의 경비업 허가신청에 대해 거부처분을 한 경우, 이에 불복하는 乙이 제기할 수 있는 행정심판은?

① 당사자심판　　　　　　　　　　　② 부작위위법확인심판

③ 거부처분부당확인심판　　　　　　　④ 의무이행심판

⑤ 특허심판

13 다음 중 정당에 대한 설명으로 옳지 않은 것은?

① 정당은 자유민주주의 질서를 긍정하여야 한다.

② 정당은 정강이나 정책을 가져야 하며, 국민의 정치적 의사형성에 참여하여야 한다.

③ 정당은 법률이 정하는 바에 의하여 정당운영에 필요한 자금을 국가로부터 보조받을 수 있다.

④ 정당이 공직선거자의 후보를 추천하지 아니하거나 선거에 참여하지 아니할 때에는 해산된다.

⑤ 정당의 목적이나 활동이 민주적 기본질서에 위배될 때는 정부의 제소에 의해 헌법재판소의 판결로 해산된다.

14 다음 중 법의 효력에 대한 설명으로 옳지 않은 것은?

① 법률의 시행기간은 시행일부터 폐지일까지이다.

② 법률은 특별한 규정이 없는 한 공포일로부터 30일을 경과하면 효력이 발생한다.

③ 범죄 후 법률의 변경이 피고인에게 유리한 경우에는 소급적용이 허용된다.

④ 외국에서 범죄를 저지른 한국인에게 우리나라 형법이 적용되는 것은 속인주의에 따른 것이다.

⑤ 일반적으로 타당성과 실효성 두 가지로 이루어진다.

15 다음 중 독점기업의 폐해를 억제하기 위한 수정자본주의적 원리에 근거한 법을 무슨 법이라고 하는가?

① 헌법   ② 행정법

③ 민법   ④ 사회법

⑤ 상법

16 다음 중 청원권에 대한 설명으로 옳지 않은 것은?

① 공무원·군인 등은 그 직무와 관련하여 청원할 수 없다.

② 헌법은 청원의 수리·심사·통지의 의무를 규정하고 있다.

③ 정부에 제출된 청원의 심사는 국무회의를 경유하여야 한다.

④ 공무원의 비위시정의 요구·처벌·징계요구의 청원도 가능하다.

⑤ 사인 간의 권리관계 또는 개인의 사생활에 대한 사항인 때에는 청원을 수리하지 않을 수 있다.

17 다음 중 현행 헌법에 규정되어 있는 내용이 아닌 것은?

① 국정감사권   ② 국민소환권

③ 헌법소원   ④ 긴급명령권

⑤ 탄핵소추

18 다음 중 사회권적 기본권에 해당하는 것은?

① 교육을 받을 권리

② 사유재산권

③ 국가배상청구권

④ 직업선택의 자유

⑤ 언론 출판의 자유

19 다음 중 법 해석의 단계를 바르게 나타낸 것은?

① 체계해석 – 논리해석 – 문리해석

② 문리해석 – 체계해석 – 논리해석

③ 문리해석 – 논리해석 – 체계해석

④ 논리해석 – 체계해석 – 문리해석

⑤ 논리해석 – 문리해석 – 체계해석

20 다음 중 행정행위의 직권취소 및 철회에 대한 설명으로 옳지 않은 것은?(단, 다툼이 있는 경우 판례에 따른다)

① 수익적 행정행위의 철회는 법령에 명시적인 규정이 있거나 행정행위의 부관으로 그 철회권이 유보되어 있는 등의 경우가 아니라면, 원래의 행정행위를 존속시킬 필요가 없게 된 사정변경이 생겼거나 또는 중대한 공익상의 필요가 발생한 경우 등의 예외적인 경우에만 허용된다.

② 행정행위의 처분권자는 취소사유가 있는 경우 별도의 법적 근거가 없더라도 직권취소를 할 수 있다.

③ 행정청이 행한 공사중지명령의 상대방은 그 명령 이후에 그 원인사유가 소멸하였음을 들어 행정청에게 공사중지명령의 철회를 요구할 수 있는 조리상의 신청권이 없다.

④ 외형상 하나의 행정처분이라 하더라도 가분성이 있거나 그 처분대상의 일부가 특정될 수 있다면 그 일부만의 취소도 가능하고 그 일부의 취소는 당해 취소부분에 관하여 효력이 생긴다.

⑤ 직권취소는 처분의 성격을 가지므로 이유제시절차 등의 행정절차법상 처분절차에 따라야 하며, 특히 수익적 행위의 직권취소는 상대방에게 침해적 효과를 발생시키므로 행정절차법에 따른 사전통지, 의견청취의 절차를 거쳐야 한다.

21 다음 중 헌법재판에 대한 설명으로 옳은 것은?

① 헌법은 헌법재판소장의 임기를 5년으로 규정한다.

② 헌법재판의 전심절차로서 행정심판을 거쳐야 한다.

③ 헌법재판소는 지방자치단체 상호 간의 권한쟁의심판을 관장한다.

④ 탄핵 인용결정을 할 때에는 재판관 5인 이상의 찬성이 있어야 한다.

⑤ 헌법재판소 재판관은 연임할 수 없다.

22 경찰관이 목전에 급박한 장해를 제거할 필요가 있거나 그 성질상 미리 의무를 명할 시간적 여유가 없을 때, 자신이 근무하는 국가중요시설에 무단으로 침입한 자의 신체에 직접 무기를 사용하여 저지하는 행위는?

① 행정대집행   ② 행정상 즉시강제

③ 행정상 강제집행   ④ 집행벌

⑤ 행정상 손해배상

23 다음 중 항고소송의 대상이 될 수 있는 것은?(단, 다툼이 있는 경우 판례에 따른다)

① 상훈대상자를 결정할 권한이 없는 국가보훈처장이 기포상자에게 훈격재심사계획이 없다고 한 회신

② 제1차 철거대집행 계고처분에 응하지 아니한 경우에 발한 제2차 계고처분

③ 지방자치단체의 장이 그 지방자치단체 소유의 밭에 측백나무 300그루를 식재하는 행위

④ 교도소장이 수형자를 '접견내용 녹음·녹화 및 접견 시 교도관 참여대상자'로 지정하는 행위

⑤ 농지법에 의하여 군수가 특정지역의 주민들을 대리경작자로 지정한 행위에 따라 그 지역의 읍장과 면장이 영농할 세대를 선정하는 행위

24 다음 중 국무총리의 지위에 대한 설명으로 옳지 않은 것은?

① 국무회의 의장   ② 국무위원의 임명 제청

③ 국무회의 부의장   ④ 대통령의 명을 받아 행정각부 통할

⑤ 국무위원의 해임 건의

25 다음 중 통치행위에 해당하는 사항으로 옳지 않은 것은?(단, 다툼이 있는 경우 판례에 따른다)

① 남북정상회담의 개최
② 대통령의 서훈취소
③ 대통령의 긴급재정·경제명령
④ 대통령의 특별사면
⑤ 대통령의 외국에의 국군의 파병결정

26 다음 중 헌법제정권력에 대한 설명으로 옳지 않은 것은?

① 민주국가에서는 국민이 그 주체가 된다.
② 제도적 권리이므로 자연법상의 원리에 의한 제약은 받지 않는다.
③ 시원적이며, 자율성을 갖는다.
④ 헌법개정권력에 우선한다.
⑤ 우리 현행헌법은 헌법제정권이 국민에게 있음을 선언하였다.

27 다음 중 청약과 승낙에 대한 설명으로 옳은 것은?

① 청약과 승낙의 의사표시는 특정인에 대해서만 가능하다.
② 승낙자가 청약에 변경을 가하지 않고 조건만을 붙여 승낙한 경우에는 계약이 성립된다.
③ 청약자는 청약이 상대방에게 도달하기 전에는 임의로 이를 철회할 수 있다.
④ 승낙의 기간을 정한 청약은 승낙자가 그 기간 내에 승낙의 통지를 발송하지 아니한 때에는 그 효력을 잃는다.
⑤ 당사자 간에 동일한 내용의 청약이 상호교차된 경우에는 양 청약의 통지가 상대방에게 발송된 때에 계약이 성립한다.

28 우리나라 헌법은 1948년 이후 몇 차례의 개정이 있었는가?

① 5차
② 7차
③ 8차
④ 9차
⑤ 10차

29 사용자 甲이 의사능력이 없는 상태에서 乙과 근로계약을 체결하였다. 다음 중 이에 대한 설명으로 옳은 것은?(단, 다툼이 있는 경우 판례에 따른다)

① 甲은 乙과의 근로계약을 취소할 수 있다.

② 甲이 의사무능력 상태에서 乙과의 근로계약을 추인하더라도 그 계약은 무효이다.

③ 甲이 의사무능력을 회복한 후에 추인하면, 다른 약정이 없더라도 그 근로계약은 소급하여 유효하다.

④ 甲과 乙의 근로계약은 추인여부와 상관없이 甲이 의사능력을 회복한 때로부터 유효하다.

⑤ 甲이 의사능력을 회복한 후에 상당한 기간 내에 취소하지 않으면 근로계약은 유효하다.

30 다음 중 '권리보호를 지연함은 권리보호를 부정한 것이나 다름없다.'라는 설명과 관계있는 민사소송제도의 이상은?

① 적정이상   ② 신속이상

③ 공평이상   ④ 경제이상

⑤ 권리이상

31 다음 중 부당이득에 대한 설명으로 옳은 것은?(단, 다툼이 있는 경우 판례에 따른다)

① 선의의 수익자가 패소한 때에는 그 판결이 확정된 때부터 악의의 수익자로 본다.

② 채무 없는 자가 착오로 변제한 경우에 그 변제가 도의관념에 적합한 때에도 그 반환을 청구할 수 있다.

③ 임차인이 동시이행의 항변권에 기하여 임차목적물을 사용·수익한 경우에는 부당이득이 성립하지 않는다.

④ 무효인 명의신탁약정에 의하여 타인 명의의 등기가 마쳐졌다는 이유만으로 그것이 불법원인급여에 해당한다.

⑤ 악의의 비채변제라도 변제를 강제당한 경우 등 그 변제가 자유로운 의사에 반하여 이루어진 때에는 반환을 청구할 수 있다.

32 甲은 자신의 X건물을 공인노무사 乙에게 임대하였다. 乙이 X건물에서 사무소를 운영하고 있던 중 乙의 사무직원 丙의 과실로 X건물이 화재로 멸실되었다. 이에 대한 설명으로 옳지 않은 것은?(단, 다툼이 있는 경우 판례에 따른다)

① 甲은 乙에게 사용자책임을 주장할 수 있다.
② 甲은 乙에게 채무불이행으로 인한 손해배상을 청구할 수 있다.
③ 甲은 丙에게 채무불이행으로 인한 손해배상을 청구할 수 없다.
④ 甲은 동시에 乙과 丙에 대하여 손해배상 전부의 이행을 청구할 수 없다.
⑤ 乙이 甲에게 손해를 배상한 경우, 乙은 丙에게 구상권을 행사할 수 있다.

33 다음 중 공무원의 헌법상 지위에 대한 설명으로 옳은 것은?

① 공무원은 국민대표기관인 국회에 대하여 책임을 진다.
② 공무원에 대하여 근로자의 권리를 제한하는 것은 위헌이다.
③ 국민 전체에 대한 봉사자라는 뜻은 국민주권의 원리에 입각하여 국민에 대한 책임을 진다는 것을 말한다.
④ 공무원은 특정 정당에 대한 봉사자가 될 수 있다.
⑤ 공무원은 특별한 경우에 한해 기본권 행사가 제한된다.

34 다음 중 행정주체가 국민에 대하여 명령·강제하고, 권리나 이익(利益)을 부여하는 등 법을 집행하는 행위는?

① 행정조직   ② 행정처분
③ 행정구제   ④ 행정강제
⑤ 행정소송

35 다음 중 당사자 간 다툼이 있는 법률관계를 관념적으로 확정하여 법률적 불안을 제거하려는 목적으로 제기되는 소는?

① 확인의 소
② 이행의 소
③ 존재의 소
④ 형성의 소
⑤ 공정의 소

36 다음 중 헌법 전문에 대한 설명으로 옳지 않은 것은?

① 전문에 선언된 헌법의 기본원리는 헌법해석의 기준이 된다.
② 헌법 전문은 모든 법령에 대하여 우월한 효력을 가지고 있다.
③ 헌법전의 일부를 구성하며 당연히 본문과 같은 법적 성질을 내포한다.
④ 헌법 전문은 전면 개정을 할 수 없으며, 일정한 한계를 갖는다.
⑤ 우리 헌법 전문은 헌법제정권력의 소재를 밝힌 전체적 결단으로서 헌법의 본질적 부분을 내포하고 있다.

37 다음 중 민법상 대리에 대한 설명으로 옳은 것은?

① 대리인은 행위능력자임을 요한다.
② 대리인이 수인인 때에는 각자가 본인을 대리한다. 그러나 법률 또는 수권행위에 다른 정한 바가 있는 때에는 그러하지 아니하다.
③ 대리인은 본인의 허락이 없으면 본인을 위하여 자기와 법률행위를 하거나 동일한 법률행위에 관하여 당사자 쌍방을 대리하지 못하며, 채무의 이행도 할 수 없다.
④ 대리인이 그 권한 내에서 본인을 위한 것임을 표시한 의사표시는 직접 본인에게 하지 않아도 효력이 생긴다.
⑤ 대리권이 법률행위에 의하여 부여된 경우에는 대리인은 본인의 승낙이 있거나 부득이한 사유가 있는 때가 아니라도 복대리인은 선임할 수 있다.

38 다음 〈보기〉 중 판례에 의할 때 재량행위가 아닌 것은?(단, 다툼이 있는 경우 판례에 따른다)

> **보기**
>
> ㄱ. 산림형질변경허가
> ㄴ. 공무원에 대한 징계처분
> ㄷ. 음주운전으로 인한 운전면허취소처분
> ㄹ. 음식점영업허가
> ㅁ. 개인택시운송사업면허

① ㄱ   ② ㄴ
③ ㄷ   ④ ㄹ
⑤ ㅁ

39 다음 중 행정벌에 대한 설명으로 옳지 않은 것은?(단, 다툼이 있는 경우 판례에 따른다)

① 행정형벌은 형사소송법에 따라 형사재판으로 부과된다.
② 고의 또는 과실이 없는 질서위반행위는 과태료를 부과하지 아니한다.
③ 행정질서벌은 형법총칙이 적용되어 책임주의에 따라 처벌된다.
④ 행정형벌은 특별절차로 통고처분과 즉결심판이 있다.
⑤ 행정형벌의 과벌절차로서의 통고처분은 행정소송의 대상이 되는 행정처분이 아니다.

40 다음 〈보기〉 중 헌법개정 절차에 대한 설명으로 옳은 것은?

> **보기**
>
> ㄱ. 대통령의 임기연장을 위한 헌법개정은 그 헌법개정제안 당시의 대통령에 대하여는 효력이 없지만, 중임 변경을 위한 헌법개정은 효력이 있다.
> ㄴ. 헌법개정은 국회재적의원 과반수 또는 대통령의 발의로 제안된다.
> ㄷ. 헌법개정안에 대한 국회의 의결을 위해서는 출석의원의 3분의 2 이상의 찬성을 얻어야 한다.
> ㄹ. 헌법개정안이 확정되면 대통령은 15일 이내에 이를 공포하여야 한다.
> ㅁ. 대통령의 발의로 제안된 헌법개정안은 대통령이 30일 이상의 기간 이를 공고하여야 한다.

① ㄱ   ② ㄴ
③ ㄷ   ④ ㄹ
⑤ ㅁ

| 04 | 행정학

01 다음 중 시장실패에 따른 정부의 대응에 대한 설명으로 옳지 않은 것은?

① 공공재에 대한 무임승차 현상 발생 시 정부는 공적공급을 통해 해결할 수 있다.

② 외부효과가 발생할 때는 규제를 통한 부정적 외부효과 제한만이 문제를 해결할 수 있다.

③ 정보 비대칭 발생 시 공적규제를 통해 사회주체 간 정보격차를 완화할 수 있다.

④ 불완전경쟁 문제를 해결하기 위해서는 공적규제를 시행하는 것이 효과적이다.

⑤ 자연독점에 따른 시장실패 발생 시 정부에 의한 공급뿐만 아니라 규제를 통해서도 해결할 수 있다.

02 다음 중 우리나라의 재정정책과 관련된 예산제도에 대한 설명으로 옳은 것은?

① 계획예산제도는 상향적 예산제도로, 구성원의 참여가 활발하다.

② 우리나라의 통합재정수지에 지방정부예산은 포함되지 않는다.

③ 우리나라의 통합재정수지에서는 융자 지출을 재정수지의 흑자 요인으로 간주한다.

④ 조세지출예산제도는 국회 차원에서 조세감면의 내역을 통제하고 정책효과를 판단하기 위한 제도이다.

⑤ 지출통제예산은 구체적인 항목별 지출에 대한 집행부의 재량 행위를 통제하기 위한 예산제도이다.

03 다음 중 조직 진단의 대상과 범위에 있어서 종합적 조직 진단에 포함되지 않는 것은?

① 관리부문 진단   ② 서비스와 프로세스 진단

③ 조직문화와 행태 진단   ④ 재정 진단

⑤ 인력 진단

04 다음 중 국회의 승인이나 의결을 얻지 않아도 되는 것은?

① 명시이월   ② 예비비 사용

③ 예산의 이용   ④ 계속비

⑤ 예산의 이체

05 다음 중 조직구성원의 동기유발 이론에 대한 설명으로 옳지 않은 것은?

① 브룸(V. Vroom)의 이론은 동기부여의 방안을 구체적으로 제시하지 못하는 한계가 있다.

② 맥그리거(D. McGregor)의 이론에서 X이론은 하위 욕구를, Y이론은 상위 욕구를 중시한다.

③ 앨더퍼(C. Alderfer)의 이론은 두 가지 이상의 욕구가 동시에 작용되기도 한다는 복합연결형의 욕구 단계를 설명한다.

④ 허즈버그(F. Herzberg)의 이론은 실제의 동기유발과 만족 자체에 중점을 두고 있기 때문에 하위 욕구를 추구하는 계층에 적용하기가 용이하다.

⑤ 매슬로(A. Maslow)의 이론은 인간의 동기가 생리적 욕구, 안전의 욕구, 소속의 욕구, 존경의 욕구, 자아실현의 욕구라는 순서에 따라 순차적으로 유발된다고 본다.

06 다음 중 정책집행에 영향을 미치는 요인들에 대한 설명으로 옳지 않은 것은?

① 정책집행자의 전문성, 사기, 정책에 대한 인식 등이 집행효율성에 상당한 영향을 미친다.

② 정책결정자의 관심과 지도력은 정책집행의 성과에 큰 영향을 미친다.

③ 정책집행은 대상집단의 범위가 광범위하고 활동이 다양한 경우 더욱 용이하다.

④ 정책을 통해 해결하려는 문제가 정책집행 체계의 역량을 넘어서는 경우에는 정책집행이 지체된다.

⑤ 집행효율성은 정책문제를 해결할 수 있는 기술이 확보되어 있다면 높아질 수 있다.

07 다음 중 제도화된 부패의 특징으로 옳지 않은 것은?

① 부패저항자에 대한 보복

② 비현실적 반부패 행동규범의 대외적 발표

③ 부패행위자에 대한 보호

④ 공식적 행동규범의 준수

⑤ 부패의 타성화

08 다음 중 우리나라 지방자치단체의 자치권에 대한 설명으로 옳지 않은 것은?

① 자치사법권이 부여되어 있지 않다.

② 중앙과 지방의 기능배분에 있어서 포괄적 예시형 방식을 적용한다.

③ 중앙정부가 분권화시킨 결과가 지방정부의 자치권 확보라고 할 수 있다.

④ 행정기구의 설치는 대통령령이 정하는 범위 안에서 지방자치단체의 조례로 정한다.

⑤ 지방자치단체는 자치재정권이 인정되어 조례를 통해서 독립적인 지방 세목을 설치할 수 있다.

09 다음 중 우리나라 정부회계에 대한 설명으로 옳지 않은 것은?

① 정부의 예산, 결산 및 기금에 관한 사무는 기획재정부장관이 관장한다.

② 재무제표는 재정상태표, 재정운영표, 순자산변동표로 구성되며, 재무제표에 대한 주석을 포함한다.

③ 재정운영표의 모든 수익과 비용은 발생주의 원칙에 따라 거래나 사실이 발생한 기간에 표시한다.

④ 재정상태표는 재정상태표일 현재의 자산과 부채의 명세 및 상호관계 등 재정상태를 나타내는 재무제표로서 자산, 부채 및 순자산으로 구성된다.

⑤ 기획재정부장관은 회계연도마다 중앙관서 결산보고서를 통합하여 국가의 결산보고서를 작성한 후 국무총리의 승인을 받아야 한다.

10 다음 〈보기〉 중 공무원 징계에 대한 설명으로 옳지 않은 것을 모두 고르면?

> **보기**
>
> ㄱ. 강임은 1계급 아래로 직급을 내리고, 공무원 신분은 보유하나 3개월간 직무에 종사하지 못하며 그 기간 중 보수의 2/3를 감하는 것이다.
> ㄴ. 전직시험에서 3회 이상 불합격한 자로, 직무능력이 부족한 자는 직위해제 대상이다.
> ㄷ. 금품수수나 공금횡령 및 유용 등으로 인한 징계의결요구의 소멸시효는 3년이다.
> ㄹ. 징계에 대한 불복 시 소청심사위원회에 소청제기가 가능하나 근무성적평정결과나 승진탈락 등은 소청대상이 아니다.

① ㄱ, ㄴ   ② ㄴ, ㄷ

③ ㄷ, ㄹ   ④ ㄱ, ㄴ, ㄷ

⑤ ㄱ, ㄴ, ㄷ, ㄹ

11 다음 중 지방자치의 한 계보로서 주민자치에 대한 설명으로 옳지 않은 것은?

① 지방주민의 의사와 책임하에 스스로 그 지역의 공공사무를 처리한다.

② 지방자치단체는 지방의 자치행정기관으로서 이중적 지위를 갖는다.

③ 지방의 공공사무를 결정하고 처리하는 데는 주민의 참여가 중요하다.

④ 지방사무에 관해 자치단체 고유사무와 중앙정부 위임사무를 구별하지 않는다.

⑤ 주민의 자치사무를 처리한다는 측면에서 정치적 의미가 강하다.

12 다음 중 행정통제에 대한 설명으로 옳지 않은 것은?

① 외부적 통제의 대표적인 예는 국회, 법원, 국민 등에 의한 통제이다.

② 통제주체에 의한 통제 분류의 대표적인 예는 외부적 통제와 내부적 통제이다.

③ 사전적 통제는 어떤 행동이 통제기준에서 이탈되는 결과를 발생시킬 때까지 기다리지 않고 그러한 결과의 발생을 유발할 수 있는 행동이 나타날 때마다 교정해 나간다.

④ 사후적 통제는 목표수행 행동의 결과가 목표 기준에 부합되는가를 평가하여 필요한 시정조치를 취하는 통제이다.

⑤ 부정적 환류통제는 실적이 목표에서 이탈된 것을 발견하고 후속되는 행동이 전철을 밟지 않도록 시정하는 통제이다.

13 다음 중 리더십에 대한 설명으로 옳지 않은 것은?

① 행태론적 접근법은 효과적인 리더의 행동은 상황에 따라 다르다는 사실을 간과한다.

② 특성론적 접근법은 성공적인 리더는 그들만의 공통적인 특성이나 자질을 가지고 있다고 전제한다.

③ 상황론적 접근법은 리더의 어떠한 행동이 리더십 효과성과 관계가 있는가를 파악하고자 하는 접근법이다.

④ 거래적 리더십은 합리적 과정이나 교환 과정의 중요성을 강조한다.

⑤ 변혁적 리더십은 카리스마, 개별적 배려, 지적자극, 영감(Inspiration) 등을 강조한다.

14 다음 중 점증모형에 대한 설명으로 옳지 않은 것은?

① 정책을 결정할 때 현존의 정책에서 약간만 변화시킨 대안을 고려한다.

② 고려하는 정책대안이 가져올 결과를 모두 분석하지 않고 제한적으로 비교·분석하는 방법을 사용한다.

③ 경제적 합리성보다는 정치적 합리성을 추구하여 타협과 조정을 중요시한다.

④ 일단 불완전한 예측을 전제로 하여 정책대안을 실시하고 그때 나타나는 결과가 잘못된 점이 있으면 그 부분만 다시 수정·보완하는 방식을 택하기도 한다.

⑤ 수단과 목표가 명확히 구분되지 않으므로 흔히 목표 – 수단의 분석이 부적절하거나 제한되는 경우가 많으며, 정책 목표달성을 극대화하는 정책을 최선의 정책으로 평가한다.

15 다음 글의 가상 사례를 가장 잘 설명하고 있는 것은?

> 요즘 한 지방자치단체 공무원들 사이에는 민원 관련 허가를 미루려는 A국장의 기이한 행동이 입방아에 오르내리고 있다. A국장은 자기 손으로 승인여부에 대한 결정을 해야 하는 상황을 피하기 위해 자치단체장에 대한 업무보고도 과장을 시켜서 하는 등 단체장과 마주치지 않기 위해 피나는 노력을 하고 있다고 한다.
> 최근에는 해외일정을 핑계로 아예 장기간 자리를 뜨기도 했다. A국장이 승인여부에 대한 실무진의 의견을 제대로 올리지 않자 안달이 난 쪽은 다름아닌 바로 단체장이다. 단체장이 모든 책임을 뒤집어써야 하는 상황이 될 수도 있기 때문이다. A국장과 단체장이 서로 책임을 떠넘기려는 웃지 못할 해프닝이 일어나고 있는 것이다. 한 공무원은 "임기 말에 논란이 될 사안을 결정할 공무원이 누가 있겠느냐."라고 말했다.
> 이런 현상은 중앙부처의 정책결정 과정이나 자치단체의 일선행정 현장에서 모두 나타나고 있다. 그 사이에 정부 정책의 신뢰는 저하되고, 신뢰를 잃은 정책은 표류할 수밖에 없다.

① 기관에 대한 정서적 집착과 같은 귀속주의나 기관과 자신을 하나로 보는 심리적 동일시 현상을 말한다.

② 관료제의 구조적 특성인 권위의 계층적 구조에서 상사의 명령까지 절대적으로 추종하는 행태를 말한다.

③ 관료들이 위험회피적이고 변화저항적이며 책임회피적인 보신주의로 빠지는 행태를 말한다.

④ 관료제에서 공식적인 규칙이나 절차가 본래의 목적을 상실하여 조직과 대상 국민에게 순응의 불편이나 비용을 초래하는 것을 말한다.

⑤ 업무수행지침을 규정한 공식적인 법규정만을 너무 고집하고 상황에 따른 유연한 대응을 하지 않는 행태를 말한다.

16 다음 중 탈신공공관리론(Post – NPM)에서 강조하는 행정개혁 전략으로 옳지 않은 것은?

① 분권화와 집권화의 조화　　　　　② 민간 – 공공부문 간 파트너십 강조
③ 규제완화　　　　　　　　　　　　④ 인사관리의 공공책임성 중시
⑤ 정치적 통제 강조

17 다음 근무성적평정의 오차 중 사람에 대한 경직적 편견이나 고정관념 때문에 발생하는 오차는?

① 상동적 오차　　　　　　　　　　② 연속화의 오차
③ 관대화의 오차　　　　　　　　　④ 규칙적 오차
⑤ 시간적 오차

18 다음 중 사회적 자본(Social Capital)에 대한 설명으로 옳지 않은 것은?

① 사회 내 신뢰 강화를 통해 거래비용을 감소시킨다.
② 경제적 자본에 비해 형성 과정이 불투명하고 불확실하다.
③ 사회적 규범 또는 효과적인 사회적 제재력을 제공한다.
④ 동조성(Conformity)을 요구하면서 개인의 행동이나 사적 선택을 적극적으로 촉진시킨다.
⑤ 집단 결속력으로 인해 다른 집단과의 관계에 있어서 부정적 효과를 나타낼 수도 있다.

19 다음 중 주민의 참여가 확대됨으로써 예상되는 긍정적 기능으로 옳지 않은 것은?

① 행정적 비용의 감소
② 정책집행의 순응성 제고
③ 시민의 역량과 자질 증대
④ 정책의 민주성과 정당성 증대
⑤ 지방정부와 주민 간 협조 관계 강화

20 다음 중 예산의 원칙에 대한 설명으로 옳지 않은 것은?

① 공개성의 원칙에는 예외가 있다.

② 사전의결의 원칙에는 예외가 있다.

③ 통일성의 원칙은 회계장부가 하나여야 한다는 원칙이다.

④ 목적세는 예산원칙의 예외이다.

⑤ 총괄 예산제도는 명확성의 원칙과 관련이 있다.

21 다음 중 행정체제 내에서 조직의 임무수행에 필요한 행동규범이 예외적인 것으로 전락되고, 부패가 일상적으로 만연화되어 있는 상황을 지칭하는 부패의 유형은?

① 일탈형 부패　　　　　　　　　② 제도화된 부패

③ 백색 부패　　　　　　　　　　④ 생계형 부패

⑤ 회색 부패

22 다음 중 정책결정과 관련된 이론에 대한 설명으로 옳지 않은 것은?

① 쿠바 미사일 사태에 대한 사례 분석인 앨리슨(Allison) 모형은 정부의 정책결정 과정은 합리모형보다는 조직과정모형과 정치모형으로 설명하는 것이 더 바람직하다고 주장한다.

② 드로(Dror)가 주장한 최적모형은 기존의 합리적 결정 방식이 지나치게 수리적 완벽성을 추구해 현실성을 잃었다는 점을 지적하고 합리적 분석뿐만 아니라 결정자의 직관적 판단도 중요한 요소로 간주한다.

③ 쓰레기통 모형은 문제, 해결책, 선택 기회, 참여자의 네 요소가 독자적으로 흘러 다니다가 어떤 계기로 만나게 될 때 결정이 이루어진다고 설명한다.

④ 에치오니(Etzioni)의 혼합탐사모형에 의하면 결정은 근본적 결정과 세부적 결정으로 나누어질 수 있으며, 합리적 의사결정모형과 점진적 의사결정모형을 보완적으로 사용할 수 있다.

⑤ 사이먼(Simon)의 만족모형에 의하면 정책담당자들은 경제인과 달리 최선의 합리성을 추구하기보다는 시간과 공간, 재정적 측면에서의 여러 요인을 고려해 만족할 만한 수준에서 정책을 결정하게 된다.

23 다음 중 주인-대리인 이론에 대한 설명으로 옳은 것은?

① 관료들이 피규제집단의 입장을 옹호하는 소위 관료포획현상은 역선택의 사례이다.

② 주인-대리인 이론은 대리인의 책임성을 확보할 수 있는 방안을 주로 내부통제에서 찾고 있다.

③ 공기업의 민영화는 시장의 경쟁요소를 도입함으로써 역선택을 방지하고자 하는 노력의 일환이다.

④ 정보비대칭을 줄이기 위한 방안으로는 주민참여, 내부고발자 보호제도, 입법예고제도 등이 있다.

⑤ 도덕적 해이는 주인이 대리인의 업무처리 능력과 지식을 충분히 알지 못해 기준 미달의 대리인을 선택하는 현상이다.

24 다음 중 공무원의 행동규범에 대한 설명으로 옳지 않은 것은?

① 공직자가 공익을 현저히 침해하는 경우 국민 300명 이상의 연서로 감사원에 감사를 청구할 수 있다.

② 우리나라의 공무원은 정치적 중립을 지키도록 법률로 명문화되어 있다.

③ 공직자는 부패 사실을 알게 되었을 경우 부패행위를 신고하도록 의무화되어 있다.

④ 공직자윤리법에서는 부정부패를 방지하기 위해 공직자의 재산 등록 및 공개, 퇴직 공무원의 취업 제한 등을 규정하고 있다.

⑤ 모든 공무원은 형의 선고·징계 처분 또는 국가공무원법에 정하는 사유에 의하지 아니하고는 그 의사에 반해 휴직·강임 또는 면직을 당하지 아니한다.

25 다음 중 '사회적 자본(Social Capital)'이 형성되는 모습으로 옳지 않은 것은?

① 지역주민들의 소득이 지속적으로 증가하고 있다.

② 많은 사람들이 알고 지내는 관계를 유지하는 가운데 대화·토론하면서 서로에게 도움을 준다.

③ 이웃과 동료에 대한 기본적인 믿음이 존재하며 공동체 구성원들이 서로 신뢰한다.

④ 지역 구성원들이 삶과 세계에 대한 도덕적·윤리적 규범을 공유하고 있다.

⑤ 다양한 매체를 활용하여 사람들 간의 관계를 맺고 대화 및 정보를 공유하며 서로 도움이 된다.

26 다음 중 공공기관의 운영에 관한 법률에서 규정하고 있는 내용으로 옳지 않은 것은?

① 공기업・준정부기관은 매년 3월 20일까지 전년도의 경영실적보고서와 기관장이 체결한 계약의 이행에 관한 보고서를 작성하여 기획재정부장관과 주무기관의 장에게 제출하여야 한다.

② 기획재정부장관과 주무기관의 장은 매년 5월 15일까지 확정된 공기업・준정부기관의 결산서 등을 감사원에 제출하여야 한다.

③ 자산 규모가 2조 원 이상인 공기업・준정부기관 등의 장은 매년 해당 연도를 포함한 5회계연도 이상의 중장기재무관리계획을 수립하고, 이사회의 의결을 거쳐 확정한 후 6월 30일까지 기획재정부장관과 주무기관의 장에게 제출하여야 한다.

④ 기획재정부장관은 결산서 등에 감사원의 검사 결과를 첨부하여 이를 국무회의에 보고하고, 7월 31일까지 국회에 제출하여야 한다.

⑤ 공기업 및 준정부기관의 기관장은 다음 연도를 포함한 5회계연도 이상의 중장기 경영목표를 설정하고, 이사회의 의결을 거쳐 확정한 후 매년 9월 30일까지 기획재정부장관과 주무기관의 장에게 제출하여야 한다.

27 다음 중 부패의 접근방법에 대한 설명으로 옳지 않은 것은?

① 권력문화적 접근법은 공직자들의 잘못된 의식구조를 공무원 부패의 원인으로 본다.

② 사회문화적 접근법은 특정한 지배적 관습이나 경험적 습성 등이 부패와 밀접한 관련이 있다고 본다.

③ 제도적 접근법은 행정통제 장치의 미비를 대표적인 부패의 원인으로 본다.

④ 도덕적 접근법은 개인의 성격 및 습성과 윤리문제가 부패와 밀접한 관련이 있다고 본다.

⑤ 체제론적 접근법은 문화적 특성, 제도상 결함, 구조상 모순, 행태 등 다양한 요인들에 의해 복합적으로 부패가 나타난다고 본다.

28 다음 중 뉴거버넌스에 대한 설명으로 옳은 것은?

① 정부・시장・시민사회의 역할적 분화와 영역 간의 개입금지를 중요시한다.

② 입법과정에서의 세력연합과 협상 및 타협을 배제한다.

③ 정부의 역할에 있어서 노젓기(Rowing)를 중시한다.

④ 공공문제의 해결 기제로 네트워크의 활용을 중시한다.

⑤ 산출보다 투입에 대한 통제를 강조한다.

29 다음 중 윌슨(Willson)의 규제정치모형에 대한 설명으로 옳지 않은 것은?

① 정치적 위험과 논란의 여지가 적은 것은 대중 정치(Majoritarian Politics)의 특징이다.

② 이익집단 정치(Interest Group Politics)는 비용과 편익이 모두 다수의 이질적 집단에 국한되는 정치상황이다.

③ 수입규제완화 정책과 환경규제완화 정책은 윌슨의 규제정치모형에 따르면 서로 다른 규제정치 영역에 해당한다.

④ 환경오염규제, 위해물품규제 등과 같은 사례는 기업가 정치(Entrepreneurial Politics)의 사례로 볼 수 있다.

⑤ 윌슨(Willson)의 규제정치모형에서 감지된 비용이 넓게 분산되고, 감지된 편익이 좁게 집중되어 있는 정치는 고객 정치(Clientele Politics)이다.

30 다음 중 조직구조의 변수에 대한 설명으로 옳지 않은 것은?

① 공식화의 수준이 높을수록 조직구성원들의 재량이 감소한다.

② 공식성이란 직무의 표준화 정도를 의미하며, 문서화된 규칙, 절차, 명령 등이 측정의 지표가 된다.

③ 집권성이란 조직계층 상하 간의 권한 분배의 정도를 의미한다.

④ 유기적 구조일수록 집권성이 높으며, 기계적 구조일 경우 집권성이 낮다.

⑤ 복잡성이란 조직의 분화정도를 말하며, 계층화 정도인 수직적 분화와 횡적 분화인 수평적 분화로 구분된다.

31 다음 중 책임운영기관에 대한 설명으로 옳지 않은 것은?

① 우리나라 책임운영기관 소속 직원의 신분은 공무원이다.

② 우리나라의 경우 기관의 지위에 따라 중앙책임운영기관과 소속책임운영기관으로 구분된다.

③ 우리나라 중앙책임운영기관의 장의 임기는 2년이며, 한 차례만 연임할 수 있다.

④ 책임운영기관의 경우 민영화로 쉽게 전환할 수 있으면서 성과관리가 용이한 분야에 주로 설치한다.

⑤ 책임운영기관은 기관장에게 기관운영의 자율성을 보장하고, 기관운영 성과에 대해 책임을 지도록 설치된 행정기관이다.

32 다음 중 정책평가의 타당성에 대한 설명으로 옳지 않은 것은?

① 타당성은 신뢰성의 필요조건이며, 신뢰성이 높으면 타당성도 높다.

② 내적타당성이란 정책평가 시 1차적으로 확보해야 할 타당성이다.

③ 구성타당성이란 평가에 이용된 구성개념과 이를 측정하는 평가 수단 간에 일치하는 정도를 의미한다.

④ 외적타당성이란 특정한 상황에서 얻은 정책평가가 다른 상황에도 그대로 적용될 수 있는 정도를 의미한다.

⑤ 통계적 결론의 타당성은 연구설계를 정밀하게 구성하여 평가과정에서 제1종 및 제2종 오류가 발생하지 않는 정도를 나타낸다.

33 다음 중 예산결정모형에서 합리모형에 대한 설명으로 옳지 않은 것은?

① 경제적 합리성에 의한 재정배분을 중시한다.

② 예산담당관이 보수적 성향을 가진 경우, 합리모형의 적용이 어렵다.

③ 계획 예산(PPBS), 영기준 예산(ZBB)이 대표적인 합리모형에 따른 예산제도이다.

④ 비용편익분석, 체제분석 등의 계량적 분석기법을 사용한다.

⑤ 예산결정의 목표에 대한 사회적인 합의가 도출되지 않았을 경우에도 적용이 가능하다는 장점이 있다.

34 다음 중 팀(Team) 조직의 특징으로 옳은 것은?

① 보조업무 중심의 조직화   ② 수직적 조직구조
③ 집중화된 권한   ④ 연공서열 중심
⑤ 자율적인 분위기

35 동기부여와 관련된 이론을 내용이론과 과정이론으로 나눠볼 때, 다음 중 과정이론에 해당하는 것은?

① 욕구계층이론   ② 기대이론
③ 욕구충족요인 이원론   ④ 성취동기이론
⑤ X – Y이론

36 다음 중 갈등의 조성 전략에 대한 설명으로 옳지 않은 것은?

① 표면화된 공식적 및 비공식적 정보전달통로를 의식적으로 변경시킨다.

② 갈등을 일으킨 당사자들에게 공동으로 추구해야 할 상위목표를 제시한다.

③ 상황에 따라 정보전달을 억제하거나 지나치게 과장된 정보를 전달한다.

④ 조직의 수직적·수평적 분화를 통해 조직구조를 변경한다.

⑤ 단위부서들 간에 경쟁상황을 조성한다.

37 다음 중 시민들의 가치관 변화가 행정조직 문화에 미친 영향으로 옳지 않은 것은?

① 시민들의 프로슈머(Prosumer) 경향화는 관료주의적 문화와 적절한 조화를 형성할 것이다.

② 개인의 욕구를 중시하는 개인주의적 태도는 공동체적 가치관과 갈등을 빚기 시작했다.

③ 공공서비스 공급에서 행정조직 간 경쟁, 민간화가 활성화되고 있다.

④ 1990년대 이전까지는 경제성장과 국가안보라는 뚜렷한 국가 목표가 있었다고 볼 수 있다.

⑤ 시민들의 가치관과 태도의 다양화에도 불구하고 행정기관들은 아직도 행정조직 고유의 가치관과 행동양식
을 강조하고 있다고 볼 수 있다.

38 다음 중 미래예측기법에 대한 설명으로 옳지 않은 것은?

① 비용·편익분석은 정책의 능률성 내지 경제성에 초점을 맞춘 정책분석의 접근방법이다.

② 판단적 미래예측에서는 경험적 자료나 이론이 중심적인 역할을 한다.

③ 추세연장적 미래예측기법들 중 하나인 검은줄 기법(Black Thread Technique)은 시계열적 변동의 굴곡
을 직선으로 표시하는 기법이다.

④ 교차영향분석은 연관사건의 발생여부에 따라 대상사건이 발생할 가능성에 관한 주관적 판단을 구하고 그
관계를 분석하는 기법이다.

⑤ 이론적 미래예측은 인과관계 분석이라고도 하며, 선형계획, 투입·산출분석, 회귀분석 등을 예로 들 수
있다.

39 다음 〈보기〉 중 역량평가제에 대한 설명으로 옳은 것을 모두 고르면?

ㄱ. 일종의 사전적 검증장치로 단순한 근무실적 수준을 넘어 공무원에게 요구되는 해당 업무 수행을 위한 충분한 능력을 보유하고 있는지에 대한 평가를 목적으로 한다.

ㄴ. 근무실적과 직무수행능력을 대상으로 정기적으로 이루어지며, 그 결과는 승진과 성과급 지급, 보직관리 등에 활용된다.

ㄷ. 조직 구성원으로 하여금 조직 내외의 모든 사람과 원활한 인간관계를 증진시키려는 강한 동기를 부여함으로써 업무 수행의 효율성을 제고할 수 있다.

ㄹ. 다양한 평가기법을 활용하여 실제 업무와 유사한 모의상황에서 나타나는 평가 대상자의 행동 특성을 다수의 평가자가 평가하는 체계이다.

ㅁ. 미래 행동에 대한 잠재력을 측정하는 것이며, 성과에 대한 외부변수를 통제함으로써 객관적 평가가 가능하다.

① ㄱ, ㄴ, ㄷ   ② ㄱ, ㄹ, ㅁ

③ ㄴ, ㄷ, ㄹ   ④ ㄷ, ㄹ, ㅁ

④ ㄱ, ㄴ, ㄹ, ㅁ

40 다음 빈칸에 공통으로 들어갈 용어로 옳은 것은?

- _____은/는 정부업무, 업무수행에 필요한 데이터, 업무를 지원하는 응용서비스 요소, 데이터와 응용시스템의 실행에 필요한 정보기술, 보안 등의 관계를 구조적으로 연계한 체계로, 정보자원관리의 핵심 수단이다.
- _____은/는 정부의 정보시스템 간의 상호운용성 강화, 정보자원 중복투자 방지, 정보화 예산의 투자효율성 제고 등에 기여한다.

① 블록체인 네트워크   ② 정보기술아키텍처

③ 제3의 플랫폼   ④ 클라우드 – 클라이언트 아키텍처

⑤ 스마트워크센터

| 05 | 토목학

01 다음 중 $S=1.8$t, $\tau_{max}=4.5$kg$_f$/cm^{2}이고, 폭이 20cm일 때 단면의 높이는?

① 25cm

② 27cm

③ 30cm

④ 35cm

⑤ 37cm

02 다음 중 단면의 성질에 대한 설명으로 옳지 않은 것은?

① 단면 2차 모멘트의 값은 항상 0보다 크다.

② 도심축에 관한 단면 1차 모멘트의 값은 항상 0이다.

③ 단면 2차 극모멘트의 값은 항상 극을 원점으로 하는 두 직교 좌표축에 대한 단면 2차 모멘트의 합과 같다.

④ 단면 상승 모멘트의 값은 항상 0보다 크다.

⑤ 단면계수는 도심을 지나는 축에 대한 단면 2차 모멘트를 단면의 상, 하 끝단까지의 거리로 나눈 것이다.

03 다음 중 탄성계수 $E=2.1\times10^6$kg/cm^2, 푸아송 비 $v=0.25$일 때, 전단탄성계수의 값은?

① 8.4×10^5kg/cm^2

② 10.5×10^5kg/cm^2

③ 16.8×10^5kg/cm^2

④ 21.0×10^5kg/cm^2

⑤ 23.6×10^5kg/cm^2

04 다음 중 이상유체(Ideal Fluid)에 대한 정의로 옳은 것은?

① 오염되지 않은 순수한 유체이다.

② 점성이 없는 모든 유체이다.

③ 비점성, 비압축성인 유체이다.

④ 뉴턴(Newton)의 점성법칙을 만족하는 유체이다.

⑤ 전단응력이 발생하는 유체이다.

05 지름 10cm의 관에 물이 흐를 때 층류가 되려면 관의 평균유속이 몇 cm/s 이하를 유지하여야 하는가?(단, 동점성계수는 $0.012\text{cm}^2/\text{s}$이다)

① 10.4cm/s   ② 8.4cm/s

③ 6.4cm/s   ④ 4.4cm/s

⑤ 2.4cm/s

06 양단힌지로 된 장주의 좌굴하중이 $P_{cr}=10\text{t}$일 때, 조건이 같은 양단고정인 장주의 좌굴하중은?

① 5t   ② 10t

③ 20t   ④ 30t

⑤ 40t

07 다음 중 단면의 전단중심(Shear Center)에 대한 설명으로 옳은 것은?

① 단면의 도심을 통하는 축이다.

② 단면의 휨 축이다.

③ 대칭축을 갖는 단면의 중심축이다.

④ 단면에 작용하는 최대 전단응력의 축이다.

⑤ 단면에 비틀림 모멘트를 작용시킬 때 변형이 생기지 않는 축이다.

08 지름이 2m이고, 영향권의 반지름이 1,000m이며, 원지하수의 수위 H가 7m, 집수정의 수위 h_0가 5m인 심정에서의 양수량은 얼마인가?(단, $K=0.0038\text{m/s}$이고 $\ln 10 = 2.3$이다)

① 약 $0.0415\text{m}^3/\text{s}$ ② 약 $0.0461\text{m}^3/\text{s}$

③ 약 $0.083\text{m}^3/\text{s}$ ④ 약 $0.145\text{m}^3/\text{s}$

⑤ 약 $0.283\text{m}^3/\text{s}$

09 지름이 30cm, 길이가 1m인 관의 손실수두가 30cm일 때 관 벽면에 작용하는 마찰력 τ_0는 얼마인가?

① $150N/m^2$ ② $175N/m^2$

③ $200N/m^2$ ④ $225N/m^2$

⑤ $250N/m^2$

10 길이가 10m이고 지름이 50cm인 강봉이 길이 방향으로 작용하는 인장력에 의하여 10cm 변형되었다. 강봉의 푸아송 비(Poisson's Ratio)가 0.2일 때, 강봉의 반지름 변화는?

① 0.05cm 증가   ② 0.05cm 감소

③ 0.1cm 증가   ④ 0.1cm 감소

⑤ 0.2cm 증가

11 단면적이 $50mm^2$인 봉강을 인장 시험하여 항복점 하중 1,480kg, 최대 하중 2,080kg을 얻었다. 이때, 인장강도는 얼마인가?

① $35kg/mm^2$ ② $36.5kg/mm^2$

③ $38.8kg/mm^2$ ④ $41.6kg/mm^2$

⑤ $45.2kg/mm^2$

12 다음 중 비력(Special Force)에 대한 설명으로 옳은 것은?

① 물의 충격에 의해 생기는 힘의 크기이다.

② 비에너지가 최대가 되는 수심에서의 에너지이다.

③ 한계수심으로 흐를 때, 한 단면에서의 총 에너지 크기이다.

④ 개수로의 어떤 단면에서 단위중량당 운동량과 정수압의 합계이다.

⑤ 외력을 가할 때 변형된 물체 내부에 발생하는 단위 면적당 힘이다.

13 다음 중 강우계의 관측분포가 균일한 평야지역의 작은 유역에 발생한 강우에 적합한 유역 평균 강우량 산정법은?

① Thiessen의 가중법   ② Talbot의 강도법
③ 산술평균법   ④ 등우선법
⑤ 연쇄지수법

14 다음 중 보의 탄성변형에서 내력이 한 일을 그 지점의 반력으로 1차 편미분한 것은 '0'이 된다는 정리는?

① 중첩의 원리   ② 맥스웰베티의 상반원리
③ 최소일의 원리   ④ 카스틸리아노의 제1정리
⑤ 테브난의 정리

15 다음 중 관수로 흐름에서의 난류에 대한 설명으로 옳은 것은?

① 마찰손실계수는 레이놀즈수만 알면 구할 수 있다.
② 관벽 조도가 유속에 주는 영향은 층류일 때보다 작다.
③ 관성력의 점성력에 대한 비율이 층류의 경우보다 크다.
④ 에너지 손실은 주로 난류효과보다 유체의 점성 때문에 발생된다.
⑤ 유속이 빠를수록 레이놀즈수가 작다.

16 반지름이 25cm인 원형 단면을 가지는 단주에서 핵의 면적은 얼마인가?

① 약 122.7cm^2 ② 약 168.7cm^2
③ 약 245.4cm^2 ④ 약 335.4cm^2
⑤ 약 421.7cm^2

17 다음 중 관수로의 흐름이 층류인 경우 마찰손실계수(f)에 대한 설명으로 옳은 것은?

① 조도에만 영향을 받는다.

② 레이놀즈수에만 영향을 받는다.

③ 항상 0.2778로 일정한 값을 갖는다.

④ 조도와 레이놀즈수에 영향을 받는다.

⑤ 조도와 레이놀즈수와 무관하게 재료의 재질에 따라 다르다.

18 관수로에서 관의 마찰손실계수가 0.02, 관의 지름이 40cm일 때, 관내 물의 흐름이 100m를 흐르는 동안 2m의 마찰손실수두가 발생하였다면 관내의 유속은?

① 약 0.3m/s 　　　　　　　② 약 1.3m/s

③ 약 2.8m/s 　　　　　　　④ 약 3.8m/s

⑤ 약 4.2m/s

19 다음 중 체적탄성계수 K를 탄성계수 E와 푸아송비 ν로 바르게 표현한 것은?

① $K = \dfrac{E}{3(1-2\nu)}$ 　　　　② $K = \dfrac{E}{2(1-3\nu)}$

③ $K = \dfrac{2E}{3(1-2\nu)}$ 　　　　④ $K = \dfrac{3E}{2(1-3\nu)}$

⑤ $K = \dfrac{3E}{4(1-3\nu)}$

20 단순보에서 지간 $l = 400$cm, 단면폭 $b = 6$cm, 단면높이 $h = 12$cm가 되는 직사각형 단면의 허용응력도가 $100\text{kg}_f/\text{cm}^2$이면 중앙점에 작용시킬 수 있는 하중은?

① 144kg_f 　　　　　　② 100kg_f

③ 98kg_f 　　　　　　④ 88kg_f

⑤ 78kg_f

21 다음 중 흐름의 단면적과 수로경사가 일정할 때 최대유량이 흐르는 조건으로 옳은 것은?

① 윤변이 최소이거나 동수반경이 최대일 때
② 윤변이 최대이거나 동수반경이 최소일 때
③ 수심이 최소이거나 동수반경이 최대일 때
④ 수심이 최대이거나 수로 폭이 최소일 때
⑤ 수심이 최대이거나 동수반경이 최소일 때

22 다른 조건이 같을 때 양단고정 기둥의 좌굴하중은 양단힌지 기둥의 좌굴하중의 몇 배인가?

① 4배   ② 3배
③ 2배   ④ $\frac{1}{2}$ 배
⑤ $\frac{1}{3}$ 배

23 길이 3m의 I형강($250 \times 125 \times 10,555$kg/m)을 양단힌지의 기둥으로 사용할 때, 오일러(Euler)의 공식에 의한 좌굴하중은?(단, 단면 2차 반지름 $r_y = 2.8$cm, $r_x = 10.2$cm, 단면적 $A = 70.73$cm^2, $E = 2.1 \times 10^6$kg/cm^{2}이다)

① 94.6t   ② 105.6t
③ 114.6t   ④ 127.6t
⑤ 132.6t

24 다음 중 흐름에 대한 설명으로 옳지 않은 것은?

① 흐름이 층류일 때는 뉴턴의 점성 법칙을 적용할 수 있다.
② 등류란 모든 점에서의 흐름의 특성이 공간에 따라 변하지 않는 흐름이다.
③ 유선이란 각 점에서 속도벡터에 접하는 곡선을 연결한 선이다.
④ 유관이란 개개의 유체입자가 흐르는 경로를 말한다.
⑤ 정류는 어느 점에서도 시간에 따라 압력, 밀도, 속도 등의 상태가 변하지 않는 경우의 흐름이다.

25 다음 중 상하단이 완전히 고정된 긴 기둥의 유효세장비의 일반식은?(단, l은 기둥의 길이이고, r은 단면 회전반경이다)

① $\dfrac{l}{2r}$

② $\dfrac{l}{\sqrt{2}\,r}$

③ $\dfrac{l}{r}$

④ $\dfrac{2l}{r}$

⑤ $\dfrac{2l}{\sqrt{2}\,r}$

26 다음 그림과 같은 일정한 단면적을 가진 보의 길이가 l인 B지점에 집중하중 P가 작용하여 B점의 처짐 δ가 4δ가 되려면 보의 길이는?

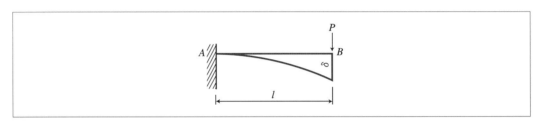

① l의 약 1.2배가 되어야 한다.

② l의 약 1.6배가 되어야 한다.

③ l의 약 2.0배가 되어야 한다.

④ l의 약 2.2배가 되어야 한다.

⑤ l의 약 2.4배가 되어야 한다.

27 다음과 같은 단순보에서 최대 휨모멘트가 발생하는 위치는?(단, A점을 기준으로 한다)

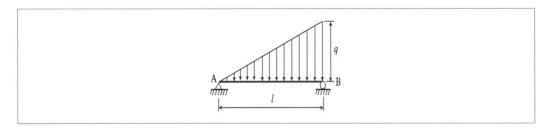

① $\dfrac{2}{3}l$

② $\dfrac{1}{\sqrt{3}}l$

③ $\dfrac{1}{\sqrt{2}}l$

④ $\dfrac{2}{\sqrt{5}}l$

⑤ $\dfrac{2}{\sqrt{2}}l$

28 다음 중 에너지 보정계수(α)와 운동량 보정계수(β)에 대한 설명으로 옳지 않은 것은?

① α는 속도수두를 보정하기 위한 무차원 상수이다.

② β는 운동량을 보정하기 위한 무차원 상수이다.

③ α, β값은 흐름이 난류일 때보다 층류일 때가 크다.

④ 실제유체 흐름에서는 $\beta > \alpha > 1$이다.

⑤ 이상 유체에서는 $\alpha = \beta = 1$이다.

29 직경이 15cm인 원관 속에 비중이 0.87인 기름이 0.03m^3/sec으로 흐르고 있다. 이 기름의 동점성계수가 $\nu = 1.35 \times 10^{-4}$m^2/sec일 때, 이 흐름의 상태는?

① 상류   ② 사류

③ 난류   ④ 층류

⑤ 부정류

30 다음 중 전단응력도에 대한 설명으로 옳지 않은 것은?

① 전단응력도는 전단력의 크기에 비례한다.

② 원형단면에서는 중앙부의 전단응력도가 가장 크다.

③ 직사각형 단면에서는 중앙부의 전단응력도가 가장 크다.

④ I형 단면에서는 상·하단의 전단응력도가 가장 크다.

⑤ 전단되는 면에 작용하는 전단력을 그 단위 면적으로 나눈 값이다.

31 다음 중 보의 처짐에 대한 관계로 옳은 것은?

① 보의 처짐은 EI와 반비례한다.

② 보의 처짐은 EI와 비례한다.

③ 보의 처짐은 EI와 관련없다.

④ 보의 처짐은 EI의 제곱에 비례한다.

⑤ 보의 처짐은 하중의 크기에 반비례한다.

32 폭이 넓은 하천에서 수심이 2m이고, 경사가 $\dfrac{1}{200}$인 흐름의 소류력(Tractive Force)은?

① 98N/m^2

② 128N/m^2

③ 196N/m^2

④ 294N/m^2

⑤ 336N/m^2

33 두 수조가 관길이 $L=50\text{m}$, 지름 $D=0.8\text{m}$, Manning의 조도계수 $n=0.013$인 원형관으로 연결되어 있다. 이 관을 통하여 유량 $Q=1.2\text{m}^3/\text{s}$의 난류가 흐를 때, 두 수조의 수위차는?(단, 마찰, 단면 급확대 및 급축소 손실만을 고려한다)

① 약 0.98m

② 약 0.85m

③ 약 0.54m

④ 약 0.36m

⑤ 약 0.24m

34 다음 중 길이가 10m인 양단 고정보에서 온도가 30℃만큼 상승하였을 때 발생하는 응력은?(단, $E=2.1\times10^6\text{kg/cm}^2$, $\alpha=0.00001/℃$이다)

① 530kg/cm^2

② 580kg/cm^2

③ 610kg/cm^2

④ 630kg/cm^2

⑤ 650kg/cm^2

35 다음 중 단면의 주축에 대한 설명으로 옳지 않은 것은?

① 단면의 주축에 관한 상승모멘트는 최대이다.

② 단면의 주축은 단면의 도심을 지난다.

③ 단면의 주축은 직교한다.

④ 단면의 주축에 관한 2차 모멘트는 최대 또는 최소이다.

⑤ 좌굴방향은 최대주축과 같은 방향이고, 최소주축과 직각방향이다.

36 다음 중 지름 5cm, 길이 200cm의 강봉을 15mm만큼 늘어나게 하려면 얼마만큼의 힘이 필요한가?(단, $E=2.1\times10^5\,\mathrm{kg}_f/\mathrm{cm}^2$ 이다)

① 30.5t   ② 30.7t

③ 30.9t   ④ 31.1t

⑤ 31.3t

37 다음 중 길이 5m의 직선재가 7t의 축인장력을 받을 때 늘어나는 길이는?(단, 부재 단면적은 $2\mathrm{cm}^2$, 탄성계수 $E=2.0\times10^6\,\mathrm{kg/cm}^2$ 이다)

① 0.556cm   ② 0.654cm

③ 0.751cm   ④ 0.875cm

⑤ 1.25cm

38 다음 중 일반적으로 단순보에서 절대 최대 전단력이 일어나는 곳은?

① 중앙점

② 지지점

③ $\frac{1}{2}$ 지점

④ $\frac{1}{4}$ 지점

⑤ $\frac{1}{6}$ 지점

39 다음 중 흐르는 유체 속에 잠겨있는 물체에 작용하는 항력과 관계가 없는 것은?

① 유체의 밀도

② 물체의 크기

③ 물체의 형상

④ 물체의 밀도

⑤ 물체의 속도

40 유속이 3m/s인 유수 중에 유선형 물체가 흐름방향으로 향하여 $h = 3$m 깊이에 놓여 있을 때 정체압력 (Stagnation Pressure)은?

① 0.46kN/m^2

② 12.21kN/m^2

③ 33.9kN/m^2

④ 52.65kN/m^2

⑤ 102.35kN/m^2

4일 차
기출응용 모의고사

〈문항 및 시험시간〉

평가영역	문항 수	시험시간	모바일 OMR 답안채점/성적분석 서비스
경영학 / 경제학 / 법학 / 행정학 / 토목학	각 40문항	40분	경영학 경제학 법학 행정학 토목학

4일 차 기출응용 모의고사

문항 수 : 각 40문항
시험시간 : 40분

| 01 | 경영학

01 다음 중 마이클 포터의 5 Forces 모델에 대한 설명으로 옳지 않은 것은?

① 정태적 모형이므로 동태적(Dynamic) 변화를 반영하지 못하고 있다.

② 진입장벽이 높을수록 잠재적 경쟁자의 진입위협이 낮아지게 됨으로써 산업의 매력성은 높다.

③ 대체재의 위협이 낮고 공급자의 교섭력이 높을수록 해당 산업의 매력성은 높다.

④ 기존 기업 간의 경쟁이 낮을수록 해당 산업의 매력성은 높다.

⑤ 현실적으로 정부규제 또는 제도적 진입장벽으로 인해 처음부터 시장에 진입자체가 불가능할 경우 적용이 어려울 수 있다.

02 다음은 적대적 M&A의 방어법에 대한 설명이다. 이에 해당하는 용어는?

> 상장기업의 주식을 대량매입한 뒤 경영진을 위협하여 적대적인 인수 · 합병을 포기하는 대가로 자신들이 확보한 주식을 시가보다 높은 값에 되사도록 강요한다. 만약 요구에 불응하면 경영권을 탈취하기도 한다. 그러나 간혹 대주주에게 협박하면서 주식을 매입하라고 강요하는 경우가 있는데, 이런 경우는 블랙메일에 해당된다.

① 그린메일(Green Mail)

② 황금주(Golden Share) 제도

③ 황금 낙하산(Golden Parachute)

④ 백기사(White Knight) 전략

⑤ 고주가 전략

03 다음 중 투사효과에 대한 설명으로 옳은 것은?

① 평가자의 특성을 피평가자의 특성이라고 생각하여 잘못 판단하는 것이다.

② 하나의 영역에서 좋은 점수를 보이면 다른 영역도 잘할 것이라고 판단하는 것이다.

③ 최근에 좋은 업적을 냈더라도 과거의 실적이 좋지 않으면 나쁘게 평가하는 것이다.

④ 지원자의 한 특질을 보고 현혹되어 지원자를 제대로 평가하지 못하는 것이다.

⑤ 피평가자 간 차이를 회피하기 위해 모든 피평가자를 유사하게 평가하는 것이다.

04 다음 중 전사적 품질경영(TQM)에 대한 설명으로 옳지 않은 것은?

① TQM의 궁극적인 목표는 고객 만족도 향상이다.

② TQM은 프로세스의 지속적 개선을 강조한다.

③ TQM은 전문화가 높은 개인 단위의 과업을 위주로 진행된다.

④ TQM에는 기업의 모든 구성원들이 참여한다.

⑤ TQM은 생산의 결과 뿐 아니라 과정 자체를 중요시한다.

05 다음 중 다각화 전략의 장점으로 옳지 않은 것은?

① 새로운 성장동력을 찾아 기업 자체의 성장성을 잃지 않을 수 있다.

② 글로벌경쟁이 심화될수록 경쟁력이 높아질 수 있다.

③ 범위의 경제성 또는 시너지 효과는 실질적으로 기업의 이익을 증대시킬 수 있다.

④ 개별 사업부문들의 경기순환에 의한 리스크를 줄일 수 있다.

⑤ 복합기업들이 여러 시장에 참여하고 있기 때문에 어떤 한 사업분야에서 가격경쟁이 치열하다면, 다른 사업분야에서 나오는 수익으로 가격경쟁을 가져갈 수 있다.

06 다음 중 소비자 구매의사결정 과정을 순서대로 바르게 나열한 것은?

① 문제인식 → 정보탐색 → 대안평가 → 구매 → 구매 후 행동
② 문제인식 → 대안평가 → 정보탐색 → 구매 → 구매 후 행동
③ 정보탐색 → 문제인식 → 대안평가 → 구매 → 구매 후 행동
④ 정보탐색 → 대안평가 → 문제인식 → 구매 → 구매 후 행동
⑤ 대안평가 → 정보탐색 → 문제인식 → 구매 → 구매 후 행동

07 다음 중 민츠버그가 분류한 조직형상의 구성요소로 옳지 않은 것은?

① 전략상층부
② 지원스태프
③ 업무핵심층
④ 하위라인
⑤ 테크노스트럭처

08 다음 중 직무를 수행하는 데 필요한 기능, 능력, 자격 등 직무수행요건(인적요건)에 초점을 두어 작성한 직무분석의 결과물은?

① 직무명세서
② 직무표준서
③ 직무기술서
④ 직무지침서
⑤ 직무제안서

09 다음 중 규모·생산량·경험 등의 증대로 인한 단위원가의 하락을 나타내는 효과를 의미하며, 포터의 원가우위 전략을 현실적으로 실행하기 위한 규모의 경제를 누릴 수 있도록 원가의 최소화를 가능케 하는 효과는?

① 승수효과
② 가격효과
③ 시너지효과
④ 톱니효과
⑤ 경험곡선효과

10 다음 자료를 이용하여 계산한 재고자산평가손익은?(단, 재고자산감모손실은 없다)

• 기초재고	9,000원
• 당기매입액	42,000원
• 매출원가	45,000원
• 기말순실현가능가치	4,000원

① 평가손실 2,000원 　　　　② 평가손실 3,000원

③ 평가이익 2,000원 　　　　④ 평가이익 3,000원

⑤ 평가손실 0원

11 근로자의 연봉이 올해 1,500만 원에서 1,650만 원으로 150만 원 인상되었다. 이 기간에 인플레이션율이 12%일 때, A근로자의 임금변동에 대한 설명으로 옳은 것은?

① 명목임금 2%p 증가 　　　　② 명목임금 2%p 감소

③ 실질임금 2%p 증가 　　　　④ 실질임금 2%p 감소

⑤ 명목임금 15%p 증가

12 다음 중 자기자본비용에 대한 설명으로 옳은 것은?

① 자기자본비용은 기업이 조달한 자기자본의 가치를 유지하기 위해 최대한 벌어들어야 하는 수익률이다.

② 새로운 투자안의 선택에 있어서 투자수익률이 자기자본비용을 넘어서는 안 된다.

③ 위험프리미엄을 포함한 자기자본비용 계산 시 보통 자본자산가격결정모형(CAPM)을 이용한다.

④ 기업이 주식발생을 통해 자금조달을 할 경우 자본이용의 대가로 얼마의 이용 지급료를 산정해야 하는지는 명확하다.

⑤ CAPM을 사용하는 경우 베타와 증권시장선을 계산해서 미래의 증권시장선으로 사용하는데 이는 과거와는 다른 현상들이 미래에 발생하더라도 타당한 방법이다.

13 다음 중 자본변동표에서 확인할 수 없는 항목은?

① 자기주식의 취득   ② 유형자산의 재평가이익

③ 매도가능금융자산평가이익 ④ 현금배당

⑤ 주식분할

14 다음 중 기계적 조직과 유기적 조직에 대한 설명으로 옳지 않은 것은?

① 기계적 조직은 공식화 정도가 낮고, 유기적 조직은 공식화 정도가 높다.

② 기계적 조직은 경영관리 위계가 수직적이고, 유기적 조직은 경영관리 위계가 수평적이다.

③ 기계적 조직은 직무 전문화가 높고, 유기적 조직은 직무 전문화가 낮다.

④ 기계적 조직은 의사결정권한이 집중화되어 있고, 유기적 조직은 의사결정권한이 분권화되어 있다.

⑤ 기계적 조직은 수직적 의사소통이고, 유기적 조직은 수평적 의사소통이다.

15 다음 사례에서 A의 행동을 설명하는 동기부여이론으로 옳은 것은?

> 팀원 A는 작년도 목표 대비 업무실적을 100% 달성하였다. 이에 반해 같은 팀 동료인 B는 동일 목표 대비 업무실적이 10% 부족하였지만 A와 동일한 인센티브를 받았다. 이 사실을 알게 된 A는 팀장에게 추가 인센티브를 요구하였으나 받아들여지지 않자 결국 이직하였다.

① 기대이론   ② 공정성이론

③ 욕구단계이론   ④ 목표설정이론

⑤ 인지적평가이론

16 다음 중 평가센터법(Assessment Center)에 대한 설명으로 옳지 않은 것은?

① 평가에 대한 신뢰성이 양호하다.

② 승진에 대한 의사결정에 유용하다.

③ 교육훈련에 대한 타당성이 높다.

④ 평가센터에 초대받지 못한 종업원의 심리적 저항이 예상된다.

⑤ 다른 평가기법에 비해 상대적으로 비용과 시간이 적게 소요된다.

17 다음 중 신제품을 출시할 때 고가로 책정한 후 대체품이 출시되기 전 가격을 내려 소비층을 확대하는 전략은?

① 침투가격전략
② 적응가격전략
③ 시가전략
④ 스키밍 가격전략
⑤ 명성가격전략

18 다음 중 슈퍼 리더십(Super Leadership)에 대한 설명으로 옳은 것은?

① 다른 사람이 스스로 자기 자신을 이끌어갈 수 있게 도와주는 리더십이다.

② 자기 스스로 리더가 되어 자기 자신을 이끌어가는 리더십이다.

③ 다른 사람을 섬기는 사람이 리더가 될 수 있다는 이론이다.

④ 명확한 목표, 권한, 책임, 지도를 제공해 맡은 일에 주인의식을 심어주는 리더십이다.

⑤ 구성원들의 가치관, 정서, 행동규범 등을 변화시켜 개인, 집단, 조직을 바람직한 방향으로 변혁시키는 리더십이다.

19 다음 중 과학적 경영 전략에 대한 설명으로 옳지 않은 것은?

① 호손실험은 생산성에 비공식적 조직이 영향을 미친다는 사실을 밝혀낸 연구이다.

② 포드 시스템은 노동자의 이동경로를 최소화하며 물품을 생산하거나, 고정된 생산라인에서 노동자가 계속해서 생산하는 방식을 통하여 불필요한 절차와 행동 요소들을 없애 생산성을 향상하였다.

③ 테일러의 과학적 관리법은 시간연구와 동작연구를 통해 노동자의 심리상태와 보상심리를 적용한 효과적인 과학적 경영 전략을 제시하였다.

④ 목표설정이론은 인간이 합리적으로 행동한다는 기본적인 가정에 기초하여, 개인이 의식적으로 얻으려고 설정한 목표가 동기와 행동에 영향을 미친다는 이론이다.

⑤ 직무특성이론은 기술된 핵심 직무특성이 종업원의 주요 심리 상태에 영향을 미치며, 이것이 다시 종업원의 직무 성과에 영향을 미친다고 주장한다.

20 다음 자료를 이용하여 계산한 매출로 인한 현금유입액은 얼마인가?

• 당기매출액	1,108,000원
• 기초매출채권	120,000원
• 기말매출채권	130,000원
• 기초대손충당금	3,000원
• 기말대손충당금	2,400원
• 당기대손상각비	1,000원

① 1,096,400원   ② 1,097,600원

③ 1,098,000원   ④ 1,099,600원

⑤ 1,118,000원

21 다음 중 기업 회계에 대한 설명으로 옳지 않은 것은?

① 재무상태표 등식에서 알 수 있듯이 자산과 부채의 합은 수익과 비용의 합과 같다.

② 재무상태표의 왼쪽에는 자산, 오른쪽에는 부채와 자본을 기록한다.

③ 손익계산서는 일정 기간 동안 수익과 비용을 표시한 것이다.

④ 매출채권은 재무상태표의 구성항목에 해당하며, 매출원가는 포괄손익계산서의 구성항목에 해당한다.

⑤ 회계의 순환과정은 '거래발생 → 분개 → 원장 전기 → 수정전시산표 작성 → 수정분개 → 재무제표 작성' 순서이다.

22 다음 중 대리비용이론에 대한 설명으로 옳지 않은 것은?

① 위임자와 대리인 간의 정보비대칭 상황을 전제한다.

② 대리비용의 발생원천에 따라 자기자본 대리비용과 부채 대리비용으로 구분된다.

③ 자기자본 대리비용은 외부주주의 지분율이 높을수록 커진다.

④ 부채 대리비용은 부채비율이 낮을수록 커진다.

⑤ 대리비용이 최소화되는 지점에서 최적 자본구조가 결정된다.

23 다음 자료를 이용하여 계산한 건물처분으로 유입된 현금흐름은?

구분	건물(원)	감가상각누계액(원)
기초	400,000	140,000
기말	460,000	160,000

- 기중 건물 취득금액은 140,000원이다.
- 기중 건물의 처분이익은 10,000원이다.
- 당기 건물의 감가상각비는 50,000원이다.

① 30,000원   ② 40,000원
③ 50,000원   ④ 60,000원
⑤ 70,000원

24 다음 〈보기〉 중 부채에 해당하지 않는 것을 모두 고르면?

보기
ㄱ. 미수금   ㄴ. 선수금
ㄷ. 현금 및 현금성 자산   ㄹ. 장기차입금
ㅁ. 예수금

① ㄱ, ㄴ   ② ㄱ, ㄷ
③ ㄴ, ㄹ   ④ ㄴ, ㅁ
⑤ ㄷ, ㄹ

25 다음 중 회계거래에 해당하지 않는 것은?

① 기숙사에 설치된 시설물 1,000,000원을 도난당하다.
② 원가 1,300,000원의 상품을 현금 1,000,000원에 판매하다.
③ 이자 500,000원을 현금으로 지급하다.
④ 영업소 임차계약을 체결하고, 1년분 임차료 1,200,000원을 현금으로 지급하다.
⑤ 직원과 월급 2,000,000원에 고용계약을 체결하다.

26 다음 중 유형자산에 대한 설명으로 옳은 것은?

① 유형자산의 공정가치가 장부금액을 초과하면 감가상각액을 인식하지 아니한다.

② 유형자산이 손상된 경우 장부금액과 회수가능액의 차액은 기타포괄손익으로 처리하고, 유형자산에서 직접 차감한다.

③ 건물을 재평가모형으로 평가하는 경우 감가상각을 하지 않고, 보고기간 말의 공정가치를 재무상태표에 보고한다.

④ 토지에 재평가모형을 최초 적용하는 경우 재평가손익이 발생하면 당기손익으로 인식한다.

⑤ 유형자산의 감가상각대상금액을 내용연수 동안 체계적으로 배부하기 위해 다양한 감가상각방법을 사용할 수 있다.

27 다음 중 보스턴 컨설팅그룹(BCG) 매트릭스에 대한 설명으로 옳지 않은 것은?

① 세로축은 시장성장률, 가로축은 상대적 시장점유율을 나타내어 사업기회를 분석하는 기법이다.

② 상대적 시장점유율과 업계성장률이 높은 경우는 별(Star)이다.

③ 개(Dog) 사업은 시장이 커질 가능성도 낮고 수익도 거의 나지 않는다.

④ 물음표(Question Mark)는 높은 시장성장률과 높은 상대적 시장점유율을 유지하기 때문에 투자가 필요하지 않다.

⑤ 현금 젖소(Cash Cow) 영역에서는 자금창출을 극대화하기 위하여 시설의 유지와 생산원가 절감에 도움이 되는 투자만을 행하고, 연구개발, 광고, 신규시설 등에 대한 투자는 일체 금하는 전략을 구사하여야 한다.

28 다음 중 공급사슬관리(SCM)의 목적으로 옳은 것은?

① 제품 생산에 필요한 자재의 소요량과 소요시기를 결정한다.

② 기업 내 모든 자원의 흐름을 정확히 파악하여 자원을 효율적으로 배치한다.

③ 자재를 필요한 시각에 필요한 수량만큼 조달하여 낭비 요소를 근본적으로 제거한다.

④ 자재의 흐름을 효과적으로 관리하여 불필요한 시간과 비용을 절감한다.

⑤ 조직의 인적 자원이 축적하고 있는 개별적인 지식을 체계화하고 공유한다.

29 다음 설명에 해당하는 것은?

> 전환배치 시 해당 종업원의 '능력(적성) – 직무 – 시간'이라는 세 가지 측면을 모두 고려하여 이들 간의 적합성을 극대화시켜야 된다는 원칙이다.

① 연공주의   ② 균형주의
③ 상향이동주의   ④ 인재육성주의
⑤ 적재적소적시주의

30 다음 중 품질비용에 대한 설명으로 옳지 않은 것은?

① 품질비용은 100% 완전하지 못한 제품 생산으로 인한 비용이다.
② 평가비용은 검사, 측정, 시험 등에 대한 비용이다.
③ 통제비용은 생산흐름으로부터 불량을 제거하기 위한 활동에 대한 비용이다.
④ 실패비용은 완성된 제품의 품질이 일정한 수준에 미달함으로써 발생하는 비용이다.
⑤ 외부실패비용은 폐기, 재작업, 등급저하에 대한 비용이다.

31 다음 중 M&A에 대한 설명으로 옳지 않은 것은?

① 합병의 동기 중 재무시너지란 합병에 따른 현금흐름의 증가로 기업가치가 증대되는 효과를 얻는 것을 말한다.
② 숙련된 전문 인력 및 기업의 대외적 신용확보의 목적으로 M&A가 이루어지기도 한다.
③ 적대적 M&A는 주로 주식매수와 위임장 대결을 통해 이루어진다.
④ 실질적인 인수기업이 소멸하고 피인수기업이 존속하게 되는 것을 역합병이라고 한다.
⑤ 주식 매수만으로 기업 인수가 어려운 경우 불특정다수의 소액주주에게 의결권을 위임받아 M&A를 시도하는 방법을 위임장 대결이라고 한다.

32 다음 제품 구성요소 중 유형제품(Tangible Product)에 해당하는 것은?

① 보증(Guarantee)   ② 상표명(Brand Name)
③ 대금결제방식(Payment)   ④ 배달(Delivery)
⑤ 애프터 서비스(After Service)

33 다음은 K기업의 2024년 상품의 판매에 대한 자료이다. 이를 바탕으로 할 때 2024년 매출액은?

> • 시송품(매가 50,000원)에 대해 2024년 말 현재 고객으로부터 매입의사표시를 받지 못하였다.
> • 위탁판매를 위하여 적송된 상품(매가 100,000원) 중 최종소비자에게 판매된 금액은 30,000원이다.
> • 장기할부판매상품(총 할부대금은 90,000원이고, 현재가치는 80,000원) 중 50%만 현금으로 수취하였다.

① 70,000원　　　　　　　　　　② 75,000원
③ 90,000원　　　　　　　　　　④ 110,000원
⑤ 120,000원

34 다음 중 전사적 자원관리(ERP) 도입의 효과가 아닌 것은?

① 신기술 수용 및 활용　　　　　② 사업장 및 업무통합
③ 고객 이미지 개선　　　　　　④ 정보 적시 제공
⑤ 업무프로세스 복잡화

35 다음 중 직무분석에 대한 설명으로 옳지 않은 것은?

① 직무분석은 직무와 관련된 정보를 수집·정리하는 활동이다.
② 직무분석을 통해 얻어진 정보는 전반적인 인적자원관리 활동의 기초자료로 활용된다.
③ 직무분석을 통해 직무기술서와 직무명세서가 작성된다.
④ 직무기술서는 지식이나 경험 등 직무를 수행하는 데 필요한 인적요건을 중심으로 작성된다.
⑤ 직무평가는 직무분석을 기초로 이루어진다.

36 K기업은 2021년 1월 1일 건물을 1,000,000원(내용연수 8년, 잔존가치 200,000원)에 취득하여 정액법으로 감가상각하고 있다. 2024년 1월 1일 K기업은 감가상각 방법을 연수합계법으로 변경하였으며, 잔존가치를 40,000원으로 재추정하였다면 2024년의 감가상각비는?

① 44,000원　　　　　　　　　　② 80,000원
③ 100,000원　　　　　　　　　　④ 220,000원
⑤ 300,000원

37 다음 〈보기〉 중 허즈버그(F. Herzberg)의 2요인 이론에서 동기요인을 모두 고르면?

> **보기**
>
> ㄱ. 상사와의 관계   ㄴ. 성취
> ㄷ. 회사 정책 및 관리방침   ㄹ. 작업 조건
> ㅁ. 인정

① ㄱ, ㄴ   ② ㄱ, ㅁ
③ ㄴ, ㄷ   ④ ㄴ, ㅁ
⑤ ㄹ, ㅁ

38 다음 중 생산관리의 전형적인 목표(과업)로 옳지 않은 것은?

① 촉진강화   ② 품질향상
③ 원가절감   ④ 납기준수
⑤ 유연성제고

39 다음 중 옵션에 대한 설명으로 옳지 않은 것은?

① 풋옵션은 정해진 가격으로 기초자산을 팔 수 있는 권리가 부여된 옵션이다.
② 미국식 옵션은 만기시점 이전이라도 유리할 경우 행사가 가능한 옵션이다.
③ 콜옵션은 기초자산의 가격이 낮을수록 유리하다.
④ 풋옵션은 행사가격이 높을수록 유리하다.
⑤ 콜옵션의 경우 기초자산의 현재가격이 행사가격보다 작을 경우 내재가치는 0이다.

40 다음 중 신제품을 가장 먼저 받아들이는 그룹에 이어 두 번째로 신제품의 정보를 수집하여 신중하게 수용하는 그룹은?

① 조기 수용자(Early Adopters)   ② 혁신자(Innovators)
③ 조기 다수자(Early Majority)   ④ 후기 다수자(Late Majority)
⑤ 최후 수용자(Laggards)

| 02 | 경제학

01 시장에서 어떤 상품의 가격이 상승하면서 동시에 거래량이 증가하였다. 다음 중 이러한 변화를 가져올 수 있는 요인은?(단, 이 재화는 정상재이다)

① 이 상품의 생산과 관련된 기술의 진보
② 이 상품과 보완관계에 있는 상품의 가격 하락
③ 이 상품과 대체관계에 있는 상품의 가격 하락
④ 이 상품을 주로 구매하는 소비자들의 소득 감소
⑤ 이 상품의 생산에 투입되는 노동자들의 임금 하락

02 다음 글의 의미를 설명한 내용으로 옳은 것은?

> 조세 부과로 인해 발생하는 조세의 비효율성인 자중손실의 크기는 수요 및 공급의 가격탄력성에 의존한다.

① 수요자 및 공급자가 가격의 변화에 민감하게 반응할수록 시장 왜곡이 더 커진다.
② 수요자 및 공급자가 가격의 변화에 적절히 반응하지 않을수록 시장 왜곡이 더 커진다.
③ 수요곡선 및 공급곡선의 이동이 클수록 시장 균형이 더 크게 영향을 받는다.
④ 수요곡선 및 공급곡선의 이동이 적절히 발생하지 않을수록 시장 균형이 더 크게 영향을 받는다.
⑤ 수요곡선 및 공급곡선의 이동이 작을수록 시장 균형이 더 크게 영향을 받는다.

03 다음 〈보기〉 중 장·단기 비용함수에 대한 설명으로 옳은 것을 모두 고르면?

> **보기**
> 가. 기업은 단기에 주어진 시설규모하에서 산출량만 조정할 수 있다.
> 나. 장기에는 시설규모의 조정이 가능하므로 동일한 생산량을 최소한의 비용으로 생산할 수 있는 규모와 생산량을 동시에 결정할 수 있다.
> 다. 장기비용은 단기비용보다 높을 수 없으므로 장기총비용곡선은 단기총비용곡선의 포락선이 된다.
> 라. 장기한계비용곡선도 단기한계비용곡선의 포락선이 된다.

① 가, 나   ② 가, 다
③ 가, 나, 다   ④ 가, 나, 라
⑤ 가, 나, 다, 라

04 다음 중 물적자본의 축적을 통한 경제성장을 설명하는 솔로우(R. Solow)모형에서 수렴현상이 발생하는 원인은?

① 내생적 기술진보
② 자본의 한계생산체감
③ 경제성장과 환경오염
④ 기업가 정신
⑤ 인적자본

05 다음 중 노동수요의 임금탄력성에 대한 설명으로 옳지 않은 것은?

① 노동수요의 임금탄력성은 단기보다 장기에서 더 크다.
② 노동수요의 임금탄력성은 총 생산비 중 노동비용이 차지하는 비중에 의해 영향을 받는다.
③ 노동수요의 임금탄력성은 노동수요량의 변화율을 임금변화율로 나눈 것이다.
④ 노동수요는 노동을 생산요소로 사용하는 최종생산물 수요의 가격탄력성에 영향을 받는다.
⑤ 노동을 대체할 수 있는 다른 생산요소로의 대체가능성이 높을수록 동일한 임금상승에 대하여 고용감소는 작아진다.

06 대학 졸업 후 구직활동을 꾸준히 해온 30대 초반의 현진이는 당분간 구직활동을 포기하기로 하였다. 현진이와 같이 구직활동을 포기하는 사람이 많아지면 발생하는 실업률과 고용률의 변화는?

① 실업률 상승, 고용률 하락
② 실업률 상승, 고용률 불변
③ 실업률 하락, 고용률 하락
④ 실업률 하락, 고용률 불변
⑤ 실업률 불변, 고용률 하락

07 다음 중 인플레이션에 대한 설명으로 옳지 않은 것은?

① 수요견인 인플레이션은 총수요의 증가가 인플레이션의 주요한 원인이 되는 경우이다.
② 정부가 화폐공급량 증가를 통해 얻게 되는 추가적인 재정수입을 화폐발행이득(Seigniorage)이라고 한다.
③ 물가상승과 불황이 동시에 나타나는 현상을 스태그플레이션이라고 한다.
④ 예상하지 못한 인플레이션은 채권자에게서 채무자에게로 소득재분배를 야기한다.
⑤ 예상한 인플레이션의 경우에는 메뉴비용(Menu Cost)이 발생하지 않는다.

08 다음 중 국내 물가를 안정시키기 위한 정책으로 옳지 않은 것은?(단, 해외원자재 가격 상승과 국내 물가가 치솟은 상황을 가정한다)

① 기준금리를 인상하여 인플레이션을 억제시킨다.

② 한국은행은 통화안정증권을 시중은행에 매각한다.

③ 정부가 재정지출을 축소한다.

④ 기업은 중복투자를 억제한다.

⑤ 원화가치의 하락세를 유도한다.

09 다음 중 오쿤의 법칙(Okun's Law)에 대한 설명으로 옳은 것은?

① 어떤 시장을 제외한 다른 모든 시장이 균형 상태에 있으면 그 시장도 균형을 이룬다는 법칙이다.

② 실업률이 1% 늘어날 때마다 국민총생산이 2.5%의 비율로 줄어든다는 법칙이다.

③ 소득수준이 낮을수록 전체 생계비에서 차지하는 식료품 소비의 비율이 높아진다는 법칙이다.

④ 가난할수록 총지출에서 차지하는 주거비의 지출 비율이 점점 더 커진다는 법칙이다.

⑤ 악화(惡貨)는 양화(良貨)를 구축한다는 법칙이다.

10 A국과 B국의 상황이 다음과 같을 경우 나타날 수 있는 경제현상이 아닌 것은?(단, 미 달러화로 결제하며, 각국의 환율은 달러 대비 자국 화폐의 가격으로 표시한다)

A국	• A국의 해외 유학생 수가 증가하고 있다. • 외국인 관광객이 증가하고 있다.
B국	• B국 기업의 해외 투자가 증가하고 있다. • 외국이 투자자들이 투자자금을 회수하고 있다.

① A국의 환율은 하락할 것이다.

② A국의 경상수지는 악화될 것이다.

③ B국이 생산하는 수출상품의 가격경쟁력이 높아질 것이다.

④ A국 국민이 B국으로 여행갈 경우 경비 부담이 증가할 것이다.

⑤ B국 국민들 중 환전하지 않은 환율 변동 전 달러를 보유하고 있는 사람은 이익을 얻게 될 것이다.

11 K기업이 생산하는 재화에 투입하는 노동의 양을 L이라 하면, 노동의 한계생산은 $27-5L$이다. 이 재화의 가격이 20이고 임금이 40이라면, 이윤을 극대화하는 K기업의 노동수요량은?

① 1   ② 3

③ 5   ④ 7

⑤ 9

12 다음 중 소비자잉여와 생산자잉여에 대한 설명으로 옳지 않은 것은?

① 소비자잉여는 소비자의 선호 체계에 의존한다.

② 완전경쟁일 때보다 기업이 가격차별을 실시할 경우 소비자잉여가 줄어든다.

③ 완전경쟁시장에서는 소비자잉여와 생산자잉여의 합인 사회적 잉여가 극대화된다.

④ 독점시장의 시장가격은 완전경쟁시장의 가격보다 높게 형성되지만 소비자잉여는 줄어들지 않는다.

⑤ 소비자잉여는 어떤 상품에 소비자가 최대한으로 지급할 용의가 있는 가격에서 실제 지급한 가격을 차감한 차액이다.

13 기업의 생산함수가 $Y=200N-N^2$이고, 근로자의 여가 1시간당 가치가 40이다. 상품시장과 생산요소시장이 완전경쟁시장이고, 생산물의 가격이 1일 때, 균형노동시간은?(단, Y는 생산량, N은 노동시간이다)

① 25시간   ② 75시간

③ 80시간   ④ 95시간

⑤ 125시간

14 다음 중 독점적 경쟁시장의 장기균형에 대한 설명으로 옳지 않은 것은?(단, P는 가격, SAC는 단기평균비용, LAC는 장기평균비용, SMC는 단기한계비용을 의미한다)

① $P=SAC$가 성립한다.

② $P=LAC$가 성립한다.

③ $P=SMC$가 성립한다.

④ 균형생산량은 SAC가 최소화되는 수준보다 작다.

⑤ 기업의 장기 초과이윤은 0이다.

15 다음은 A국과 B국의 경제에 대한 자료이다. A국의 실질환율과 수출량의 변화로 옳은 것은?

구분	2023년	2024년
A국 통화로 표시한 B국 통화 1단위의 가치	1,000	1,150
A국의 물가지수	100	107
B국의 물가지수	100	103

	실질환율	수출량
①	불변	감소
②	11% 상승	증가
③	11% 하락	감소
④	19% 상승	증가
⑤	19% 하락	증가

16 다음 중 탄력성에 대한 설명으로 옳은 것은?

① 가격이 1% 상승할 때 수요량이 2% 감소했다면 수요의 가격탄력성은 0.5이다.

② 소득이 5% 상승할 때 수요량이 1%밖에 증가하지 않았다면 이 상품은 기펜재(Giffen Goods)이다.

③ 잉크젯프린터와 잉크카트리지 간의 수요의 교차탄력성은 0보다 크다.

④ 수요의 소득탄력성은 항상 0보다 크다.

⑤ 수요의 가격탄력성이 0보다 크고 1보다 작으면 가격이 상승함에 따라 소비자의 총지출은 증가한다.

17 다음은 기업 A와 기업 B의 광고 여부에 따른 보수행렬을 나타낸다. 내쉬균형에서 기업 A와 기업 B의 이윤은 각각 얼마인가?

구분		기업 B의 광고 전략	
		광고를 함	광고를 하지 않음
기업 A의 광고전략	광고를 함	(55, 75)	(235, 45)
	광고를 하지 않음	(25, 115)	(165, 85)

① 25, 75 ② 55, 75
③ 55, 115 ④ 235, 45
⑤ 235, 115

18 다음 〈보기〉를 역선택(Adverse Selection)과 도덕적 해이(Moral Hazard)의 개념에 따라 바르게 구분한 것은?

> **보기**
>
> 가. 자동차 보험 가입 후 더 난폭하게 운전한다.
> 나. 의료보험제도가 실시된 이후 사람들의 의료수요가 현저하게 증가하였다.
> 다. 실업급여를 받게 되자 구직 활동을 성실히 하지 않는다.
> 라. 사망 확률이 낮은 건강한 사람이 주로 종신연금에 가입한다.

	역선택	도덕적 해이
①	가	나, 다, 라
②	라	가, 나, 다
③	나, 다	가, 라
④	다, 라	가, 나
⑤	나, 다, 라	가

19 다음 〈보기〉 중 애덤 스미스(Adam Smith)의 보상적 임금격차의 요인으로 옳은 것을 모두 고르면?

> **보기**
>
> ㄱ. 노동의 난이도　　　　　　　　ㄴ. 작업의 쾌적성
> ㄷ. 임금의 불안정성　　　　　　　ㄹ. 요구되는 교육훈련의 차이

① ㄱ, ㄴ　　　　　　　　　　　② ㄴ, ㄷ
③ ㄱ, ㄴ, ㄹ　　　　　　　　　④ ㄴ, ㄷ, ㄹ
⑤ ㄱ, ㄴ, ㄷ, ㄹ

20 다음 중 어떤 산업이 자연독점화되는 이유로 옳은 것은?

① 고정비용의 크기가 작은 경우
② 최소효율규모의 수준이 매우 큰 경우
③ 다른 산업에 비해 규모의 경제가 작게 나타나는 경우
④ 생산량이 증가함에 따라 평균비용이 계속 늘어나는 경우
⑤ 기업 수가 증가할수록 산업의 평균 생산비용이 감소하는 경우

21 다음 중 경기종합지수에서 경기선행지수를 구성하는 변수가 아닌 것은?

① 광공업 생산지수
② 구인구직비율
③ 재고순환지표
④ 소비자기대지수
⑤ 수출입물가비율

22 다음 빈칸 (가) ~ (다)에 들어갈 경제 용어를 바르게 나열한 것은?

> 구매력평가이론(Purchasing Power Parity Theory)은 모든 나라의 통화 한 단위의 구매력이 같도록 환율이 결정되어야 한다는 것이다. 구매력평가이론에 따르면 양국통화의 ___(가)___ 환율은 양국의 ___(나)___ 에 의해 결정되며, 구매력평가이론이 성립하면 ___(다)___ 환율은 불변이다.

	(가)	(나)	(다)
①	실질	물가수준	명목
②	명목	경상수지	실질
③	실질	경상수지	명목
④	명목	물가수준	실질
⑤	실질	자본수지	명목

23 어느 대학생이 노트북을 100만 원에 구매하려고 하는데, 현재 노트북 가격은 80만 원이다. 만약 노트북에 대한 물품세가 1대당 30만 원이 부과되어 노트북의 가격이 110만 원으로 상승하였을 경우 옳은 것을 〈보기〉에서 모두 고르면?

> **보기**
> 가. 세금이 부과되기 전 소비자잉여는 20만 원이다.
> 나. 세금이 부과되고 나면 소비자잉여는 발생하지 않는다.
> 다. 세금이 부과되고 나면 사회적 순손실은 20만 원만큼 발생한다.
> 라. 세금이 부과되고 나면 사회적 순손실은 30만 원만큼 발생한다.
> 마. 세금이 부과되고 나면 사회적 순손실은 80만 원만큼 발생한다.

① 가, 나
② 나, 마
③ 가, 나, 다
④ 가, 나, 라
⑤ 나, 다, 마

24 다음 중 최고가격제와 최저가격제에 대한 설명으로 옳은 것은?

① 최고가격을 균형가격 이하로 책정하면 상품의 배분이 비효율적으로 이루어진다.

② 최고가격을 균형가격보다 낮게 책정하면 시장수급에는 아무런 영향을 미치지 못한다.

③ 최저임금제는 미숙련노동자의 취업을 용이하게 만든다.

④ 최저임금제는 시장 균형 임금보다 낮은 수준에서 책정되므로 비자발적 실업이 발생한다.

⑤ 최저임금제를 실시하여 총 노동소득이 감소하였다면 이는 노동의 수요곡선이 비탄력적이기 때문이다.

25 토지 공급의 가격탄력성이 완전히 비탄력적일 때, 토지 공급에 세금을 부과할 경우 미치는 영향에 대한 설명으로 옳은 것은?(단, 토지 수요의 가격탄력성은 단위탄력적이다)

① 토지의 수요자가 실질적으로 세금을 모두 부담한다.

② 토지의 공급자가 실질적으로 세금을 모두 부담한다.

③ 토지의 수요자와 공급자가 모두 세금을 부담하지 않는다.

④ 토지의 수요자와 공급자가 모두 세금을 부담하지만 수요자가 더 많이 부담한다.

⑤ 토지의 수요자와 공급자가 모두 세금을 부담하지만 공급자가 더 많이 부담한다.

26 다음 중 정부가 상품 공급자에게 일정한 금액의 물품세를 부과하는 경우 조세부담의 귀착에 대한 설명으로 옳지 않은 것은?(단, 조세부과 이전의 균형 가격과 수급량은 모두 같고 다른 조건은 일정하다)

① 공급곡선의 기울기가 가파를수록 정부의 조세수입은 더 증가한다.

② 공급곡선의 기울기가 완만할수록 공급자의 조세부담이 더 작아진다.

③ 수요곡선의 기울기가 가파를수록 정부의 조세수입은 더 작아진다.

④ 수요곡선의 기울기가 가파를수록 소비자의 조세부담이 더 커진다.

⑤ 조세가 부과되면 균형 수급량은 감소한다.

27 다음 중 생산자의 단기 생산 활동에 대한 설명으로 옳지 않은 것은?

① 가변요소의 투입량이 증가할 때 평균생산성은 증가하다가 감소한다.

② 가변요소의 투입량이 증가할 때 한계생산성은 증가하다가 감소한다.

③ 수확체감의 법칙은 한계생산성이 지속적으로 감소하는 구간에서 발생한다.

④ 평균생산성이 증가하는 구간에서 한계생산성은 평균생산성보다 크다.

⑤ 한계생산물곡선은 평균생산물곡선의 극대점을 통과하므로 한계생산물과 평균생산물이 같은 점에서는 총생산물이 극대가 된다.

28 다음 〈보기〉 중 도덕적 해이(Moral Hazard)를 해결하는 방안에 해당하는 것을 모두 고르면?

> **보기**
> 가. 스톡옵션(Stock Option)
> 나. 은행담보대출
> 다. 자격증 취득
> 라. 전자제품 다년간 무상수리
> 마. 사고 건수에 따른 보험료 할증

① 가, 나   ② 가, 라

③ 다, 마   ④ 가, 나, 마

⑤ 나, 라, 마

29 다음 중 빈칸에 들어갈 내용을 순서대로 바르게 나열한 것은?

> 농산물은 _____이므로 수요의 가격탄력성이 '비탄력적'이다. 이 경우 농산물의 공급이 증가하면 가격이 상대적으로 _____ 폭으로 하락할 뿐 아니라 가격 하락에도 불구하고 수요가 크게 늘지 않기 때문에 전체적으로 _____한다.

① 사치재 – 큰 – 수입이 감소

② 필수재 – 큰 – 비용이 증가

③ 사치재 – 작은 – 수입이 감소

④ 필수재 – 큰 – 수입이 감소

⑤ 사치재 – 작은 – 비용이 증가

30 다음 중 재화의 성질 및 무차별곡선에 대한 설명으로 옳지 않은 것은?

① 모든 기펜재(Giffen Goods)는 열등재이다.

② 두 재화가 대체재인 경우 두 재화 간 교차탄력성은 양(+)의 값을 가진다.

③ X축에는 홍수를, Y축에는 쌀을 나타내는 경우 무차별곡선은 우하향한다.

④ 두 재화가 완전보완재인 경우 무차별곡선은 L자 모형이다.

⑤ 두 재화가 완전대체재인 경우 두 재화의 한계대체율은 일정하다.

31 다음 중 소비자이론에 대한 설명으로 옳지 않은 것은?

① 열등재의 가격이 상승하는 경우 소득효과로 인하여 소비자들은 그 재화의 소비를 늘릴 것이다.

② 정상재의 가격이 하락하는 경우 소득효과로 인하여 소비자들은 그 재화를 더 많이 소비하게 될 것이다.

③ 재화의 가격이 하락하는 경우 대체효과는 가격변화 전보다는 그 재화를 더 많이 소비하게 한다.

④ 기펜재(Giffen Goods)의 경우 대체효과와 소득효과가 함께 작용하며, 소득효과의 절댓값이 대체효과의 절댓값보다 작기 때문에 수요량의 변화와 가격의 변화가 같은 방향으로 움직이게 한다.

⑤ 두 개의 재화만 생산하는 경제의 생산가능곡선이 원점에 대하여 오목한 경우, 한 재화의 생산을 줄이고 다른 재화의 생산을 늘릴 때, 한계변환율(MRT; Marginal Rate of Transformation)은 체증한다.

32 다음 중 불완전경쟁 시장구조에 대한 설명으로 옳지 않은 것은?

① 독점적 경쟁시장은 장기적으로 기업의 진입과 퇴출이 자유롭다.

② 시장수요곡선이 우하향하는 독점시장에서 독점가격은 한계수입보다 크다.

③ 쿠르노(Cournot)모형에서 각 기업은 경쟁기업이 현 산출량을 그대로 유지할 것이라는 전제하에 행동한다.

④ 베르트랑(Bertrand)모형에서 각 기업은 경쟁기업이 현 가격을 그대로 유지할 것이라는 전제하에 행동한다.

⑤ 슈타켈버그(Stackelberg)모형에서 두 기업 중 하나 또는 둘 모두가 가격에 대해 추종자가 아닌 선도자의 역할을 한다.

33 다음 중 노사가 합의한 일정 연령이 지나면 임금이 줄어드는 제도로, 정년 연장과 관련해 장기 근속 직원에게 임금을 적게 주는 대신 정년까지 고용을 보장하는 제도는?

① 임금피크제   ② 타임오프제

③ 최저임금제   ④ 복수노조제

⑤ 기초생활보장제

34 자본이동 및 무역거래가 완전히 자유롭고 변동환율제도를 채택하고 있는 소규모 개방경제인 K국에서 확대 재정정책이 실시되는 경우, IS-LM 모형에 의하면 최종 균형에서 국민소득과 환율은 정책 실시 이전의 최초 균형에 비해 어떻게 변하는가?(단, 물가는 고정되어 있다고 가정한다)

	국민소득	환율
①	불변	K국 통화 강세
②	증가	K국 통화 강세
③	감소	K국 통화 강세
④	증가	K국 통화 약세
⑤	감소	K국 통화 약세

35 다음 자료에서 설명하는 경제 개념으로 옳은 것은?

세수와 세율 사이의 역설적 관계를 나타내는 곡선이다. 이 곡선에 따르면 세율이 일정 수준을 넘으면 근로의 욕이 감소하므로 세수가 줄어드는 현상이 나타난다. 즉, 세율이 $t(X)$보다 낮은 상태에서는 세율을 올리면 세수가 늘어나고, 반대로 세율이 $t(X)$보다 높은 상태에서는 세율을 낮춤으로써 세수를 증대시킬 수 있다. 이 곡선은 1980년대 미국 레이건 행정부의 조세인하정책의 이론적 근거가 되었으며, 이로 인해 미국 정부의 거대한 재정적자 증가를 초래하는 결과를 가져왔다.

① 래퍼 커브(Laffer Curve)

② 로렌츠 커브(Lorenz Curve)

③ 디맨드 커브(Demand Curve)

④ 필립스 커브(Philips Curve)

⑤ 쿠즈네츠 커브(Kuznets Curve)

36 다음 〈보기〉 중 국내총생산(GDP) 통계에 대한 설명으로 옳은 것을 모두 고르면?

> **보기**
>
> 가. 여가가 주는 만족은 삶의 질에 매우 중요한 영향을 미치므로 GDP에 포함된다.
> 나. 환경오염으로 파괴된 자연을 치유하기 위해 소요된 지출은 GDP에 포함된다.
> 다. 우리나라의 지하경제 규모는 엄청나므로 한국은행은 이를 포함하여 GDP를 측정한다.
> 라. 가정주부의 가사노동은 GDP에 불포함되지만 가사도우미의 가사노동은 GDP에 포함된다.

① 가, 다   ② 가, 라
③ 나, 다   ④ 나, 라
⑤ 다, 라

37 다음 중 빈칸 ㉮, ㉯에 들어갈 개념을 바르게 연결한 것은?

> • 사회구성원 개인의 선호를 종합하여 하나의 사회전체의 선호로 종합시켜 주는 법칙이 갖추어야 할 최소한의 조건 5가지(완전성과 이행성, 비제한성, 파레토 원칙, 무관한 선택대상으로부터의 독립성, 비독재성)를 제시하고, 이를 모두 충족하는 법칙은 존재하지 않음을 증명하였는데, 이를 ____㉮____(이)라고 한다.
> • 하나 이상의 효율성 조건이 이미 파괴되어 있다면 만족하는 효율성 조건의 수가 많아진다고 해서 사회적 후생이 더 증가한다는 보장이 없음을 보였는데, 이를 ____㉯____(이)라고 한다.

	㉮	㉯
①	불가능성 정리	차선의 이론
②	차선의 이론	불가능성 정리
③	차선의 이론	코즈의 정리
④	불가능성 정리	후생경제학 1정리
⑤	불가능성 정리	후생경제학 2정리

38 다음 중 시장실패(Market Failure)의 원인으로 볼 수 없는 것은?

① 독과점의 존재   ② 소비의 경합성

③ 외부경제의 존재   ④ 비대칭 정보의 존재

⑤ 공유자원의 존재

39 다음 중 임금 결정이론에 대한 설명으로 옳지 않은 것은?

① 중첩임금계약(Staggered Wage Contracts) 모형은 실질임금이 경직적인 이유를 설명한다.

② 효율임금이론에 따르면 실질임금이 근로자의 생산성 또는 근로의욕에 영향을 미친다.

③ 효율임금이론에 따르면 높은 임금이 근로자의 도덕적 해이(Moral Hazard)를 억제하는 데 기여한다.

④ 내부자 – 외부자 모형에 따르면 내부자의 실질임금이 시장균형보다 높아져서 비자발적 실업이 발생한다.

⑤ 내부자 – 외부자 모형에서 외부자는 실업상태에 있는 노동자로서 기업과 임금협상을 할 자격이 없는 사람을 말한다.

40 국민소득, 소비, 투자, 정부지출, 순수출, 조세를 각각 Y, C, I, G, NX, T로 표현하고, 국민경제의 균형이 다음과 같이 결정될 때, 균형재정승수(Balanced Budget Multiplier)는?

- $C = 100 + 0.8(Y - T)$
- $Y = C + I + G + NX$

① 0.8   ② 1

③ 4   ④ 5

⑤ 7

| 03 | 법학

01 다음 중 헌법의 의의와 특질에 대한 설명으로 옳지 않은 것은?(단, 다툼이 있는 경우 판례에 따른다)

① 헌법규범 상호 간에는 이념적·논리적으로뿐만 아니라 효력상으로도 특정 규정이 다른 규정의 효력을 부인할 수 있는 정도의 가치의 우열을 인정할 수 있다.

② 헌법재판소의 결정에 따르면 관습헌법도 성문헌법과 마찬가지로 주권자인 국민의 헌법적 결단의 의사의 표현이며 성문헌법과 동등한 효력을 가진다.

③ 헌법에 헌법 제37조 제2항과 같은 일반적 법률유보조항을 두는 것은 헌법의 최고 규범성을 약화시킬 수 있다.

④ 현대 민주국가의 헌법은 일반적으로 국가긴급권의 발동의 조건, 내용 그리고 그 한계 등에 관하여 상세히 규정함으로써 그 오용과 남용의 소지를 줄이고 있다.

⑤ 헌법은 그 조문 등이 갖는 구조적 특성으로 인하여 하위의 법규범에 비해 해석에 의한 보충의 필요성이 큰 편이다.

02 다음은 행정쟁송절차이다. 빈칸에 해당하는 대상의 순서로 옳은 것은?

	시정			
위법·부당한 행정처분 → ( ) → ( ) → ( ) → ( )				
	취소, 변경 청구	소의 제기	항소	상고

① 지방법원 → 고등법원 → 대법원 → 헌법재판소

② 고등법원 → 대법원 → 행정기관 → 헌법재판소

③ 당해 행정관청 → 행정법원 → 고등법원 → 대법원

④ 상급감독관청 → 지방법원 → 대법원 → 헌법재판소

⑤ 행정기관 → 고등법원 → 행정법원 → 대법원

03 다음 중 자유민주적 기본질서의 원리와 거리가 먼 것은?

① 법치주의   ② 권력분립주의

③ 의회민주주의   ④ 포괄위임입법주의

⑤ 국민주권주의

04 다음 중 근대 입헌주의적 의미의 헌법에 해당하는 것은?

① 권력분립과 기본권 보장이 없는 국가는 헌법이 없다.
② 영국을 제외하고 모든 나라는 헌법을 가지고 있다.
③ 국가라고 하는 법적 단체가 있는 곳에는 헌법이 있다.
④ 공산주의 국가에도 헌법은 있다.
⑤ 헌법을 불문화할 필요가 있다.

05 다음 중 행정기관이 그 소관 사무의 범위에서 일정한 행정목적을 실현하기 위하여 특정인에게 일정한 행위를 하거나 하지 아니하도록 지도, 권고, 조언 등을 하는 행정작용은?

① 행정예고   ② 행정계획
③ 의견제출   ④ 행정지도
⑤ 행정소송

06 다음 중 행정행위에 대한 설명으로 옳지 않은 것은?

① 내용이 명확하고 실현가능하여야 한다.
② 법률상 절차와 형식을 갖출 필요는 없다.
③ 법률의 규정에 위배되지 않아야 한다.
④ 정당한 권한을 가진 자의 행위라야 한다.
⑤ 법률에 근거를 두어야 한다.

07 다음 중 소선거구제에 대한 설명으로 옳지 않은 것은?

① 소선거구제하에서는 선거 비용을 절약할 수 있다.
② 소선거구제하에서는 군소정당이 난립하여 정국이 불안정하다.
③ 소선거구제하에서는 지연·혈연이 작용할 수 있다.
④ 소선거구제하에서는 후보자 파악이 쉽다.
⑤ 소선거구제하에서는 사표가 많이 발생할 수 있다.

08 다음 법의 이념 중 "법은 함부로 변경되어서는 안 된다."는 명제와 직접적으로 관련된 것은?

① 정의   ② 법적 안정성
③ 합목적성   ④ 형평성
⑤ 합리성

09 다음 중 민법상 용익물권인 것은?

① 질권   ② 지역권
③ 유치권   ④ 저당권
⑤ 상사질권

10 다음 중 헌법의 개정과 유사한 개념 중에서 기존 헌법을 배제하고 수평적 헌법전의 교체가 이루어지는 것은?

① 헌법의 폐지   ② 헌법의 파괴
③ 헌법의 정지   ④ 헌법의 침해
⑤ 헌법의 개정

11 다음 중 행정법상 행정작용에 대한 설명으로 옳지 않은 것은?

① 기속행위는 행정주체에 대하여 재량의 여지를 주지 않고 그 법규를 집행하도록 하는 행정행위를 말한다.
② 특정인에게 새로운 권리나 포괄적 법률관계를 설정해 주는 특허는 형성적 행정행위이다.
③ 의사표시 이외의 정신작용 등의 표시를 요소로 하는 행위는 준법률행위적 행정행위이다.
④ 개인에게 일정한 작위의무를 부과하는 하명은 형성적 행정행위이다.
⑤ 특정한 사실 또는 법률관계의 존재를 공적으로 증명하는 공증은 준법률행위적 행정행위이다.

12 다음 중 법원(法源)으로서 조례(條例)에 대한 설명으로 옳은 것은?

① 조례는 규칙의 하위규범이다.

② 국제법상의 기관들은 자체적으로 조약을 체결할 수 없다.

③ 시의회가 법률의 위임 범위 안에서 제정한 규범은 조례에 해당한다.

④ 재판의 근거로 사용된 조리(條理)는 조례가 될 수 있다.

⑤ 의원발의의 경우 재적의원 1/3 이상 또는 5인 이상의 의원의 연서가 필요하다.

13 다음 중 근대 사법이 공법화 경향을 나타내고 있는 이유로 옳지 않은 것은?

① 계약자유의 범위 확대   ② 공공복리의 실현

③ 사회보장제도의 확충   ④ 사권(私權)의 의무화

⑤ 경제적 약자의 보호

14 다음 중 우리나라의 민법상 주소, 거소, 가주소에 대한 설명으로 옳지 않은 것은?

① 민법에서는 객관주의와 복수주의를 택한다.

② 국내에 주소가 없거나 주소를 알 수 없을 때에는 거소를 주소로 본다.

③ 법인의 주소효력은 주된 사무소의 소재지로부터 생긴다.

④ 현재지가 주소로서의 효력을 가지는 경우 등의 예외는 있다.

⑤ 어디를 가주소로 정하는지는 당사자의 자유이며, 실제 생활과는 아무 관계없이 임의로 정할 수 있다.

15 다음 중 헌법재판소의 역할로 옳지 않은 것은?

① 행정청의 처분의 효력 유무 또는 존재 여부 심판

② 탄핵의 심판

③ 법원의 제청에 의한 법률의 위헌여부 심판

④ 정당의 해산 심판

⑤ 국가기관 상호 간, 국가기간과 지방자치단체 간 및 지방자치단체 상호 간의 권한쟁의에 관한 심판

16 다음 중 소멸시효에 대한 설명으로 옳지 않은 것은?(단, 다툼이 있는 경우 판례에 따른다)

① 주채무자가 소멸시효 이익을 포기하면, 보증인에게도 그 효력이 미친다.

② 시효중단의 효력 있는 승인에는 상대방의 권리에 대한 처분의 능력이나 권한 있음을 요하지 않는다.

③ 소멸시효의 기간만료 전 6개월 내에 제한능력자에게 법정대리인이 없는 경우에는 그가 능력자가 되거나 법정대리인이 취임한 때부터 6개월 내에는 시효가 완성되지 않는다.

④ 채무자가 제기한 소에 채권자인 피고가 응소하여 권리를 주장하였으나, 그 소가 각하된 경우에 6개월 이내에 재판상 청구를 하면 응소 시에 소급하여 시효중단의 효력이 있다.

⑤ 당사자가 주장하는 소멸시효 기산일이 본래의 기산일보다 뒤의 날짜인 경우에는 당사자가 주장하는 기산일을 기준으로 소멸시효를 계산해야 한다.

17 다음 중 관습법에 대한 설명으로 옳지 않은 것은?(단, 다툼이 있는 경우 판례에 따른다)

① 관습법은 당사자의 주장·입증이 있어야만 법원이 이를 판단할 수 있다.

② 민법 제1조에서는 관습법의 보충적 효력을 인정하고 있다.

③ 형법은 관습형법금지의 원칙이 적용된다.

④ 헌법재판소 다수의견에 의하면 관습헌법도 성문헌법과 동등한 효력이 있다.

⑤ 성문법이 발달하지 않은 국제법에서는 관습법이 중요한 법원이 된다.

18 다음 중 법원(法源)에 대한 설명으로 옳지 않은 것은?

① 법관이 재판을 할 때 있어서 적용하여야 할 기준이다.

② 죄형법정주의에 따라 관습형법은 인정되지 않는다.

③ 대통령령은 헌법에 근거를 두고 있다.

④ 민사에 관하여 법률에 규정이 없으면 관습법에 의하고 관습법이 없으면 조리에 의한다.

⑤ 영미법계 국가에서는 판례의 법원성이 부정된다.

19 다음 중 법의 해석에 대한 설명으로 옳지 않은 것은?

① 법해석의 방법은 해석의 구속력 여부에 따라 유권해석과 학리해석으로 나눌 수 있다.

② 법해석의 목표는 법적 안정성을 저해하지 않는 범위 내에서 구체적 타당성을 찾는 데 두어야 한다.

③ 법의 해석에 있어 법률의 입법취지도 고려의 대상이 된다.

④ 민법, 형법, 행정법에서는 유추해석이 원칙적으로 허용된다.

⑤ 법에 내재해 있는 법의 이념과 목적, 그리고 사회적인 가치합리성에 기초한 입법의 정신 등을 객관화해야 한다.

20 다음 중 권리에 대한 설명으로 옳지 않은 것은?

① 사권(私權)은 권리의 작용에 의해 지배권, 청구권, 형성권, 항변권으로 구분된다.

② 사권은 권리의 이전성에 따라 절대권과 상대권으로 구분된다.

③ 권능은 권리의 내용을 이루는 개개의 법률상의 힘을 말한다.

④ 사권은 권리의 양도성 여부에 따라 일신전속권, 비전속권으로 구분된다.

⑤ 권한은 본인 또는 권리자를 위하여 일정한 법률효과를 발생케 하는 행위를 할 수 있는 법률상의 자격을 말한다.

21 다음 중 판례의 법원성에 대해 규정하고 있는 법은?

① 대법원 규칙
② 국회법
③ 법원조직법
④ 형법
⑤ 헌법

22 다음 중 권리의 작용(효력)에 따른 분류에 속하지 않는 것은?

① 항변권
② 인격권
③ 형성권
④ 청구권
⑤ 지배권

23 다음 중 타인이 일정한 행위를 하는 것을 참고 받아들여야 할 의무는?

① 작위의무
② 수인의무
③ 간접의무
④ 권리반사
⑤ 평화의무

24 다음 중 국회에 대한 설명으로 옳은 것은?

① 국회의 임시회는 대통령 또는 국회재적의원 5분의 1 이상의 요구에 의하여 집회된다.
② 국회의원은 현행범인인 경우를 포함하여 회기 중 국회의 동의 없이도 체포 또는 구금이 가능하다.
③ 국회는 의원의 자격을 심사할 수 있으나, 징계할 수는 없다.
④ 국채를 모집하거나 예산 외에 국가의 부담이 될 계약을 체결하려 할 때에는 정부는 미리 국회의 의결을 얻어야 한다.
⑤ 정부는 회계연도마다 예산안을 편성하여 회계연도 개시 60일 전까지 국회에 제출하고, 국회는 회계연도 개시 30일 전까지 이를 의결하여야 한다.

25 다음 중 법 앞의 평등에 대한 설명으로 옳지 않은 것은?

① 법 앞의 평등은 절대적인 것이 아니고 상대적인 것이다.
② 법의 적용뿐만 아니라 법 내용의 평등까지 요구한다.
③ 독일에서는 자의의 금지를, 미국에서는 합리성을 그 기준으로 들고 있다.
④ 차별금지 사유인 성별, 종교, 사회적 신분 등은 열거적 규정이다.
⑤ 모든 사람은 보통법 아래에서 평등하다는 것이다.

26 다음 중 민사소송의 주체에 대한 설명으로 옳은 것은?

① 피한정후견인은 한정후견인의 동의가 필요한 행위에 관하여 대리권과 관계없이 소송행위를 할 수 있다.

② 민사소송을 제기할 수 있는 자격 또는 지위를 당사자능력이라고 하며, 이는 민법상 권리능력과 동일하다.

③ 소송대리인은 변호사가 아니라도 원칙적으로 무방하다.

④ 미성년자는 소송능력이 없으므로 그 법정대리인이 소송행위를 대리한다.

⑤ 보통재판적은 원칙적으로 원고의 주소지이므로, 일단 원고의 주소지의 관할 지방법원에 소를 제기하면 토지관할을 갖추게 된다.

27 甲은 자신의 K건물을 乙에게 5천만 원에 매도하는 계약을 체결한 후, K건물을 丙에게 8천만 원에 매도·인도하고 소유권이전등기도 해 주었다. 다음 중 옳지 않은 것은?(단, 다툼이 있는 경우 판례에 따른다)

① 甲과 丙 사이의 매매계약이 유효한 경우, 乙은 채권자취소권을 행사할 수 있다.

② 甲과 丙 사이의 매매계약이 유효한 경우, 乙은 甲에게 채무불이행을 이유로 손해배상을 청구할 수 있다.

③ 甲과 丙 사이의 매매계약이 반사회적 법률행위로 무효인 경우, 乙은 甲을 대위하여 丙에게 K건물에 대한 소유권이전등기의 말소를 청구할 수 있다.

④ 甲과 丙 사이의 매매계약이 반사회적 법률행위로 무효인 경우, 甲은 소유권에 기하여 丙에게 K건물의 반환을 청구할 수 없다.

⑤ 丙이 甲과 乙 사이의 매매사실을 알면서 甲의 배임행위에 적극 가담하여 甲과 계약을 체결한 경우, 甲과 丙 사이의 매매계약은 무효이다.

28 다음 중 항고소송의 대상이 되는 처분에 대한 대법원 판례의 입장으로 옳지 않은 것은?

① 조례가 집행행위의 개입 없이도 그 자체로서 국민의 구체적인 권리·의무나 법적 이익에 영향을 미치는 등 법률상 효과를 발생시키는 경우 그 조례는 항고소송의 대상이 되는 처분이다.

② 내부행위나 중간처분이라도 그로써 실질적으로 국민의 권리가 제한되거나 의무가 부과되면 항고소송의 대상이 되는 처분이다. 따라서 개별공시지가결정은 처분이다.

③ 상표권의 말소등록이 이루어져도 법령에 따라 회복등록이 가능하고 회복신청이 거부된 경우에는 그에 대한 항고소송이 가능하므로 상표권의 말소등록행위 자체는 항고소송의 대상이 될 수 없다.

④ 국·공립대학교원 임용지원자가 임용권자로부터 임용거부를 당하였다면 이는 거부처분으로서 항고소송의 대상이 된다.

⑤ 어업면허에 선행하는 우선순위결정은 최종적인 법적 효과를 가져오는 것이 아니므로 처분이 아니지만, 어업면허우선순위결정 대상탈락자 결정은 최종적인 법적 효과를 가져오므로 처분이다.

29 다음 중 군주 단독의 의사에 의하여 제정되는 헌법은?

① 국약헌법   ② 민정헌법

③ 흠정헌법   ④ 명목적 헌법

⑤ 연성헌법

30 다음 중 업무상 과실에 대한 설명으로 옳은 것은?

① 주된 업무이어야 한다.

② 보수가 있거나 영리의 목적이 있어야 한다.

③ 법규에 의하거나 계약에 의한 직무이어야 한다.

④ 계속의 의사로써 하는 한, 단 1회의 행위도 업무가 된다.

⑤ 단순과실에 비하여 예견의무는 동일하나 주의의무가 다르다.

31 다음 중 법원에 소를 제기하는 방법으로 행사할 수 있는 권리는?

① 상계권   ② 계약 해제권

③ 예약 완결권   ④ 채권자 취소권

⑤ 보증인의 최고·검색의 항변권

32 오염물질을 배출하는 기업이 타인의 토지에 오염물질을 매장하였으나 토지 소유자는 이를 알고서도 사실상 묵인하였다. 이때 매장된 오염물질로 인하여 인근지역에 심각한 환경위험이 발생한 경우 그 제거를 위한 경찰작용과 가장 관계가 깊은 원칙은?

① 사주소불가침의 원칙   ② 경찰책임의 원칙

③ 경찰소극목적의 원칙   ④ 사생활불가침의 원칙

⑤ 민사관계불간섭의 원칙

33 다음 중 법인이 아닌 사단의 사원이 집합체로서 물건을 소유할 때의 소유 형태는?

① 단독소유   ② 공유
③ 합유   ④ 총유
⑤ 구분소유

34 다음 중 헌법을 결단주의에 입각하여 국가의 근본상황에 관하여 헌법제정권자가 내린 근본적 결단이라고 한 사람은?

① 오펜하이머(Oppenheimer)
② 칼 슈미트(C. Schmitt)
③ 안슈츠(Anschut)
④ 시에예스(Sieyes)
⑤ 바르톨루스(Bartolus)

35 다음 중 주물·종물에 대한 설명으로 옳지 않은 것은?

① 종물은 주물의 상용에 공하여야 한다.
② 주물과 종물은 장소적인 인접관계에 있어야 한다.
③ 주유소의 주유기는 주유소의 종물에 해당된다.
④ 주물위에 저당권이 설정된 경우 그 저당권의 효력은 종물에 미친다.
⑤ 민법은 소유자가 다른 물건 사이에도 주물·종물관계를 인정한다.

36 다음 중 개인적 공권에 대한 설명으로 옳지 않은 것은?

① 개인적 공권은 사권처럼 자유롭게 포기할 수 있는 것이 원칙이다.
② 개인적 공권은 성문법, 불문법, 헌법상 기본권 규정에 의해서도 성립할 수 있다.
③ 재량권의 영으로의 수축이론은 개인적 공권을 확대하는 이론이다.
④ 근로자가 퇴직급여를 청구할 수 있는 권리와 같은 이른바 사회적 기본권은 헌법 규정에 의하여 바로 도출되는 개인적 공권이라 할 수 없다.
⑤ 구별긍정설에 따르면 법률상 이익에는 개인적 공권과 '법상 보호 이익'이 포함되며, 행정쟁송을 통해 구제받을 이익이 있는 것으로 본다.

37 다음 중 민법상 채권을 몇 년 동안 행사하지 아니하면 소멸시효가 완성되는가?

① 2년
② 5년
③ 10년
④ 15년
⑤ 20년

38 다음 중 헌법상 통치구조에 대한 설명으로 옳지 않은 것은?

① 법원의 재판에 이의가 있는 자는 헌법재판소에 헌법소원심판을 청구할 수 있다.
② 헌법재판소는 지방자치단체 상호 간의 권한의 범위에 관한 분쟁에 대하여 심판한다.
③ 행정법원은 행정소송사건을 담당하기 위하여 설치된 것으로, 3심제로 운영된다.
④ 법원의 재판에서 판결선고는 항상 공개하여야 하지만 심리는 공개하지 않을 수 있다.
⑤ 헌법재판소는 국회의 탄핵소추에 따라 해당 공무원을 탄핵할 것인지 아닌지를 재판할 수 있다.

39 다음 중 생명 · 자유 · 재산에 대한 권리와 행복 · 안전을 추구하는 권리가 최초로 선언된 때는?

① 1776년 6월 버지니아 권리장전
② 1776년 7월 미국의 독립선언
③ 1789년 프랑스 인권선언
④ 1779년 미연방헌법
⑤ 1838년 차티스트 운동

40 다음 중 헌법이 명시하고 있는 법규명령이 아닌 것은?

① 감사원규칙
② 총리령
③ 대통령령
④ 부령
⑤ 중앙선거관리위원회규칙

| 04 | 행정학

01 다음 중 국세이면서 간접세에 해당하는 것은?

① 개별소비세, 인지세, 부가가치세, 주세
② 증권거래세, 증여세, 상속세, 관세
③ 취득세, 재산세, 자동차세, 등록면허세
④ 종합부동산세, 법인세, 소득세, 상속세
⑤ 농어촌특별세, 교육세, 레저세, 담배소비세

02 다음 중 행태주의와 제도주의에 대한 설명으로 옳은 것은?

① 행태주의에서는 인간의 자유와 존엄과 같은 가치를 강조한다.
② 제도주의에서는 사회과학도 엄격한 자연과학의 방법을 따라야 한다고 본다.
③ 행태주의에서는 시대적 상황에 적합한 학문의 실천력을 중시한다.
④ 제도의 변화와 개혁을 지향한다는 점에서 행태주의와 제도주의는 같다.
⑤ 각국에서 채택된 정책의 상이성과 효과를 역사적으로 형성된 제도에서 찾으려는 것은 제도주의 접근의한 방식이다.

03 다음 중 딜레마 이론에 대한 설명으로 옳은 것은?

① 정부활동의 기술적·경제적 합리성을 중시하고 정부가 시장의 힘을 활용하는 촉매자 역할을 한다는 점을 강조하는 이론이다.
② 전략적 합리성을 중시하고, 공유된 가치 창출을 위한 시민과 지역공동체 집단들 사이의 이익을 협상하고 중재하는 정부 역할을 강조하는 행정이론이다.
③ 상황의 특성, 대안의 성격, 결과가치의 비교평가, 행위자의 특성 등 상황이 야기되는 현실적 조건하에서 대안의 선택 방법을 규명하는 것을 통해 행정이론 발전에 기여하였다.
④ 시차를 두고 변화하는 사회현상을 발생시키는 주체들의 속성이나 행태의 연구가 행정이론 연구의 핵심이 된다고 주장하고, 이를 행정현상 연구에 적용하였다.
⑤ 정부신뢰를 강조하고, 정부신뢰가 정부와 시민의 협력을 증진시키며 정부의 효과성을 높이는 가장 중요한 요인이 된다고 주장하는 행정이론이다.

04 다음 중 드로(Y. Dror)의 최적모형에 대한 설명으로 옳지 않은 것은?

① 양적 분석과 함께 질적 분석 결과도 중요한 고려 요인으로 인정한다.

② 정책결정자의 직관적 판단도 중요한 요소로 간주한다.

③ 경제적 합리성의 추구를 기본 원리로 삼는다.

④ 느슨하게 연결되어 있는 조직의 결정을 다룬다.

⑤ 합리적 정책결정모형이론이 과도하게 계량적 분석에 의존해 현실 적합성이 떨어지는 한계를 보완하기 위해 제시되었다.

05 다음 중 관료제의 병리와 역기능에 대한 설명으로 옳지 않은 것은?

① 굴드너(W. Gouldner)는 관료들의 무사안일주의적 병리현상을 지적한다.

② 관료들은 상관의 권위에 무조건적으로 의존하는 경향이 있다.

③ 관료들은 보수적이며 변화와 혁신에 저항하는 경향이 있다.

④ 파킨슨의 법칙은 업무량과는 상관없이 기구와 인력을 팽창시키려는 역기능을 의미한다.

⑤ 셀즈닉(P. Selznik)에 따르면 최고관리자의 관료에 대한 지나친 통제가 조직의 경직성을 초래하여 관료제의 병리현상이 나타난다.

06 다음 중 조직이론에 대한 설명으로 옳지 않은 것은?

① 상황이론은 유일한 최선의 대안이 존재한다는 것을 부정한다.

② 조직군생태론은 횡단적 조직분석을 통하여 조직의 동형화(Isomorphism)를 주로 연구한다.

③ 거래비용이론의 조직가설에 따르면, 정보의 비대칭성과 기회주의에 의한 거래비용의 증가때문에 계층제가 필요하다.

④ 자원의존이론은 조직이 주도적·능동적으로 환경에 대처하며 그 환경을 조직에 유리하도록 관리하려는 존재로 본다.

⑤ 전략적 선택이론은 조직구조의 변화가 외부환경 변수보다는 조직 내 정책결정자의 상황 판단과 전략에 의해 결정된다고 본다.

07 다음 중 정보화 및 전자민주주의에 대한 설명으로 옳지 않은 것은?

① 전자민주주의의 부정적 측면으로 전자전제주의(Telefascism)가 나타날 수 있다.

② 정보의 비대칭성이 발생하지 않도록 정보관리는 배제성의 원리가 적용되어야 한다.

③ 우리나라 정부는 지능정보화 기본법에 의해 3년마다 지능정보사회 종합계획을 수립하여야 한다.

④ 전자민주주의는 정치의 투명성 확보를 용이하게 한다.

⑤ 전자민주주의의 사례로 사이버 국회, 전자 공청회, 인터넷을 통한 선거홍보, 캠페인 활동 등을 들 수 있다.

08 다음 중 정부 각 기관에 배정될 예산의 지출한도액은 중앙예산기관과 행정수반이 결정하고, 각 기관의 장에게는 지출한도액의 범위 내에서 자율적으로 목표달성 방법을 결정하는 자율권을 부여하는 예산관리모형은?

① 계획예산제도

② 목표관리 예산제도

③ 성과주의 예산제도

④ 결과기준 예산제도

⑤ 총액배분 자율편성예산제도

09 다음 중 신공공서비스론의 기본원칙에 대한 설명으로 옳지 않은 것은?

① 조직 내외적으로 공유된 리더십을 갖는 협동적인 수평적 조직구조가 이루어져야 한다.

② 공공의 욕구를 충족시키기 위한 정책은 집합적 노력과 협력적 과정을 통해 효과적으로 달성될 수 있다.

③ 예산지출 위주의 정부 운영 방식에서 탈피하여 수입 확보의 개념을 활성화하는 것이 필요하다.

④ 관료들은 시장에만 주의를 기울여서는 안 되며 헌법과 법령, 지역사회의 가치, 시민의 이익에도 관심을 기울여야 한다.

⑤ 관료역할의 중요성은 시민들로 하여금 그들의 공유된 가치를 표명하고 그것을 충족시킬 수 있도록 도와주는 데 있다.

10 정책을 규제정책, 분배정책, 재분배정책, 추출정책으로 분류할 때, 저소득층을 위한 근로장려금 제도는 어느 정책으로 분류해야 하는가?

① 규제정책   ② 분배정책

③ 재분배정책   ④ 추출정책

⑤ 구성정책

11 다음 중 신고전 조직이론에 대한 설명으로 옳지 않은 것은?

① 메이요(Mayo) 등에 의한 호손(Hawthorne)공장 실험에서 시작되었다.

② 공식조직에 있는 자생적, 비공식적 집단을 인정하고 수용한다.

③ 인간의 사회적 욕구와 사회적 동기유발 요인에 초점을 맞춘다.

④ 조직이란 거래비용을 감소하기 위한 장치로 기능한다고 본다.

⑤ 사회적 능력과 사회적 규범에 의해 생산성이 결정된다고 보았다.

12 다음 중 직위분류제를 형성하는 기본 개념에 대한 설명으로 옳지 않은 것은?

① 직위 : 한 사람이 근무하여 처리할 수 있는 직무와 책임의 양이다.

② 직류 : 동일한 직렬 내에서 담당 직책이 유사한 직무의 군이다.

③ 직렬 : 난이도와 책임도는 서로 다르지만 직무의 종류가 유사한 직급의 군이다.

④ 직군 : 직무의 종류가 광범위하게 유사한 직렬의 범주이다.

⑤ 직급 : 직무의 종류는 다르지만 그 곤란도·책임도 및 자격 수준이 상당히 유사하여 동일한 보수를 지급할 수 있는 모든 직위를 포함하는 것이다.

13 다음 중 무의사결정(Non-Decision Making)에 대한 설명으로 옳지 않은 것은?

① 사회문제에 대한 정책과정이 진행되지 못하도록 막는 행동이다.

② 기득권 세력이 그 권력을 이용해 기존의 이익배분 상태에 대한 변동을 요구하는 것이다.

③ 정책문제 채택과정에서 기존 세력에 도전하는 요구는 정책 문제화하지 않고 억압한다.

④ 변화를 주장하는 사람으로부터 기존에 누리는 혜택을 박탈하거나 새로운 혜택을 제시하여 매수한다.

⑤ 기득권 세력의 특권이나 이익 그리고 가치관이나 신념에 대한 잠재적 또는 현재적 도전을 좌절시키려는 것을 의미한다.

14 다음 중 지방자치법에서 규정하고 있는 지방의회의 권한으로 옳지 않은 것은?

① 지방자치단체장에 대한 주민투표실시 청구권

② 지방의회 의장에 대한 불신임 의결권

③ 행정사무감사 및 조사권

④ 외국 지방자치단체와의 교류협력에 관한 사항

⑤ 소속의원의 사직허가

15 다음 중 외부효과를 교정하기 위한 방법에 대한 설명으로 옳지 않은 것은?

① 교정적 조세(피구세 : Pigouvian Tax)는 사회 전체적인 최적의 생산수준에서 발생하는 외부효과의 양에 해당하는 만큼의 조세를 모든 생산물에 대해 부과하는 방법이다.

② 외부효과를 유발하는 기업에게 보조금을 지급하여 사회적으로 최적의 생산량을 생산하도록 유도한다.

③ 코즈(R. Coase)는 소유권을 명확하게 확립하는 것이 부정적 외부효과를 줄이는 방법이라고 주장했다.

④ 교정적 조세의 부과는 경제적 효율을 향상시키면서 정부의 조세수입도 증가시킨다.

⑤ 직접적 규제의 활용 사례로는 일정한 양의 오염허가서(Pollution Permits) 혹은 배출권을 보유하고 있는 경제주체만 오염물질을 배출할 수 있게 허용하는 방식이 있다.

16 다음 중 우리나라의 예산과정에 대한 설명으로 옳지 않은 것은?

① 각 중앙관서의 장은 매년 1월 31일까지 당해 회계연도부터 5회계연도 이상의 기간 동안의 신규사업 및 기획재정부장관이 정하는 주요 계속사업에 대한 중기사업계획서를 기획재정부장관에게 제출하여야 한다.

② 국가가 특정한 목적을 위하여 특정한 자금을 신축적으로 운용할 필요가 있을 때에 법률로써 설치하는 기금은 세입세출예산에 의하지 아니하고 운용할 수 있다.

③ 예산안편성지침은 부처의 예산 편성을 위한 것이기 때문에 국무회의의 심의를 거쳐 대통령의 승인을 받아야 하지만 국회 예산결산특별위원회에 보고할 필요는 없다.

④ 정부는 회계연도마다 예산안을 편성하여 회계연도 개시 90일 전까지 국회에 제출하도록 헌법에 규정되어 있다.

⑤ 정부는 예측할 수 없는 예산 외의 지출 또는 예산초과지출에 충당하기 위하여 일반회계 예산총액의 100분의 1 이내의 금액을 예비비로 세입세출예산에 계상할 수 있다.

17 다음 중 정부실패의 원인으로 옳지 않은 것은?

① 권력으로 인한 분배적 불공정성
② 정부조직의 내부성
③ 파생적 외부효과
④ 점증적 정책결정의 불확실성
⑤ 비용과 편익의 괴리

18 다음 중 중앙행정기관의 장과 지방자치단체의 장이 사무를 처리할 때 의견을 달리하는 경우 이를 협의 · 조정하기 위하여 설치하는 기구는?

① 행정협의조정위원회
② 중앙분쟁조정위원회
③ 지방분쟁조정위원회
④ 행정협의회
⑤ 갈등조정협의회

19 다음 중 우리나라의 총액인건비제도에 대한 설명으로 옳지 않은 것은?

① 성과관리와 관리유인체계를 제공하기 위한 신공공관리적 시각을 반영한다.

② 직급 인플레이션을 발생시킬 수도 있다.

③ 국 단위기구까지 자율성이 인정된다.

④ 계급에 따른 인력 운영 및 기구설치에 대한 재량권이 인건비 총액 한도 내에서 인정된다.

⑤ 성과상여금에 대한 지급액의 증감이 가능하다.

20 다음 중 특별지방행정기관에 대한 설명으로 옳은 것은?

① 국가적 통일성보다는 지역의 특수성을 중요시하여 설치한다.

② 지방자치의 발전에 기여한다.

③ 지방자치단체와 명확한 역할배분이 이루어져 행정의 효율성을 높일 수 있다.

④ 지역별 책임행정을 강화할 수 있다.

⑤ 주민들의 직접 통제와 참여가 용이하지 않다.

21 다음 〈보기〉 중 정부의 역할에 대한 입장을 바르게 설명한 것을 모두 고르면?

> **보기**
> ㄱ. 진보주의 정부관에 따르면 정부에 대한 불신이 강하고 정부실패를 우려한다.
> ㄴ. 공공선택론의 입장은 정부를 공공재의 생산자로 규정하고 대규모 관료제에 의한 행정의 효율성을 높이는 것이 중요하다고 본다.
> ㄷ. 보수주의 정부관은 자유방임적 자본주의를 옹호한다.
> ㄹ. 신공공서비스론 입장에 따르면 정부의 역할은 시민들로 하여금 공유된 가치를 창출하고 충족시킬 수 있도록 봉사하는 데 있다.
> ㅁ. 행정국가 시대에는 '최대의 봉사가 최선의 정부'로 받아들여졌다.

① ㄱ, ㄴ, ㄷ   ② ㄴ, ㄷ, ㄹ

③ ㄷ, ㄹ, ㅁ   ④ ㄱ, ㄴ, ㄹ, ㅁ

⑤ ㄴ, ㄷ, ㄹ, ㅁ

22 다음 중 국무총리 직속의 위원회가 아닌 것은?

① 공정거래위원회　　　　　　　　② 금융위원회
③ 국민권익위원회　　　　　　　　④ 원자력안전위원회
⑤ 방송통신위원회

23 다음 빈칸 ㉠, ㉡에 들어갈 내용이 바르게 짝지어진 것은?

> 정부회계의 '발생주의'는 정부의 수입을 ___㉠___ 시점으로, 정부의 지출을 ___㉡___의 발생시점으로 계산하는 방식을 의미한다.

	㉠	㉡
①	현금수취	현금지불
②	현금수취	지출원인행위
③	납세고지	현금지불
④	납세고지	지출원인행위
⑤	납세고지	지출발생행위

24 다음은 정책과정을 바라보는 이론적 관점들 중 하나이다. 이에 대한 설명으로 옳은 것은?

> 사회의 현존 이익과 특권적 분배 상태를 변화시키려는 요구가 표현되기도 전에 질식·은폐되거나, 그러한 요구가 국가의 공식 의사결정단계에 이르기 전에 소멸되기도 한다.

① 정책은 많은 이익집단의 경쟁과 타협의 산물이다.
② 정책 연구는 모든 행위자들이 이기적인 존재라는 기본 전제하에서 경제학적인 모형을 적용한다.
③ 실제 정책과정은 기득권의 이익을 수호하려는 보수적인 성격을 나타낼 가능성이 높다.
④ 정부가 단독으로 정책을 결정·집행하는 것이 아니라 시장(Market) 및 시민사회 등과 함께 한다.
⑤ 정부는 정책과정에 대한 적극적인 시민참여의식을 촉진시키는 역할을 한다.

25 다음 중 베버(Weber)의 관료제 모형에 대한 설명으로 옳지 않은 것은?

① 조직이 바탕으로 삼는 권한의 유형을 전통적 권한, 카리스마적 권한, 법적·합리적 권한으로 나누었다.

② 직위의 권한과 관할범위는 법규에 의하여 규정된다.

③ 인간적 또는 비공식적 요인의 중요성을 간과하였다.

④ 관료제의 긍정적인 측면으로 목표의 대치 현상을 강조하였다.

⑤ 상관의 권위에 대한 의존성 증가 및 무사안일이 초래되는 구조이다.

26 다음 중 자본예산제도의 장점으로 옳지 않은 것은?

① 자본예산제도는 자본적 지출에 대한 특별한 분석과 예산사정을 가능하게 한다.

② 자본예산제도에 수반되는 장기적인 공공사업 계획은 조직적인 자원의 개발 및 보존을 위한 수단이 될 수 있다.

③ 계획과 예산 간의 불일치를 해소하고 이들 간에 서로 밀접한 관련성을 갖게 한다.

④ 경제적 불황기 내지 공황기에 적자예산을 편성하여 유효수요와 고용을 증대시킴으로써 불황을 극복하는 유용한 수단이 될 수 있다.

⑤ 국가 또는 지방자치단체의 순자산 상황의 변동과 사회간접자본의 축적·유지의 추이를 나타내는 데 사용할 수 있다.

27 다음 중 정부 성과평가에 대한 설명으로 옳지 않은 것은?

① 성과평가는 개인의 성과를 향상시키기 위한 방법을 모색하기 위해서 사용될 수 있다.

② 총체적 품질관리(Total Quality Management)는 개인의 성과평가를 위한 도구로 도입되었다.

③ 관리자와 구성원의 적극적인 참여는 성과평가 성공에 있어서 중요한 역할을 한다.

④ 조직목표의 본질은 성과평가제도의 운영과 직접 관련성을 갖는다.

⑤ 성과평가에서는 평가의 타당성, 신뢰성, 객관성을 확보하는 것이 중요하다.

28 다음 중 행정통제의 유형에 대한 사례가 바르게 연결되지 않은 것은?

① 외부·공식적 통제 : 국회의 국정감사

② 내부·비공식적 통제 : 국무조정실의 직무 감찰

③ 외부·비공식적 통제 : 시민단체의 정보공개 요구 및 비판

④ 내부·공식적 통제 : 감사원의 정기 감사

⑤ 외부·공식적 통제 : 선거관리위원회의 선거에 관한 사무

29 다음 근무성적평정상의 오류 중 '어떤 평정자가 다른 평정자들보다 언제나 좋은 점수 또는 나쁜 점수를 주게 됨'으로써 나타나는 것은?

① 집중화 경향   ② 관대화 경향

③ 시간적 오류   ④ 총계적 오류

⑤ 규칙적 오류

30 다음 중 국가공무원법 및 지방공무원법상 특수경력직 공무원에 해당하는 사람을 〈보기〉에서 모두 고르면?

> **보기**
>
> ㄱ. A파출소에 근무 중인 순경 甲
> ㄴ. B국회의원 의원실에 근무 중인 비서관 乙
> ㄷ. 국토교통부에서 차관으로 근무 중인 丙
> ㄹ. C병무청에서 근무 중인 군무원 丁
> ㅁ. 청와대에서 대통령비서실 민정수석비서관으로 근무하는 戊

① ㄱ, ㄴ, ㄷ   ② ㄱ, ㄷ, ㄹ

③ ㄱ, ㄹ, ㅁ   ④ ㄴ, ㄷ, ㅁ

⑤ ㄴ, ㄹ, ㅁ

31 다음 중 다면평가제도의 장점에 대한 설명으로 옳지 않은 것은?

① 평가의 객관성과 공정성 제고에 기여할 수 있다.

② 계층제적 문화가 강한 사회에서 조직 간 화합을 제고해 준다.

③ 피평가자가 자기의 역량을 강화할 수 있는 기회를 제공해 준다.

④ 조직 내 상하 간, 동료 간, 부서 간 의사소통을 촉진할 수 있다.

⑤ 팀워크가 강조되는 현대 사회의 새로운 조직 유형에 부합한다.

32 다음 중 예산심의와 관련된 법령에 대한 설명으로 옳은 것을 〈보기〉에서 모두 고르면?

> **보기**
>
> ㄱ. 세목 또는 세율과 관계있는 법률의 제정 또는 개정을 전제로 하여 미리 제출된 세입예산안은 소관상임위원회에서 심사한다.
> ㄴ. 국회는 정부의 동의 없이 정부가 제출한 지출예산 각 항의 금액을 증가하거나 새 비목을 설치할 수 없다.
> ㄷ. 예산결산특별위원회는 소관 상임위원회에서 삭감한 세출예산 각 항의 금액을 증가하게 할 경우에는 소관 상임위원회의 동의를 얻어야 한다.
> ㄹ. 예산결산특별위원회는 그 활동기한을 1년으로 한다.
> ㅁ. 의원이 예산 또는 기금상의 조치를 수반하는 의안을 발의하는 경우에는 그 의안의 시행에 수반될 것으로 예상되는 비용에 대한 재정소요를 추계하여야 한다.

① ㄱ, ㄴ, ㄷ

② ㄱ, ㄴ, ㄹ

③ ㄱ, ㄷ, ㅁ

④ ㄴ, ㄷ, ㅁ

⑤ ㄴ, ㄹ, ㅁ

33 다음 중 갈등관리에 대한 설명으로 옳지 않은 것은?

① 갈등해소 방법으로는 문제 해결, 상위 목표의 제시, 자원 증대, 태도 변화 훈련, 완화 등을 들 수 있다.

② 적절한 갈등을 조성하는 방법으로 의사전달 통로의 변경, 정보 전달 억제, 구조적 요인의 개편, 리더십 스타일 변경 등을 들 수 있다.

③ 1940년대 말을 기점으로 하여 1970년대 중반까지 널리 받아들여졌던 행태주의적 견해에 의하면 갈등이란 조직 내에서 필연적으로 발생하는 현상으로 보았다.

④ 마치(March)와 사이먼(Simon)은 개인적 갈등의 원인 및 형태를 비수락성, 비비교성, 불확실성으로 구분했다.

⑤ 유해한 갈등을 해소하기 위해 갈등상황이나 출처를 근본적으로 변동시키지 않고 거기에 적응하도록 하는 전략을 사용하기도 한다.

34 다음 중 지방공기업에 대한 설명으로 옳지 않은 것은?

① 자동차운송사업은 지방직영기업 대상에 해당된다.

② 지방공사의 자본금은 지방자치단체가 전액 출자한다.

③ 행정안전부장관은 지방공기업에 대한 평가를 실시하고 그 결과에 따라 필요한 조치를 하여야 한다.

④ 지방공사는 법인으로 한다.

⑤ 지방공사는 지방자치단체 외의 자(법인 등)가 출자를 할 수 있지만 지방공사 자본금의 3분의 1을 넘지 못한다.

35 다음 중 국민경제활동의 구성과 수준에 미치는 영향을 파악하고, 고위정책결정자들에게 유용한 정보를 제공해 주는 예산의 분류로 옳은 것은?

① 기능별 분류　　　　　　　　② 품목별 분류

③ 경제성질별 분류　　　　　　④ 활동별 분류

⑤ 사업계획별 분류

36 다음 중 한국의 행정개혁에 대한 내용을 시대적 순서대로 바르게 나열한 것은?

ㄱ. 정보통신정책과 국가정보화를 전담하여 추진하던 정보통신부를 폐지하고 방송통신 융합을 주도할 방송통신위원회를 설치했다.
ㄴ. 대통령 소속의 중앙인사위원회를 설치해 대통령의 인사권 행사를 강화했다.
ㄷ. 부총리제가 부활되고 외교통상부의 통상 교섭 기능이 산업통상자원부로 이관됐다.
ㄹ. 법제처와 국가보훈처를 장관급 기구로 격상하고, 소방방재청을 신설했다.

① ㄱ - ㄹ - ㄴ - ㄷ　　　　　② ㄴ - ㄱ - ㄹ - ㄷ

③ ㄴ - ㄹ - ㄱ - ㄷ　　　　　④ ㄹ - ㄱ - ㄴ - ㄷ

⑤ ㄹ - ㄴ - ㄱ - ㄷ

37 다음 중 한국의 대민 전자정부(G2C 또는 G2B)의 사례가 아닌 것은?

① 민원24　　　　　　　　　② 국민신문고

③ 전자조달 나라장터　　　　④ 온 - 나라시스템

⑤ 전자통관시스템

38 동기부여 이론가들과 그 주장에 바탕을 둔 관리 방식을 다음과 같이 연결했다. 이 중에서 동기부여 효과가 가장 낮다고 판단되는 것은?

① 매슬로(Maslow) : 근로자의 자아실현 욕구를 일깨워 준다.

② 허즈버그(Herzberg) : 근로 환경 가운데 위생요인을 제거해 준다.

③ 맥그리거(McGregor)의 Y이론 : 근로자들은 작업을 놀이처럼 즐기고 스스로 통제할 줄 아는 존재이므로 자율성을 부여한다.

④ 앨더퍼(Alderfer) : 개인의 능력개발과 창의적 성취감을 북돋운다.

⑤ 맥클랜드(McClelland) : 적절히 도전적인 목표를 설정하여 수행하게 한다.

39 다음 중 광역행정의 방식에 대한 설명으로 옳지 않은 것은?

① 공동처리 방식은 둘 이상의 지방자치단체가 상호 협력관계를 형성하여 광역적 행정사무를 공동으로 처리하는 방식이다.

② 연합 방식은 둘 이상의 지방자치단체가 독립적인 법인격을 그대로 유지하면서 연합단체를 새로 창설하여 광역행정에 관한 사무를 그 연합단체가 처리하게 하는 방식이다.

③ 연합 방식은 새로 창설된 연합단체가 기존 자치단체의 독립성을 존중하면서 스스로 사업의 주체가 된다는 점에서 공동처리 방식과 구별된다.

④ 통합 방식은 일정한 광역권 안에 여러 자치단체를 포괄하는 단일의 정부를 설립하여 그 정부의 주도로 광역사무를 처리하는 방식이다.

⑤ 통합 방식은 각 자치단체의 개별적 특수성을 반영함으로써 지방분권화를 촉진하고 주민참여를 용이하게 하는 장점이 있어 개발도상국보다 선진국가에서 많이 채택하고 있다.

40 다음 중 신공공관리론(NPM)의 오류에 대한 반작용으로 대두된 신공공서비스론(NPS)에서 주장하는 원칙에 해당하는 것은?

① 지출보다는 수익 창출

② 노젓기보다는 방향잡기

③ 서비스 제공보다 권한 부여

④ 고객이 아닌 시민에 대한 봉사

⑤ 시장기구를 통한 변화 촉진

| 05 | 토목학

01 단면 2차 모멘트가 I, 길이 L인 균일한 단면의 직선상의 기둥이 있다. 지지상태가 1단 고정, 1단 자유인 경우 오일러(Euler) 좌굴하중(P_{cr})은?[단, 기둥의 영(Young)계수는 E이다]

① $\dfrac{\pi^2 EI}{4L^2}$

② $\dfrac{\pi^2 EI}{L^2}$

③ $\dfrac{2\pi^2 EI}{L^2}$

④ $\dfrac{3\pi^2 EI}{L^2}$

⑤ $\dfrac{4\pi^2 EI}{L^2}$

02 다음 중 강우자료의 일관성을 분석하기 위해 사용하는 방법은?

① 합리식

② DAD 해석법

③ 누가우량 곡선법

④ SCS 방법

⑤ Thiessen의 가중법

03 강재에 비례한도보다 큰 응력을 가한 후 응력을 제거하면 장시간 방치하여도 얼마간의 변형이 남게 되는데, 이러한 변형을 무엇이라 하는가?

① 탄성변형

② 피로변형

③ 취성변형

④ 소성변형

⑤ 자기변형

04 다음 중 서로 평행한 여러 개의 평면력을 가장 쉽게 합성할 수 있는 방법으로 옳은 것은?

① 힘의 삼각형법 이용

② 힘의 평행사변형법 이용

③ 힘의 삼각형법과 평행사변형법 이용

④ 연력도 이용

⑤ 시력도 이용

05 다음 중 휨응력의 크기에 대한 설명으로 옳은 것은?

① 중립축에서 거리에 정비례한다.

② 상단에서 최대이고 하단에서 최소이다.

③ 응력도는 곡선변화한다.

④ 중립축에서 최대이다.

⑤ 중칩축에서 반비례한다.

06 다음 중 지간이 10m이고 지름이 2cm인 원형 단면 단순보에 $w_x = 200\text{kg/m}$의 등분포하중이 작용할 때, 최대 전단 응력 $\tau_{\max}$의 값은?

① 약 375kg/cm^2

② 약 425kg/cm^2

③ 약 550kg/cm^2

④ 약 600kg/cm^2

⑤ 약 625kg/cm^2

07 수심 h, 단면적 A, 유량 Q로 흐르고 있는 개수로에서 에너지 보정계수를 α라고 할 때, 비에너지 H_e를 구하는 식은?(단, h는 수심, g는 중력가속도이다)

① $H_e = h + \alpha\left(\dfrac{Q}{A}\right)$

② $H_e = h + \alpha\left(\dfrac{Q}{A}\right)^2$

③ $H_e = h + \alpha\left(\dfrac{Q^2}{2g}\right)$

④ $H_e = h + \dfrac{\alpha}{2g}\left(\dfrac{Q}{A}\right)^2$

⑤ $H_e = h + \dfrac{\alpha}{2g}\left(\dfrac{Q}{A}\right)$

08 다음 그림에서 휨모멘트가 최대가 되는 단면의 위치는 B점에서 얼마인가?

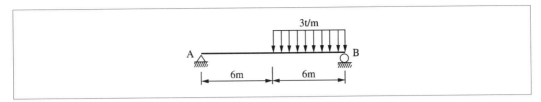

① 4.2m

② 4.5m

③ 4.8m

④ 5.2m

⑤ 5.5m

09 유역의 평균 폭 B, 유역면적 A, 본류의 유로연장 L인 유역의 형상을 양적으로 표시하기 위한 유역형상계수는?

① $\dfrac{A}{L}$

② $\dfrac{A}{L^2}$

③ $\dfrac{B}{L}$

④ $\dfrac{B}{L^2}$

⑤ $\dfrac{L}{A}$

10 중량이 600N, 비중이 3.0인 물체를 물(담수)속에 넣었을 때 물속에서의 중량은?

① 500N

② 400N

③ 300N

④ 200N

⑤ 100N

11 다음 중 DAD 해석에 관계되는 요소끼리 바르게 짝지어진 것은?

① 강우깊이, 면적, 지속기간
② 적설량, 분포면적, 적설일수
③ 수심, 하천 단면적, 홍수기간
④ 강우량, 유수단면적, 최대수심
⑤ 강설량, 통수단면적, 강설일수

12 광폭 직사각형 단면 수로의 단위폭당 유량이 $16\text{m}^3/\text{s}$일 때, 한계경사는?(단, 수로의 조도계수 n은 0.02이다)

① 2.27×10^{-3}
② 2.72×10^{-3}
③ 2.81×10^{-2}
④ 2.90×10^{-2}
⑤ 2.96×10^{-2}

13 다음 중 에너지선에 대한 설명으로 옳은 것은?

① 언제나 수평선이 된다.
② 동수경사선보다 아래에 있다.
③ 속도수두와 위치수두의 합을 의미한다.
④ 동수경사선보다 속도수두만큼 위에 위치하게 된다.
⑤ 서서히 에너지를 채워가는 모습을 보여주는 선이다.

14 재질, 단면적, 길이가 같은 장주에서 양단 활절 기둥의 좌굴하중과 양단 고정 기둥의 좌굴하중의 비는?

① $1:2$
② $1:4$
③ $1:8$
④ $1:16$
⑤ $1:32$

15 다음 중 축방향 압축력을 받는 기둥을 설계할 때, 허용압축 응력도를 판단하기 위하여 고려하여야 할 여러 사항 중 가장 중요한 요소는?

① 단면적   ② 기둥의 길이

③ 세장비   ④ 기둥의 단면 1차 모멘트

⑤ 기둥의 단면 2차 모멘트

16 $b = 200\text{mm}$이고, $h = 200\text{mm}$인 사각형 단면에 균열을 일으키는 비틀림 모멘트 T_{cr}은?(단, $f_{ck} = 36\text{Mpa}$ 이다)

① $5.29\text{kN} \cdot \text{m}$ ② $4.81\text{kN} \cdot \text{m}$

③ $4.12\text{kN} \cdot \text{m}$ ④ $3.96\text{kN} \cdot \text{m}$

⑤ $2.89\text{kN} \cdot \text{m}$

17 다음 중 하상계수(河狀係數)에 대한 설명으로 옳은 것은?

① 대하천의 주요 지점에서의 강우량과 저수량의 비이다.

② 대하천의 주요 지점에서의 최소유량과 최대유량의 비이다.

③ 대하천의 주요 지점에서의 홍수량과 하천유지유량의 비이다.

④ 대하천의 주요 지점에서의 최소유량과 갈수량의 비이다.

⑤ 대하천의 주요 지점에서의 홍수량과 저수량의 비이다.

18 2개의 불투수층 사이에 있는 대수층의 두께 a, 투수계수 k인 곳에 반지름 r_0인 굴착정(Artesian Well)을 설치하고 일정 양수량 Q를 양수하였더니 양수 전 굴착정 내의 수위 H가 h_0로 하강하여 정상흐름이 되었다. 굴착정의 영향원 반지름을 R이라 할 때, $(H - h_0)$의 값을 구하는 식은?

① $\dfrac{2Q}{\pi ak}\ln\left(\dfrac{R}{r_0}\right)$ ② $\dfrac{Q}{2\pi ak}\ln\left(\dfrac{R}{r_0}\right)$

③ $\dfrac{2Q}{\pi ak}\ln\left(\dfrac{r_0}{R}\right)$ ④ $\dfrac{Q}{2\pi ak}\ln\left(\dfrac{r_0}{R}\right)$

⑤ $\dfrac{2Q}{\pi ak}\ln\left(\dfrac{r_0 - 1}{R}\right)$

19 다음 그림과 같은 라멘에서 D지점의 반력은?

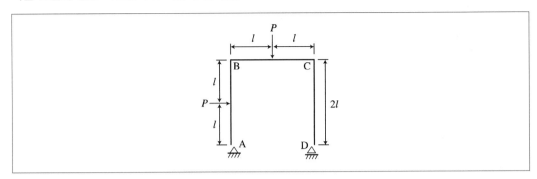

① $0.5P(\uparrow)$

② $P(\uparrow)$

③ $1.5P(\uparrow)$

④ $2.0P(\uparrow)$

⑤ $2.5P(\uparrow)$

20 다음 단순보의 A단에 작용하는 모멘트를 M_A라고 할 때, 처짐각 θ_B를 구하는 식은?(단, EI는 일정하다)

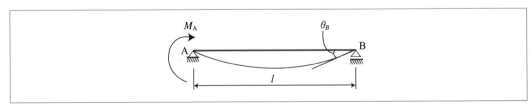

① $\dfrac{M_A l}{3EI}$

② $\dfrac{M_A l}{4EI}$

③ $\dfrac{M_A l}{5EI}$

④ $\dfrac{M_A l}{6EI}$

⑤ $\dfrac{M_A l}{7EI}$

21 다음 그림에서 보에 집중하중 P가 작용할 때 고정단모멘트를 구하는 식은?

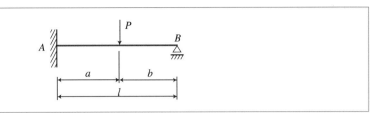

① $-\dfrac{Pab}{2l^2}(l+a)$

② $-\dfrac{Pab}{2l^2}(l+b)$

③ $-\dfrac{Pab}{2l^3}(l+a)$

④ $-\dfrac{Pab}{2l^3}(l+b)$

⑤ $-\dfrac{Pab}{2l^4}(l+a)$

22 직사각형 단면에서 평균전단응력 대비 최대전단응력은 몇 배인가?

① 2.5배

② 2.0배

③ 1.5배

④ 1.0배

⑤ 0.5배

23 다음 중 기둥을 단주와 장주로 나눌 때, 장주의 기준이 되는 세장비의 최솟값은?

① 25

② 50

③ 100

④ 150

⑤ 500

24 다음 그림은 게르버(Gerber)보의 GB 구간에 등분포 하중이 작용할 때의 전단력도이다. 등분포 하중 w의 크기는?

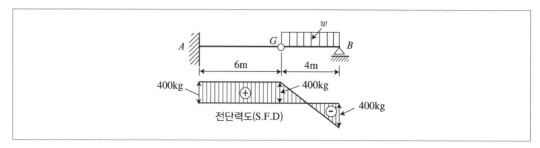

① 400kg/m
② 200kg/m
③ 150kg/m
④ 100kg/m
⑤ 50kg/m

25 최대 휨모멘트 8,000kg/m를 받는 목재보의 직사각형 단면에서 폭 $b=25$cm일 때, 높이 h는 얼마인가? (단, 자중은 무시하고 허용 휨응력 $\sigma_a=120$kg/cm² 이다)

① 40cm
② 42cm
③ 46cm
④ 48cm
⑤ 50cm

26 다음 중 외반지름 R_1, 내반지름 R_2인 중공 원형 단면의 핵을 구하는 식은?(단, 핵의 반지름은 e로 표시한다)

① $e=\dfrac{R_1^2+R_2^2}{4R_1}$

② $e=\dfrac{R_1^2-R_2^2}{4R_1}$

③ $e=\dfrac{R_1^2-R_2^2}{4R_1^2}$

④ $e=\dfrac{R_1^2+R_2^2}{4R_2^2}$

⑤ $e=\dfrac{R_1^2-R_2^2}{4R^2}$

27 다음 그림과 같은 지간 $l=12\text{m}$인 용접 I형 단면강의 단순보의 중앙에 실릴 수 있는 안전한 최대 집중하중 P는?(단, 자중은 무시하고 허용 휨응력은 $\sigma_{ck}=1,300\text{kg/cm}^2$이다)

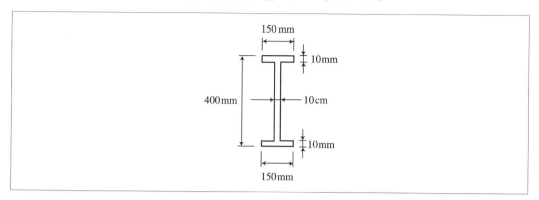

① 약 3,463kg

③ 약 4,463kg

⑤ 약 4,963kg

② 약 3,963kg

④ 약 4,493kg

28 다음 그림과 같이 반지름이 r인 원에서 r을 지름으로 하는 작은 원을 도려낸 빗금친 부분 도심의 x좌표는?

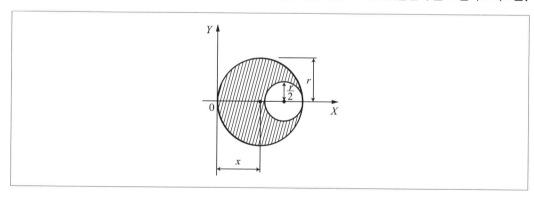

① $\dfrac{5}{6}r$

③ $\dfrac{3}{4}r$

⑤ $\dfrac{1}{3}r$

② $\dfrac{4}{5}r$

④ $\dfrac{2}{3}r$

29 다음 그림과 같은 라멘에서 C점의 휨모멘트는?

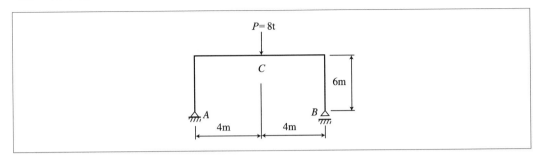

① 12t · m ② 16t · m

③ 24t · m ④ 32t · m

⑤ 40t · m

30 허용전단응력이 $10kg/cm^2$이고 높이가 30cm인 사각형 단면으로 된 보의 최대 전단력이 10t일 때, 다음 중 전단력을 견딜 수 있는 보의 폭으로 옳은 것은?

① 30cm ② 50cm

③ 60cm ④ 90cm

⑤ 100cm

31 지름이 d인 원형 단면의 회전반경은?

① $\dfrac{d}{2}$ ② $\dfrac{d}{3}$

③ $\dfrac{d}{4}$ ④ $\dfrac{d}{8}$

⑤ $\dfrac{d}{6}$

32 다음 중 길이가 10m인 양단 고정보에서 온도가 30℃만큼 상승하였을 때, 발생하는 열응력은?(단, $E = 2.1 \times 10^6 \text{kg/cm}^2$, $\alpha = 0.00001/℃$이다)

① 530kg/cm^2 ② 580kg/cm^2

③ 610kg/cm^2 ④ 630kg/cm^2

⑤ 650kg/cm^2

33 길이가 20m인 단순보 위를 하나의 집중하중 8t이 통과할 때, 다음 중 최대 전단력 S와 최대 휨모멘트 M의 값은?

① $S = 4\text{t}$, $M = 40\text{t} \cdot \text{m}$

② $S = 4\text{t}$, $M = 80\text{t} \cdot \text{m}$

③ $S = 8\text{t}$, $M = 40\text{t} \cdot \text{m}$

④ $S = 8\text{t}$, $M = 80\text{t} \cdot \text{m}$

⑤ $S = 8\text{t}$, $M = 120\text{t} \cdot \text{m}$

34 다음 중 보의 응력에 대한 설명으로 옳지 않은 것은?

① 전단중심에서는 비틀림이 발생하지 않으며, 전단응력이 최대가 된다.

② 휨모멘트에 의해 부재의 단면에 인장과 압축을 동시에 생기게 하는 응력을 휨응력이라 한다.

③ 전단응력은 보의 복부에서 가장 크며, 구형단면의 경우 최대전단응력이 평균전단응력보다 2배 더 크다.

④ 등분포 하중을 받는 단순보의 지간 중앙에서는 보의 중립축에서 전단응력이 존재하지 않는다.

⑤ 보 단면의 위치에 따라 발생하는 최대응력도가 큰 부분에 많은 단면적이 배치될수록 해당 응력에 대해 유리한 단면이 된다.

35 다음 중 세장비를 구하는 식은?

① $\dfrac{\text{(기둥의 유효좌굴 길이)}}{\text{(최소 회전 반지름)}}$ ② $\dfrac{\text{(최소 단면 계수)}}{\text{(기둥의 길이)}}$

③ $\dfrac{\text{(기둥의 길이)}}{\text{(최대 지점 반지름)}}$ ④ $\dfrac{\text{(최대 단면 계수)}}{\text{(기둥의 길이)}}$

⑤ $\dfrac{\text{(기둥의 유효좌굴 길이)}}{\text{(최소 지점 반지름)}}$

36 관로 길이 100m, 안지름 30cm의 주철관에 $0.1\text{m}^3/\text{s}$의 유량을 송수할 때, 손실수두는?(단, $v = C\sqrt{RI}$, $C = \sqrt{63}\ \text{m/s}$이다)

① 0.54m

② 0.67m

③ 0.74m

④ 0.88m

⑤ 0.92m

37 안지름 2m의 관내를 20℃의 물이 흐를 때 동점성계수가 $0.0101\text{cm}^2/\text{s}$이고 속도가 50cm/s이다. 이때의 레이놀즈수(Reynolds Number)는?

① 960,000

② 970,000

③ 980,000

④ 990,000

⑤ 1,000,000

38 저수지의 물을 방류하는 데 1 : 225로 축소된 모형에서 4분이 소요되었다면, 원형에서의 소요 시간은?

① 60분

② 120분

③ 450분

④ 900분

⑤ 3,375분

39 부피가 4.6m^3인 유체의 중량이 51.548kN일 때, 이 유체의 비중은?

① 1.14

② 5.26

③ 11.40

④ 52.6

⑤ 1,143.48

40 컨테이너 부두 안벽에 입사하는 파랑의 입사파고가 0.8m이고, 안벽에서 반사된 파랑의 반사파고가 0.3m일 때 반사율은?

① 0.325

② 0.375

③ 0.425

④ 0.475

⑤ 0.525

답안채점 ● 성적분석 서비스

모바일
OMR

도서 내 모의고사 우측 상단에 위치한 QR코드 찍기	로그인 하기	'시작하기' 클릭	'응시하기' 클릭	나의 답안을 모바일 OMR 카드에 입력	'성적분석 & 채점결과' 클릭	현재 내 실력 확인하기

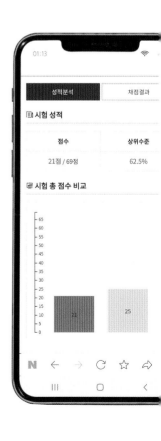

도서에 수록된 모의고사에 대한
객관적인 결과(정답률, 순위)를
종합적으로 분석하여 제공합니다.

※OMR 답안채점 / 성적분석 서비스는 등록 후 30일간 사용 가능합니다.

2025
전면개정판

사이다 기출응용
모의고사 시리즈

사일 동안
이것만 풀면
다 합격!

판매량
1위
한국농어촌공사 5·6급
YES24

한국농어촌공사 5·6급
NCS + 전공
4회분 | 정답 및 해설

모바일 OMR
답안채점 / 성적분석
서비스
—
NCS
핵심이론 및
대표유형 PDF
—
[합격시대]
온라인 모의고사
무료쿠폰
—
무료
NCS
특강

SDC는 시대에듀 데이터 센터의 약자로 약 30만 개의 NCS · 적성 문제 데이터를 바탕으로 최신 출제경향을 반영하여 문제를 출제합니다.

편저 | SDC(Sidae Data Center)

시대에듀

기출응용 모의고사
정답 및 해설

1일 차 기출응용 모의고사 정답 및 해설

|01| 공통

01	02	03	04	05	06	07	08	09	10
④	①	⑤	①	⑤	②	④	④	②	②
11	12	13	14	15	16	17	18	19	20
③	③	③	②	④	③	③	①	①	③
21	22	23	24	25	26	27	28	29	30
②	④	⑤	①	④	④	③	②	①	③
31	32	33	34	35	36	37	38	39	40
②	⑤	⑤	④	①	①	④	④	③	④

01   정답 ④

먼저 다문화정책의 두 가지 핵심을 밝히고 있는 (다)가 가장 앞에 와야 하고, (다)의 내용을 뒷받침하기 위해 프랑스를 사례로 든 (가)를 두 번째에 배치하는 것이 자연스럽다. 그 다음으로는 이민자에 대한 지원 촉구 및 다문화정책의 개선 등에 대한 내용이 이어지는 것이 글의 흐름상 적절하므로 이민자에 대한 배려의 필요성을 주장하는 (라)가 와야 하며, 다문화정책의 패러다임 전환을 주장하는 (나)가 이어져야 한다. 따라서 (다) – (가) – (라) – (나)의 순서로 나열해야 한다.

02   정답 ①

제시문의 두 번째 문단에서 선물환거래는 금리차익을 얻는 목적과 투기적 목적을 가지고 있다고 하였다.

오답분석
②·④ 선물환거래에 대한 설명이다.
③·⑤ 옵션에 대한 설명이다.

03   정답 ⑤

토지공공임대제(⑩)는 토지가치공유제(ⓒ)의 하위 제도로, 사용권은 민간이 갖고 수익권은 공공이 갖는다. 처분권의 경우 사용권을 가진 민간에게 한시적으로 맡기는 것일 뿐이며, 처분권도 공공이 갖는다. 따라서 ⑤는 적절하지 않은 설명이다.

04   정답 ①

(가) 문단에서 곰돌이 인형이 말하는 사람에게 주의를 기울여 준다고 했으므로 이어지는 내용으로 그 이유를 설명하는 보기가 와야 한다.

05   정답 ⑤

수출주도형 성장전략은 수요가 외부에 존재한다는 측면에서 공급 중시 경제학적 관점을 띠고 있다. 즉, 수요가 외부에 존재한다는 점과 공급을 중시하는 점에 대해 비판할 수 있다. 따라서 내부의 수요를 증대시키는 것은 비판의 입장이지만, 수요 증대를 위해 물품 생산의 공급을 강조하는 것은 비판의 입장이 아니다.

06   정답 ②

제시된 문장에서 '본디보다 더 길어지게 하다.'라는 의미로 쓰였으므로 '늘이다'로 쓰는 것이 옳다.

오답분석
① 바램 → 바람
③ 알맞는 → 알맞은
④ 담구니 → 담그니
⑤ 지리한 → 지루한

07   정답 ④

제시문은 대중과 미술의 소통을 목적으로 공공장소에 미술 작품을 설치하는 공공미술의 변화 과정을 설명하고 있다. 네 번째 문단에 의하면 장소 중심의 공공미술은 이미 완성된 작품을 어디에 놓느냐에 주목했으므로 대중의 참여를 중요시했다고 볼 수 없다.

08   정답 ④

제시문에서 답을 찾는 데 핵심이 되는 내용은 '석기시대 사람들은 아침부터 저녁까지 먹을거리를 찾아 헤맸을 거야.'이다. 즉, 석기시대부터 현재까지 인류는 오랫동안 기아에 시달려왔다는 내용이다. 따라서 빈칸에 공통으로 들어갈 단어는 '기아'이다.

09

제시문에서는 OECD 회원국 가운데 꼴찌를 차지한 한국인의 부족한 수면 시간에 대해 언급하며, 수면장애 환자가 늘어나고 있음을 설명하고 있다. 또한, 불면증, 수면무호흡증, 렘수면 행동장애 등 다양한 수면장애를 설명하며, 이러한 수면장애들이 심혈관계질환, 치매, 우울증 등의 원인이 될 수 있다는 점을 통해 심각성을 이야기한다. 마지막으로 이러한 수면장애를 방치해서는 안 되며, 전문적인 치료가 필요하다고 제시하고 있다. 따라서 제시문을 바탕으로 '한국인의 수면 시간'과 관련된 글을 쓴다고 할 때, 글의 주제로 적절하지 않은 것은 수면 마취제와 관련된 내용인 ②이다.

10

제시문의 핵심 내용은 '직업안전보건국이 제시한 1ppm의 기준이 지나치게 엄격하다고 판결하였다.'와 '직업안전보건국은 노동자를 생명의 위협이 될 수 있는 화학물질에 노출시키는 사람들이 그 안전성을 입증해야 한다.'라는 논점의 대립이다. 따라서 빈칸에는 '벤젠의 노출 수준이 1ppm을 초과할 경우 노동자의 건강에 실질적으로 위험하다는 것을 직업안전보건국이 입증해야 한다.'는 내용이 들어가는 것이 가장 적절하다.

11

• 702 나 2838 : '702'는 승합차에 부여되는 자동차 등록번호이다.
• 431 사 3019 : '사'는 운수사업용 차량에 부여되는 자동차 등록번호이다.
• 912 라 2034 : '912'는 화물차에 부여되는 자동차 등록번호이다.
• 214 하 1800 : '하'는 렌터카에 부여되는 자동차 등록번호이다.
• 241 가 0291 : '0291'은 발급될 수 없는 일련번호이다.
따라서 보기에서 비사업용 승용차의 자동차 등록번호로 잘못 부여된 것은 모두 5개이다.

12

오전 9시에 B과 진료를 본다면 10시에 진료가 끝나고, 셔틀을 타고 이동하면 10시 30분이 된다. 이후 C과 진료를 이어보면 12시 30분이 되고, 점심시간 이후 바로 A과 진료를 본다면 오후 2시에 진료를 다 받을 수 있다. 따라서 가장 빠른 경로는 B − C − A이다.

13

ⓛ과 ⓒ이 정언 명제이므로 함축관계를 판단하면 ③이 참이다.

오답분석

① 공격수라면 안경을 쓰고 있지 않다.
② A팀의 공격수라면 검정색 상의를 입고, 축구화를 신고 있지 않다.

④ 김과장이 검정색 상의를 입고 있다는 조건으로 안경을 쓰고 있는지 여부를 판단할 수 없다.
⑤ 수비수라면 안경을 쓰고 있다.

14

26일은 비가 오는 날이므로 첫 번째 조건에 따라 A사원은 커피류를 마신다. 또한, 평균기온이 27℃이므로 두 번째 조건에 따라 큰 컵으로 마시고, 세 번째 조건에 따라 카페라테를 마신다. 따라서 A사원이 내일 마실 음료는 카페라테 큰 컵이다.

15

24일은 비가 오지 않는 화요일이며, 평균기온은 28℃이므로 A사원은 밀크티 큰 컵을 마셨다. 그리고 전날인 23일은 맑은 날에 26℃이므로, A사원은 자몽에이드 큰 컵을 마셨을 것이다. 그러므로 A사원은 B사원에게는 자몽에이드 큰 컵을 사주었을 것이다. 따라서 A사원이 지불한 금액은 4,800+4,700=9,500원이다.

16

• (가) : 외부의 기회를 활용하면서 내부의 강점을 더욱 강화시키는 SO전략이다.
• (나) : 외부의 기회를 활용하여 내부의 약점을 보완하는 WO전략이다.
• (다) : 외부의 위협을 회피하며 내부의 강점을 적극 활용하는 ST전략이다.
• (라) : 외부의 위협을 회피하고 내부의 약점을 보완하는 WT전략이다.

17

B안의 가중치는 전문성인데 자원봉사제도는 (−)이므로 적절하지 않은 내용이다.

오답분석

① 전문성 면에서는 유급법률구조제도가 (+), 자원봉사제도가 (−)이므로 적절한 내용이다.
② A안에 가중치를 적용할 경우 접근용이성과 전문성에 가중치를 적용하므로 두 정책목표 모두에서 (+)를 보이는 유급법률구조제도가 가장 적절하다.
④ B안에 가중치를 적용할 경우 전문성에 가중치를 적용하므로 (+)를 보이는 유급법률구조제도가 가장 적절하며, A안에 가중치를 적용할 경우 유급법률구조제도가 가장 적절하다. 따라서 어떤 것을 적용하더라도 결과는 같다.
⑤ 비용저렴성을 달성하려면 (+)를 보이는 자원봉사제도가 가장 유리하다.

18

사원별 성과지표의 평균을 구하면 다음과 같다.

- A사원 : $(3+3+4+4+4)÷5=3.6$점
- B사원 : $(3+3+3+4+4)÷5=3.4$점
- C사원 : $(5+2+2+3+2)÷5=2.8$점
- D사원 : $(3+3+2+2+5)÷5=3$점
- E사원 : $(4+2+5+3+3)÷5=3.4$점

평균이 3.5점 이상인 A사원만 당해 연도 연봉에 1,000,000원이 추가된다.

각 사원의 당해 연도 연봉을 구하면 다음과 같다.

- A사원 : 300만+(3×300만)+(3×200만)+(4×100만) +(4×150만)+(4×100만)+100만=33,000,000원
- B사원 : 300만+(3×300만)+(3×200만)+(3×100만) +(4×150만)+(4×100만)=31,000,000원
- C사원 : 300만+(5×300만)+(2×200만)+(2×100만) +(3×150만)+(2×100만)=30,500,000원
- D사원 : 300만+(3×300만)+(3×200만)+(2×100만) +(2×150만)+(5×100만)=28,000,000원
- E사원 : 300만+(4×300만)+(2×200만)+(5×100만) +(3×150만)+(3×100만)=31,500,000원

따라서 가장 많은 연봉을 받을 직원은 A사원이다.

19

오답분석

② 서랍장의 가로 길이와 붙박이 수납장 문을 여는 데 필요한 간격과 폭을 더한 길이는 각각 1,100mm, 1,200mm(=550+650)이고, 사무실 문을 여닫는 데 필요한 1,000mm의 공간을 포함하면 총길이는 3,300mm이다. 따라서 사무실의 가로 길이인 3,000mm를 초과하므로 불가능한 배치이다.

③ 서랍장과 캐비닛의 가로 길이는 각각 1,100mm, 1,000mm이고, 사무실 문을 여닫는 데 필요한 1,000mm의 공간을 포함하면 총길이는 3,100mm이다. 따라서 사무실의 가로 길이인 3,000mm를 초과하므로 불가능한 배치이다.

④ 회의 탁자의 세로 길이와 서랍장의 가로 길이는 각각 2,110mm, 1,100mm이고, 붙박이 수납장 문을 여는 데 필요한 간격과 폭을 더한 길이인 1,200mm(=550+650)를 포함하면 총길이는 4,410mm이다. 따라서 사무실의 세로 길이인 3,400mm를 초과하므로 불가능한 배치이다.

⑤ 캐비닛의 가로 길이와 여닫는 데 필요한 공간을 포함한 붙박이 수납장의 길이는 각각 1,000mm, 1,200mm이고, 사무실 문을 여닫는 데 필요한 1,000mm의 공간을 포함하면 총길이는 3,200mm이다. 따라서 사무실의 가로 길이인 3,000mm를 초과하므로 불가능한 배치이다.

20

다음의 논리 순서를 따라 주어진 조건을 정리하면 쉽게 접근할 수 있다.

- 첫 번째 조건 : 0, 1, 2, 3, 4, 5, 6, 7, 8, 9 중 소수인 2, 3, 5, 7을 제외하면 0, 1, 4, 6, 8, 9가 남는다.
- 두 번째, 세 번째, 네 번째 조건 : 9를 제외하여 0, 1, 4, 6, 8이 남고 6과 8 중에 하나만 사용된다.

이 사실을 종합하여 가능한 경우의 수를 정리하면 다음과 같다.

구분	첫 번째	두 번째	세 번째	네 번째
경우 1	8	4	1	0
경우 2	6	4	1	0

따라서 주어진 조건을 모두 만족하는 비밀번호는 8410과 6410으로 두 개이다.

오답분석

① 두 비밀번호 모두 0으로 끝나므로 짝수이다.
② 두 비밀번호의 앞에서 두 번째 숫자는 4이다.
④ 두 비밀번호 모두 1을 포함하지만 9는 포함하지 않는다.
⑤ 두 비밀번호 중에서 작은 수는 6410이다.

21

영희가 집에서 할머니를 기다린 10분을 제외하면, 학교에서 병원까지 총 이동시간은 1시간 40분이다.

1시간 40분은 $1+\dfrac{40}{60}=1+\dfrac{2}{3}=\dfrac{5}{3}$시간이고, 집과 병원 사이의 거리를 $x$km라고 하면 다음 식이 성립한다.

$$\dfrac{2x}{4}+\dfrac{x}{3}=\dfrac{5}{3}$$

$$\rightarrow \dfrac{5}{6}x=\dfrac{5}{3}$$

$$\therefore x=2$$

따라서 병원에서 집까지의 거리는 2km이다.

22

2021년부터 2023년까지 경기 수가 증가하는 스포츠는 배구와 축구 종목이다.

오답분석

① 농구의 2021년의 전년 대비 경기 수 감소율은 $\dfrac{413-403}{413}×100≒2.4\%$이며, 2024년의 전년 대비 경기 수 증가율은 $\dfrac{410-403}{403}×100≒1.7\%$이다. 따라서 2021년의 전년 대비 경기 수 감소율이 더 높다.

② 2020년 농구와 배구의 경기 수 차이는 413-226=187회이고, 야구와 축구의 경기 수 차이는 432-228=204회이다. 따라서 $\dfrac{187}{204}×100≒91.7\%$이므로 90% 이상이다.

③ 5년 동안의 종목별 스포츠 평균 경기 수는 다음과 같다.

- 농구 : $\dfrac{413+403+403+403+410}{5}=406.4$회

- 야구 : $\dfrac{432+442+425+433+432}{5}=432.8$회

- 배구 : $\dfrac{226+226+227+230+230}{5}=227.8$회

- 축구 : $\dfrac{228+230+231+233+233}{5}=231$회

따라서 야구 평균 경기 수는 축구 평균 경기 수의 약 1.87배로 2배 이하이다.

⑤ 2024년 경기 수가 5년 동안의 종목별 평균 경기 수보다 적은 스포츠는 야구이다.

23
정답 ⑤

- (가) : $\dfrac{34,273-29,094}{29,094}\times100≒17.8\%$

- (나) : $66,652+34,273+2,729=103,654$

- (다) : $\dfrac{103,654-91,075}{91,075}\times100≒13.8\%$

24
정답 ①

- (ㄱ) : 2021년 대비 2022년 의료 폐기물의 증감율이므로

$\dfrac{48,934-49,159}{49,159}\times100≒-0.5\%$이다.

- (ㄴ) : 2019년 대비 2020년 사업장 배출시설계 폐기물의 증감율이므로 $\dfrac{123,604-130,777}{130,777}\times100≒-5.5\%$이다.

25
정답 ④

농도가 15%인 소금물의 양을 xg이라고 가정하고, 소금의 양에 대한 식을 세우면 다음과 같다.

$0.1\times200+0.15\times x=0.13\times(200+x)$

→ $20+0.15x=26+0.13x$

→ $0.02x=6$

∴ $x=300$

따라서 농도가 15%인 소금물은 300g이 필요하다.

26
정답 ④

A, B, C팀의 인원수를 각각 a, b, c명이라고 하면

A, B팀의 인원수 합은 $a+b=80$ … ㉠

A팀의 총점은 $40a$점이고, B팀의 총점은 $60b$점이므로

$40a+60b=80\times52.5=4,200$ → $2a+3b=210$ … ㉡

㉠과 ㉡을 연립하면 $a=30$, $b=50$, $b+c=120$, $c=70$이므로 (가)에 들어갈 값은 100이다.

C+A의 총점은 $(30\times40)+(70\times90)=7,500$점이고, $c+a=100$이므로 (나)에 들어갈 값은 $\dfrac{7,500}{100}=75.0$이다.

27
정답 ③

ㄴ. 2024년 산업부문의 최종에너지 소비량은 전체 최종에너지 소비량의 $\dfrac{115,155}{193,832}\times100≒59.4\%$이므로 옳은 설명이다.

ㄷ. 2022~2024년 동안 석유제품 소비량 비중 대비 전력 소비량 비중의 비율은 다음과 같다.

- 2022년 : $\dfrac{18.2}{53.3}\times100≒34.1\%$

- 2023년 : $\dfrac{18.6}{54.0}\times100≒34.4\%$

- 2024년 : $\dfrac{19.1}{51.9}\times100≒36.8\%$

따라서 2022~2024년 동안 석유제품 소비량 비중 대비 전력 소비량 비중의 비율은 매년 증가한다.

오답분석

ㄱ. 2022~2024년 동안 전력 소비량의 비중은 매년 증가하지만, 전체 최종에너지 소비량 추이를 알 수 없으므로 옳지 않은 설명이다.

ㄹ. 2024년 산업부문과 가정·상업부문에서 유연탄 소비량 대비 무연탄 소비량의 비율은 다음과 같다.

- 산업부문 : $\dfrac{4,750}{15,317}\times100≒31.0\%$

- 가정·상업부문 : $\dfrac{901}{4,636}\times100≒19.4\%$

따라서 산업부문의 유연탄 소비량 대비 무연탄 소비량의 비율은 25% 이상이므로 옳지 않은 설명이다.

28
정답 ②

500mL 물과 2L 음료수의 개수를 각각 x개, y개라 하면, $x+y=330$이고, 이때 2L 음료수는 5명당 1개가 지급되므로 $y=\dfrac{1}{5}x$이다.

$\dfrac{6}{5}x=330$

→ $6x=1,650$

∴ $x=275$

이때 500mL 물은 1인당 1개 지급하므로 직원의 인원수와 같다. 따라서 야유회에 참가한 직원은 275명이다.

29
정답 ①

A사와 B사의 전체 직원 수를 알 수 없으므로, 비율만으로는 판단할 수 없다.

오답분석

② B, C, D사 각각 남직원보다 여직원의 비율이 높다. 따라서 B, C, D사 모두에서 남직원 수보다 여직원 수가 많다. 즉, B, C, D사의 직원 수를 다 합했을 때도 남직원 수는 여직원 수보다 적다.

③ 여직원 대비 남직원 비율은 여직원 비율이 높을수록, 남직원 비율이 낮을수록 값이 작아진다. 따라서 여직원 비율이 가장 높으면서, 남직원 비율이 가장 낮은 D사가 비율이 가장 낮고, 남직원 비율이 여직원 비율보다 높은 A사가 비율이 가장 높다.

④ A, B, C사의 각각 전체 직원 수를 a명이라 하면, 여직원의 수는 각각 $0.46a$명, $0.52a$명, $0.58a$명이다. 따라서 $0.46a + 0.58a = 2 \times 0.52a$이므로 옳은 설명이다.

⑤ A사의 전체 직원 수를 a명, B사의 전체 직원 수를 b명이라 하면, A사의 남직원 수는 $0.54a$명, B사의 남직원 수는 $0.48b$명이고 다음과 같은 식이 성립한다.

$$\frac{0.54a + 0.48b}{a+b} \times 100 = 52$$
$$\rightarrow 54a + 48b = 52(a+b)$$
$$\therefore a = 2b$$

따라서 A사의 전체 직원 수는 B사의 전체 직원 수의 2배이다.

30
정답 ③

2018년 대비 2019년의 생산가능인구는 12명 증가했다.

오답분석

① 2017년부터 2019년까지 고용률의 증감추이와 실업률의 증감추이는 '감소 – 감소'로 동일하다.

② 2018년에 전년 대비 경제활동인구가 202명 감소하였으므로 가장 많이 감소하였음을 알 수 있다.

④ 분모가 작고, 분자가 크면 비율이 높다. 따라서 고용률이 낮고 실업률이 높은 2021년과 2022년의 비율만 비교하면 된다.

• 2021년 : $\frac{8.1}{40.5} = 0.2$

• 2022년 : $\frac{8}{40.3} ≒ 0.1985$

따라서 2021년의 비율이 더 크므로 옳은 설명이다.

⑤ 2022년과 2023년의 경제활동참가율은 같지만, 전체적으로는 경제활동참가율이 감소하고 있다.

31
정답 ②

바로가기 아이콘의 [속성] – [일반] 탭에서 바로가기 아이콘의 위치, 이름, 크기, 만든 날짜, 수정한 날짜 등을 확인할 수 있다.

오답분석

① raw는 손실 압축을 하지 않고 모든 정보를 저장하는 이미지의 확장자 중 하나이다.

③ 원본 파일이 있는 위치와 다른 위치에 만들 수 있다.

④ 바로가기 아이콘을 삭제해도 연결된 프로그램은 삭제되지 않는다.

⑤ 〈Ctrl〉+〈Shift〉를 누른 상태로 바탕 화면에 드래그 앤 드롭하면 만들 수 있다.

32
정답 ⑤

제시문에서는 '응용프로그램과 데이터베이스를 독립시킴으로써 데이터를 변경시키더라도 응용프로그램은 변경되지 않는다.'고 하였다. 따라서 데이터 논리적 의존성이 아니라 데이터 논리적 독립성이 적절하다.

오답분석

① '다량의 데이터는 사용자의 질의에 대한 신속한 응답 처리를 가능하게 한다.'라는 내용이 실시간 접근성에 해당한다.

② '삽입, 삭제, 수정, 갱신 등을 통하여 항상 최신의 데이터를 유동적으로 유지할 수 있으며'라는 내용을 통해 데이터베이스는 그 내용을 변화시키면서 계속적인 진화를 하고 있음을 알 수 있다.

③ '여러 명의 사용자가 동시에 공유할 수 있고'라는 부분에서 동시 공유가 가능함을 알 수 있다.

④ '각 데이터를 참조할 때는 사용자가 요구하는 내용에 따라 참조 가능함'이라는 부분에서 내용에 의한 참조인 것을 알 수 있다.

33
정답 ⑤

• 최종점수는 [E2] 셀에 「=ROUND(AVERAGE(B2:C2)*0.9+D2*0.1,1)」를 넣고 채우기 핸들 기능을 사용하면 된다. 따라서 ②와 ④는 필요한 함수이다.

• 등수는 [F2] 셀에 「=RANK(E2,$E$2:$E$8)」를 넣고 채우기 핸들 기능을 사용하면 된다. 따라서 ③은 필요한 함수이다.

• 등급은 [G2] 셀에 「=IFS(RANK(E2,$E$2:$E$8)<=2,"A", RANK(E2,$E$2:$E$8)<=5,"B",TRUE,"C")」를 넣고 채우기 핸들 기능을 사용하면 된다. 따라서 ①은 필요한 함수이다.

34
정답 ④

오답분석

① SUM : 각 셀의 합계를 출력하는 함수이다.

② COUNT : 숫자가 입력되어 있는 셀의 개수를 출력하는 함수이다.

③ AVERAGEA : 수치가 아닌 셀을 포함하는 인수의 평균값을 출력하는 함수이다.

⑤ COUNTIF : 지정된 범위에서 조건에 맞는 셀의 개수를 출력하는 함수이다.

35

정답 ①

결과표의 빈 셀에 「=COUNTIF(참조 영역,찾는 값)」를 입력하면 된다. 즉, 결과표의 '문항 1'행의 각 셀에 「=COUNTIF(〈설문 응답표〉'문항 1'열,응답번호)」를 입력한 후, '문항 1'행을 드래그해서 아래로 내리면 값이 채워진다.

36

정답 ①

INT 함수는 소수점 아래를 버리고 가장 가까운 정수로 내림하는 함수이다. 따라서 결괏값으로 100이 표시된다.

37

정답 ④

[틀 고정] 기능은 선택한 셀을 기준으로 좌측과 상단의 모든 셀을 고정하게 된다. 따라서 A열과 1행을 고정하기 위해서는 [B2] 셀을 클릭한 후 틀 고정을 해야 한다.

38

정답 ④

오답분석

ㄱ. [G4] 셀은 「=AVERAGE(B4:F4)」로 구할 수 있다.
ㄷ. [I4] 셀은 「=IF(H4<=3,"우수 사원","")」로 구할 수 있다.

39

정답 ③

'1인 가구의 인기 음식(ⓒ)'과 '5세 미만 아동들의 선호 색상(ⓑ)'은 각각 음식과 색상에 대한 자료를 가구, 연령으로 특징지음으로써 자료를 특정한 목적으로 가공한 정보(Information)로 볼 수 있다.

오답분석

ⓙ・ⓔ・ⓜ 특정한 목적이 없는 자료(Data)의 사례이다.
ⓒ 특정한 목적을 달성하기 위한 지식(Knowledge)의 사례이다.

40

정답 ④

주어진 자료는 '운동'을 주제로 나열되어 있는 자료임을 알 수 있다. ④는 운동이 아닌 '식이요법'을 목적으로 하는 지식의 사례이다.

| 02 | 자원관리능력

41	42	43	44	45	46	47	48	49	50
③	⑤	④	③	③	④	③	④	④	④

41

정답 ③

대표적인 직접비용으로는 재료비, 원료와 장비비, 시설비, 여행(출장)비와 잡비, 인건비가 있다. 반면, 간접비용으로는 보험료, 건물관리비, 광고비, 통신비, 사무비품비, 각종 공과금이 있다. 따라서 잡비는 직접비용에 해당한다.

오답분석

①・②・④・⑤ 간접비용에 해당한다.

42

정답 ⑤

현수막의 기본 크기는 $1m \times 3m (= 3m^2)$이고 가격은 5,000원으로 $1m^2$당 3,000원의 추가비용이 든다.
상사가 추가로 요청한 현수막은 '$3m \times 8m$' 2개, '$1m \times 4m$' 1개이다.
• 정・후문 현수막 제작비용
  : $5,000+\{(24-3)\times3,000\}=68,000$원
• 2관 건물 입구 현수막 제작비용
  : $5,000+\{(4-3)\times3,000\}=8,000$원
따라서 현수막 제작 비용은 $(68,000\times2)+8,000=144,000$원이다.

43

정답 ④

• C회사 설비의 한 달 사용 비용 : 75만 원
• F회사 설비의 한 달 사용 비용 : 84만×0.75=63만 원
이를 토대로 설비 설치 전, 후의 사용 비용을 계산하면 다음과 같다.
• 설비 설치 전 한 달 사용 비용
  : (전기 사용료)+(연료비)=84만+100만=184만 원
• 설비 설치 후 한 달 사용 비용
  : (전기 사용료)+(연료비)=63만+75만=138만 원

1년 기준으로 비용 절감율은 $\dfrac{(184만-138만)\times12}{184만\times12}\times100=25\%$

이다. 따라서 설치 전후로 25%의 효율(비용 절감)이 있다.

44

정답 ③

• 설비 설치 전 1년 사용 비용 : 184만×12=2,208만 원
• 설비 설치 후 1년 사용 비용 : 138만×12=1,656만 원
5년간 설비를 사용하였으므로 설치 전과 비교하여 절감한 비용은 (2,208만-1,656만)×5=2,760만 원이다. 또한 C회사와 F회사 설비를 설치하는 데 드는 비용을 구해 보면 총 1,000만+5,000만 =6,000만 원이고, 다른 회사에 판매한 금액은 1,000만 원이다. 따라서 6,000만-2,760만-1,000만=2,240만 원이 손해이다.

45

정답 ③

대화 내용을 살펴보면 A과장은 패스트푸드점, B대리는 화장실, C주임은 은행, K사원은 편의점을 이용한다. 이는 동시에 이루어지는 일이므로 가장 오래 걸리는 일의 시간만을 고려하면 된다. 은행이 30분으로 가장 오래 걸리므로 17:20에 모두 모이게 된다. 그러므로 17:00, 17:15에 출발하는 버스는 이용하지 못하며, 17:30에 출발하는 버스는 잔여석이 부족하여 이용하지 못한다. 따라서 17:45에 출발하는 버스를 탈 수 있고 가장 빠른 서울 도착 예정시각은 19:45이다.

46

정답 ④

ⓒ은 긴급하면서도 중요한 문제이므로 제일 먼저 해결해야 하는 1순위에 해당하며, ⓛ은 중요하지만 상대적으로 긴급하지 않으므로 계획하고 준비해야 할 문제인 2순위에 해당한다. ⓐ은 긴급하지만 상대적으로 중요하지 않은 업무이므로 3순위에 해당하고, 마지막으로 중요하지도 긴급하지도 않은 ⓔ은 4순위에 해당한다.

47

정답 ③

최나래, 황보연, 이상윤, 한지혜는 업무성과 평가에서 상위 40%에 해당하지 않으므로 대상자가 아니다. 업무성과 평가 결과에서 40% 이내에 드는 사람은 4명까지이지만 B를 받은 사람 4명을 동순위자로 보아 6명이 대상자 후보가 된다. 6명 중 박희영은 통근거리가 50km 미만이므로 대상자에서 제외된다. 나머지 5명 중에서 자녀가 없는 김성배, 이지규는 우선순위에서 밀려나고, 나머지 3명 중에서는 통근거리가 가장 먼 순서대로 이준서, 김태란이 동절기 업무시간 단축 대상자로 선정된다.

48

정답 ④

D는 물품을 분실한 경우이다. 보관 장소를 파악하지 못한 경우와 비슷할 수 있으나, 분실한 경우에는 물품을 다시 구입하지 않으면 향후 활용할 수 없다는 점에서 차이가 있다. 물품을 분실한 경우 물품을 다시 구입해야 하므로 경제적인 손실을 가져올 수 있으며, 경우에 따라 동일한 물품이 시중에서 판매되지 않는 경우가 있을 수 있다.

49

정답 ④

주어진 행렬을 그림으로 나타내면 다음과 같다.

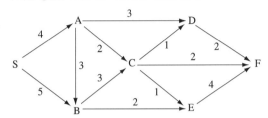

따라서 최단경로는 'S → A → C → F'이므로 최단거리는 4+2+2=8km이다.

50

정답 ④

첫 번째 지원계획을 보면 지원금을 받는 모임의 구성원은 6명 이상 9명 미만이므로 A와 E는 제외한다. 나머지 B, C, D의 총지원금을 구하면 다음과 같다.

- B : 1,500만+(100만×6)=2,100만 원
- C : 1.3×[1,500만+(120만×8)]=3,198만 원
- D : 2,000만+(100만×7)=2,700만 원

따라서 D모임이 두 번째로 많은 지원금을 받는다.

| 03 | 기술능력

41	42	43	44	45	46	47	48	49	50
③	⑤	②	⑤	③	④	③	③	①	②

41
정답 ③

연구개발에 참가한 연구원과 엔지니어들이 그 기업을 떠나는 경우 기술과 지식의 손실이 크게 발생하는 점을 볼 때, 기술 혁신은 새로운 지식과 경험의 축적으로 나타나는 지식 집약적인 활동으로 볼 수 있다.

> **기술 혁신의 특성**
> • 기술 혁신은 그 과정 자체가 매우 불확실하고 장기간의 시간을 필요로 한다.
> • 기술 혁신은 지식 집약적인 활동이다.
> • 기술 혁신 과정의 불확실성과 모호함은 기업 내에서 많은 논쟁과 갈등을 유발할 수 있다.
> • 기술 혁신은 조직의 경계를 넘나든다.

42
정답 ⑤

벤치마킹은 비교대상에 따라 내부·경쟁적·비경쟁적·글로벌 벤치마킹으로 분류되며, 네스프레소는 뛰어난 비경쟁 기업의 유사 분야를 대상으로 벤치마킹하는 비경쟁적 벤치마킹을 하고 있다. 비경쟁적 벤치마킹은 아이디어 창출 가능성은 높으나, 가공하지 않고 사용하면 실패할 가능성이 높다는 특징이 있다.

(오답분석)
① 내부 벤치마킹에 대한 설명이다.
②·③ 글로벌 벤치마킹에 대한 설명이다.
④ 경쟁적 벤치마킹에 대한 설명이다.

43
정답 ②

오염을 막기 위해서 장기간 사용하지 않을 때에는 수조 내부의 물을 완전히 비우고 수조와 디스크를 청소하여 건조시킨 후 보관하여야 한다. 그러나 ②를 감전이나 화재에 대한 원인으로 보기는 어렵다.

44
정답 ⑤

'E5' 표시는 팬모터 이상을 나타내므로 전원을 빼고 서비스센터에 문의하여야 한다.

(오답분석)
① 디스크 캡이 느슨하게 체결되어 있다면 디스크 캡을 조여 주면 된다.

② 'E3' 표시는 물이 부족하다는 것으로, 물을 보충해 주면 된다.
③ 팬 주변으로 이물질이 끼어 있으면 전원을 차단시킨 후 이물질을 제거하면 된다.
④ 디스크가 정위치에 놓여있지 않으면 회전하는 정위치에 맞게 올리면 된다.

45
정답 ③

운전조작부를 청소할 때는 물을 뿌려 닦으면 안 되나, 수조 내부의 경우 장기간 사용하지 않을 때에는 물을 완전히 비우고, 수조와 디스크에 세제를 풀어 부드러운 솔로 청소하여 건조시킨 후 보관하여야 한다.

(오답분석)
① 벽면과의 좌·우측 간격은 30cm이고, 뒷면과도 30cm 간격을 유지하여야 한다.
② 하부 수조에 뜨거운 물을 부어 사용하는 것은 고장의 원인이 될 수 있다.
④ 향기 제품 사용 시 플라스틱 부분의 깨짐, 변형 및 고장의 원인이 될 수 있다.
⑤ 바닥이 기울어져 있으면 소음이 발생하거나 내부부품 변형으로 고장의 원인이 될 수 있다. 또한, 탁자 위보다 바닥에 두는 것이 안전하다.

46
정답 ④

후드가 가장 효과적으로 작동하기 위해서는 조리대 위로부터 65cm 이상, 80cm 이하에 설치하는 것이 좋다.

47
정답 ③

운전 중에 필터를 떼어 내거나 회전 중에 내부에 손을 넣으면 안 된다. 후드 필터에 이물질이 끼었다면 후드 작동을 정지한 후 제거하여야 한다.

48
정답 ③

조명이 켜지지 않을 경우 램프 수명이 끝난 건 아닌지 확인 후 교체하여야 한다.

(오답분석)
① 팬이 작동하지 않을 경우 정전이 된 것은 아닌지 확인하거나 전원플러그가 콘센트에 바르게 꽂혀 있는지 확인하여야 한다.
② 조명이 켜지지 않을 경우 작동방법이 올바른지 확인하거나 램프 수명이 끝난 건 아닌지 확인 후 교체하여야 한다.
④·⑤ 이상 소음이 발생할 경우 후드 배기관에 이물질이 끼어있거나 중간연도가 막혀있는지 확인하고, 배기관이 바르게 설치되었는지, 후드가 평형상태로 바르게 설치되었는지 등을 확인하여야 한다.

49

제시된 사례는 불안전한 상태가 원인으로, 이에 대한 예방 대책을 세워야 한다. 근로자 상호 간에 불안전한 행동을 지적하여 안전에 대한 이해를 증진시키는 것은 불안전한 행동의 방지 방법이며, 해당 사례의 재해를 예방하기 위한 대책으로 적절하지 않다.

50

제시문은 기술의 S곡선에 대한 설명이다. 이는 기술이 등장하고 처음에는 완만히 향상되다가 일정 수준이 되면 급격히 향상되고, 한계가 오면서 다시 완만해지다가 이후 다시 발전할 수 없는 상태가 되는 모양이 S모양과 유사하여 붙여진 용어이다.

[오답분석]
① 바그너 법칙 : 경제가 성장할수록 국민총생산(GNP)에서 공공 지출의 비중이 높아진다는 법칙이다.
③ 빅3 법칙 : 분야별 빅3 기업들이 시장의 70 ~ 90%를 장악한다는 경험 법칙이다.
④ 생산비의 법칙 : 완전경쟁에서 가격·한계비용·평균비용이 일치함으로써 균형상태에 도달한다는 법칙이다.
⑤ 기술경영 : 과학 기술과 경영 원리를 결합하여 실무 능력을 갖춘 전문 인력을 양성하는 프로그램이다.

2일 차 기출응용 모의고사 정답 및 해설

| 01 | 공통

01	02	03	04	05	06	07	08	09	10
③	⑤	②	④	②	④	③	⑤	①	④
11	12	13	14	15	16	17	18	19	20
②	②	⑤	②	④	④	②	①	③	④
21	22	23	24	25	26	27	28	29	30
②	⑤	②	⑤	④	②	①	②	②	①
31	32	33	34	35	36	37	38	39	40
②	④	②	④	①	②	③	⑤	②	③

01 　　　　　　　　　　　　　　　　정답 ③

먼바다에서 지진해일의 파고는 수십 cm 이하이지만 얕은 바다에서는 급격하게 높아진다.

오답분석
① 화산폭발 등으로 인해 발생하는 건 맞지만, 파장이 긴 파도를 지진해일이라 한다.
② 태평양에서 발생한 지진해일은 발생 하루 만에 발생지점에서 지구의 반대편까지 이동할 수 있다.
④ 지진해일이 해안가에 가까워질수록 파도가 강해지는 것은 맞지만, 속도는 시속 45 ~ 60km까지 느려진다.
⑤ 해안의 경사 역시 암초, 항만 등과 마찬가지로 지진해일을 변형시키는 요인이 된다.

02 　　　　　　　　　　　　　　　　정답 ⑤

• 첫 번째 빈칸 : 빈칸 앞 문장의 플라스틱은 석유를 증류하는 과정에서 얻어진다는 내용과 빈칸 뒤 문장의 폐기물의 불완전 연소에 의한 대기오염이 환경오염의 원인이 된다는 내용을 통해 빈칸에는 석유로 플라스틱을 만드는 과정과 이를 폐기하는 과정에서 온실가스가 많이 배출된다는 내용의 ⓒ이 적절하다.

• 두 번째 빈칸 : 빈칸 앞 문장에서는 생분해성 플라스틱의 친환경적인 분해 과정을 이야기하고 있으나, 빈칸 뒤 문장에서는 생분해성 플라스틱보다 바이오 베이스 플라스틱의 개발을 진행하고 있다고 이야기한다. 따라서 빈칸에는 생분해성 플라스틱의 단점을 언급하는 ⓛ이 적절하다.
• 세 번째 빈칸 : ㉠은 빈칸 앞 문장에서 언급한 '이산화탄소의 총량을 기준으로 볼 때 바이오 베이스 플라스틱이 환경 문제가 되지 않는' 이유와 연결된다. 따라서 ㉠이 적절하다.

03 　　　　　　　　　　　　　　　　정답 ②

제시문에 따르면 모든 식물이 아닌 전체 식물의 90%가 피보나치 수열의 잎차례를 따르고 있다.

04 　　　　　　　　　　　　　　　　정답 ④

제시문은 식물에서 나타나는 피보나치 수열에 대해 설명하고 있으므로 글의 제목으로는 ④가 가장 적절하다.

05 　　　　　　　　　　　　　　　　정답 ②

㉠은 '진리, 가치, 옳고 그름 따위가 판단되어 드러나 알려지다.'의 의미로 사용된 것이다. 반면 ②에서는 '드러나게 좋아하다.'의 의미로 사용되었다.

06 　　　　　　　　　　　　　　　　정답 ④

제시문은 예비 조건, 진지성 조건, 기본 조건 등 화행 이론에서 말하는 발화의 적절성 조건을 설명하고 있다. (나) 문단의 '발화의 적절성 판단은 상황에 의존하고 있다.'는 발화가 적절한지는 그 발화가 일어난 상황에 따라 달라진다는 의미이다.

07
정답 ③

제시문은 신앙 미술에 나타난 동물의 상징적 의미와 사례, 변화와 그 원인, 그리고 동물의 상징적 의미가 지닌 문화적 가치에 대하여 설명하는 글이다. 따라서 (나) 신앙 미술에 나타난 동물의 상징적 의미와 그 사례 – (다) 동물의 상징적 의미의 변화 – (라) 동물의 상징적 의미가 변화하는 원인 – (가) 동물의 상징적 의미가 지닌 문화적 가치의 순서대로 나열하는 것이 적절하다.

08
정답 ⑤

'대로'는 주로 어미와 결합하는 의존명사 '대로'와 체언 뒤에 붙는 보조사 '–대로'로 구분할 수 있다. 한글 맞춤법에 따라 의존명사 '대로'는 앞말과 띄어 써야 하고, 보조사 '–대로'는 붙여 써야 한다. 따라서 ⑤는 '약속한'의 어미 '–ㄴ'과 결합한 의존명사이므로 '약속한 대로'로 띄어 써야 한다.

09
정답 ①

• 개선(改善) : 잘못된 것이나 부족한 것, 나쁜 것 따위를 고쳐 더 좋게 만듦
• 개정(改正) : 주로 문서의 내용 따위를 고쳐 바르게 함
• 개조(改造) : 고쳐 만들거나 바꿈

10
정답 ④

제시문은 통계 수치의 의미를 정확하게 이해하고 도구와 방법을 바르게 사용해야 하며, 특히 아웃라이어의 경우를 생각해야 한다고 주장하고 있다. 따라서 글의 중심 내용으로 가장 적절한 것은 ④이다.

오답분석
①・② 집단을 대표하는 수치로서의 '평균' 자체가 숫자 놀음과 같이 부적당하다고는 언급하지 않았다.
③ 아웃라이어가 있는 경우에 평균보다는 최빈값이나 중앙값이 대푯값으로 더 적당하다.
⑤ 통계의 유용성은 글의 도입부에 잠깐 인용되었을 뿐, 제시문의 중심 내용으로 볼 수 없다.

11
정답 ②

ㄱ. 한류의 영향으로 한국 제품을 선호하므로 한류 배우를 모델로 하여 적극적인 홍보 전략을 추진한다.
ㄷ. 빠른 제품 개발 시스템이 있으므로 소비자 기호를 빠르게 분석하여 제품 생산에 반영한다.

오답분석
ㄴ. 인건비 상승과 외국산 저가 제품 공세 강화로 인해 적절한 방안으로 볼 수 없다.
ㄹ. 선진국은 기술 보호주의를 강화하고 있으므로 적절한 방안으로 볼 수 없다.

12
정답 ②

가대리와 마대리의 진술이 서로 모순이므로, 둘 중 한 사람은 거짓을 말하고 있다.
ⅰ) 가대리의 진술이 거짓인 경우
  가대리의 말이 거짓이라면 나사원의 말도 거짓이 되고, 라사원의 말도 거짓이 되므로 모순이 된다.
ⅱ) 가대리의 진술이 진실인 경우
  가대리, 나사원, 라사원의 말이 진실이 되고, 다사원과 마대리의 말이 거짓이 된다.
• 진실
  – 가대리 : 가대리・마대리 출근, 결근 사유 모름
  – 나사원 : 다사원 출근, 가대리 진술은 진실
  – 라사원 : 나사원 진술은 진실
• 거짓
  – 다사원 : 라사원 결근 → 라사원 출근
  – 마대리 : 라사원 결근, 라사원이 가대리한테 결근 사유 전함 → 라사원 출근, 가대리는 결근 사유 듣지 못함
따라서 나사원이 출근하지 않았다.

13
정답 ⑤

두 번째 조건과 세 번째 조건을 통해 김팀장의 오른쪽에 정차장이 앉고, 양사원은 한대리의 왼쪽에 앉는다. 이때, 오과장은 정차장과 나란히 앉지 않으므로 오과장은 김팀장의 왼쪽에 앉아야 한다. 따라서 김팀장을 기준으로 하여 시계방향으로 '김팀장 – 오과장 – 한대리 – 양사원 – 정차장' 순서로 앉는다.

14
정답 ②

유동인구가 가장 많은 마트 앞에는 설치가능 일자가 맞지 않아 설치할 수 없고, 나머지 장소는 설치가 가능하다. 유동인구가 많은 순서대로 살펴보면 K공사 본관, 주유소, 우체국 순서이지만 주유소는 우체국과 유동인구가 20명 이상 차이가 나지 않으므로 게시기간이 긴 우체국(2일)에 설치한다. 따라서 K공사 본관과 우체국에 설치한다.

15

설치 후보 장소별 설치 및 게시비용을 정리하면 다음과 같다.

구분	주민센터	K공사 본관	우체국	주유소	마트
설치 비용	200만 원	300만 원	250만 원	200만 원	300만 원
하루 게시 비용	10만 원	8만 원	12만 원	12만 원	7만 원
게시 기간	16일	21일	10일	9일	24일
합계 비용	200만+ (10만×16) =360 만 원	300만+ (8만×21) =468 만 원	250만+ (12만×10) =370 만 원	200만+ (12만×9) =308 만 원	300만+ (7만×24) =468 만 원

따라서 주유소에 설치하는 것이 308만 원으로 가장 저렴하다.

16

정답 ④

도색이 벗겨진 차선과 지워지기 직전의 흐릿한 차선은 현재 직면하고 있으면서 바로 해결 방법을 찾아야 하는 문제이므로 눈에 보이는 발생형 문제에 해당한다. 발생형 문제는 기준을 이탈함으로써 발생하는 이탈 문제와 기준에 미달하여 생기는 미달 문제로 나누어 볼 수 있는데, 기사에서는 정해진 규격 기준에 미달하는 불량 도료를 사용하여 문제가 발생하였다고 하였으므로 이를 미달 문제로 분류할 수 있다. 따라서 기사에 나타난 문제는 발생형 문제로, 미달 문제에 해당한다.

17

정답 ②

주어진 자료를 표로 정리하면 다음과 같다.

선택		B여행팀	
		관광지에 간다	관광지에 가지 않는다
A 여 행 팀	관광지 에 간다	(10, 15)	(15, 10)
	관광지 에 가지 않는다	(25, 20)	(35, 15)

• A여행팀의 최대효용
  - B여행팀이 관광지에 가는 경우 : A여행팀이 관광지에 가지 않을 때 25의 최대효용을 얻는다.
  - B여행팀이 관광지에 가지 않는 경우 : A여행팀이 관광지에 가지 않을 때 35의 최대효용을 얻는다.
    따라서 A여행팀은 B여행팀의 선택에 상관없이 관광지에 가지 않아야 효용이 발생하며, 이때의 최대효용은 35이다.

• B여행팀의 최대효용
  - A여행팀이 관광지에 가는 경우 : B여행팀이 관광지에 갈 때 15의 최대효용을 얻는다.
  - A여행팀이 관광지에 가지 않는 경우 : B여행팀이 관광지에 갈 때 20의 최대효용을 얻는다.
    따라서 B여행팀은 A여행팀의 선택에 상관없이 관광지에 가야 효용이 발생하며, 이때의 최대효용은 20이다.

이를 종합하면, A여행팀은 관광지에 가지 않을 때, B여행팀은 관광지에 갈 때 효용이 극대화되고, 이때의 총효용은 25+20=45이다.

18

정답 ①

방 배정조건을 표로 정리하면 다음과 같다.

구분		경우 1		경우 2	
층별 사용자	2층	A, C	F	A, E	F
	1층	B, G	D	B, G	C	D

따라서 A와 방을 함께 쓸 사람은 C 또는 E이다.

19

정답 ③

경우 1에서는 A, C, F가 2층을, 경우 2에서는 A, E, F가 2층을 사용한다. 따라서 2층은 항상 3명이 방을 사용한다.

20

정답 ④

발행형태가 4로 전집이기 때문에 한 권으로만 출판된 것이 아님을 알 수 있다.

오답분석
① 국가번호가 05(미국)로 미국에서 출판되었다.
② 서명식별번호가 1011로 1011번째 발행되었다. 441은 발행자의 번호로 이 책을 발행한 출판사의 발행자번호가 441이라는 것을 의미한다.
③ 발행자번호는 441로 세 자리로 이루어져 있다.
⑤ 도서의 내용이 710(한국어)이지만, 도서가 한국어로 되어 있는지는 알 수 없다.

21

정답 ②

집에서 약수터까지의 거리는 $\frac{1}{2} \times 10 \times 60 = 300$m이고, 동생의 속력은 $\frac{300}{15 \times 60} = \frac{1}{3}$m/s이다. 형이 집에서 약수터까지 왕복한 시간은 $10 \times 2 = 20$분이므로 형이 집에 도착할 때까지 동생이 이동한 거리는 $\frac{1}{3} \times (20 \times 60) = 400$m이고, 약수터에서 집으로 돌아오는 중이다. 따라서 동생은 집으로부터 $300 - 100 = 200$m 떨어진 곳에 있다.

22

정답 ⑤

750mL의 물통을 채우는 데 걸리는 시간을 x분이라 하자. 물이 1분에 2.5mL가 나오므로 다음과 같다.

$x \times 2.5 = 750$

$\rightarrow x = \dfrac{750}{2.5}$

$\therefore x = 300$

따라서 물통을 채우는 데 걸리는 시간은 300분이다.

23

정답 ②

6개의 숫자를 가지고 여섯 자리 수를 만드는 경우의 수는 6!인데, 그중 1이 3개, 2가 2개로, 3!×2!=12가지의 경우가 중복된다.

따라서 가능한 모든 경우의 수는 $\dfrac{6!}{3! \times 2!} = 60$가지이다.

24

정답 ⑤

2018 ~ 2024년 대출금리의 등락 폭이 가장 높은 나라는 독일이지만, 차이는 3.87−0.44=3.43%p이므로 옳지 않은 설명이다.

오답분석
① 독일의 대출금리는 2018년 대비 2020년에 85% 가량 상승했다.
② 중국은 2020년에 7.47%의 가장 높은 금리를 기록했다.
③ 2022년에 전년 대비 등락 폭이 가장 큰 나라는 독일로 지수는 18.35%이며, 가장 작은 나라는 중국으로 전년 대비 보합세인 71.08%이다. 따라서 그 차이는 52.73%p이다.
④ 독일은 2018 ~ 2021년까지는 대출금리가 일본보다 높았으나, 2022년과 2023년에는 일본보다 낮은 금리를 보이고 있다.

25

정답 ④

참여율이 4번째로 높은 해는 2021년이므로 2021년의 전년 대비 참여율의 증가율은 $\dfrac{14.6−12.9}{12.9} \times 100 ≒ 13.2$%이다.

26

정답 ②

2022년 상위 101 ~ 200대 기업이 차지하고 있는 비율은 54.5(∵ 상위 200대 기업)−48.7(∵ 상위 100대 기업)=5.8%이므로 옳지 않은 설명이다.

오답분석
① 2024년의 상위 10대 기업의 점유율은 전년 대비 낮아진 것을 확인할 수 있다.
③ 전년 대비 2024년에는 상위 50대 기업을 제외하고 모두 점유율이 감소한 것을 확인할 수 있다.

④ 2023년 대비 2024년의 상위 100대 기업이 차지하고 있는 점유율은 0.2%p 감소한 것을 확인할 수 있다.
⑤ 2022 ~ 2024년 동안 상위 10대 기업의 등락률과 상위 200대 기업의 등락률은 '증가 - 감소' 추이를 보이고 있으므로 옳은 설명이다.

27

정답 ①

A팀의 평균은 C팀의 평균보다 3초 짧고, B팀의 평균은 D팀의 평균보다 2초 길다. 각 팀의 평균을 구하면 다음과 같다.
• A팀 : 45−3=42초
• B팀 : 44+2=46초
• C팀 : $\dfrac{51+30+46+45+53}{5} = 45$초
• D팀 : $\dfrac{36+50+40+52+42}{5} = 44$초

A팀 4번 선수의 기록을 a초, B팀 2번 선수의 기록을 b초라 하자.
A팀 4번 선수의 기록은 $\dfrac{32+46+42+a+42}{5} = 42$

$\rightarrow a+162=210 \rightarrow a=48$이므로 48초이고,

B팀의 2번 선수의 기록은 $\dfrac{48+b+36+53+55}{5} = 46$

$\rightarrow b+192=230 \rightarrow b=38$이므로 38초이다.

따라서 두 선수의 평균 기록은 $\dfrac{48+38}{2} = 43$초이다.

28

정답 ②

경증 환자 중 남자 환자의 비율은 $\dfrac{31}{50}$이고, 중증 환자 중 남자 환자의 비율은 $\dfrac{34}{50}$이므로 경증 환자의 비율이 더 낮다.

29

정답 ②

㉠ 서울과 경기의 인구 수 차이는 2018년에 10,463−10,173=290명, 2024년에 11,787−10,312=1,475명으로 2024년에 차이가 더 커졌다.
㉢ 광주는 2024년에 22명이 증가하였고, 다른 연도보다 2024년에 가장 많이 증가했다.

오답분석
㉡ 2018년과 비교하여 2024년에 인구가 감소한 지역은 부산, 대구이다.
㉣ 대구는 2020년부터 전년 대비 인구가 감소하다가 2024년에 다시 증가했다.

30
정답 ①

이메일 스팸 수신량이 가장 높은 시기는 2022년 하반기이지만, 휴대전화 스팸 수신량이 가장 높은 시기는 2021년 하반기이다.

② 자료를 통해 모든 기간 이메일 스팸 수신량이 휴대전화 스팸 수신량보다 많음을 확인할 수 있다.
③ 이메일 스팸 수신량의 증가·감소 추이와 휴대전화 스팸 수신량의 증가·감소 추이가 일치하지 않으므로 서로 밀접한 관련이 있다고 보기 어렵다.
④ 이메일 스팸 총수신량의 평균은 0.6통이고, 휴대전화 스팸 총수신량의 평균은 약 0.19통이다. 따라서 $\frac{0.6}{0.19} ≒ 3.16$으로 3배 이상이다.
⑤ 컴퓨터 사용량과 이메일 스팸 수신량이 정비례 관계에 있으므로, 컴퓨터 사용량이 증가하면 이메일 스팸 수신량도 증가한다. 따라서 이메일 스팸 수신량이 가장 높은 2022년 하반기에 국민의 컴퓨터 사용량이 제일 높았을 것이다.

31
정답 ②

주어진 자료에서 원하는 항목만을 골라 해당하는 금액의 합계를 구하기 위해서는 SUMIF 함수를 사용해야 한다. SUMIF 함수는 「=SUMIF(범위,조건,합계를 구할 범위)」 형식으로 작성한다. 따라서 「=SUMIF(C3:C22,"외식비",D3:D22)」 함수식을 입력하면 원하는 값을 도출할 수 있다.

32
정답 ④

랜섬웨어는 감염되면 복구가 쉽지 않아 프로그램으로 복구가 어렵다. 따라서 복구 프로그램을 활용하는 것은 주의사항으로 보기 어려우며, '랜섬웨어에 감염이 되면 즉시 정보운영처로 연락해 주십시오.' 등이 주의사항으로 적절하다.

33
정답 ②

악성코드는 악의적인 목적을 위해 작성된 실행 가능한 코드의 통칭이다. 이는 자기 복제 능력과 감염 대상 유무에 따라 바이러스, 웜, 트로이 목마 등으로 분류되며, 외부에서 침입하는 프로그램이다.

34
정답 ④

① 통합 : 동일시트나 다른 여러 시트에 입력된 데이터들을 일정한 기준에 의해 합쳐서 계산한다.
② 목푯값 찾기 : 수식의 결괏값은 알고 있지만 그 결괏값을 계산하기 위한 입력값을 모를 때, 입력값을 찾기 위해 사용한다.
③ 부분합 : 전체 데이터를 부분(그룹)으로 분류하여 분석한다.
⑤ 데이터 표 : 특정 값의 변화에 따른 결괏값의 변화 과정을 표로 표시한다.

35
정답 ①

「=MOD(17,-5)」는 17을 -5로 나누었을 때 나오는 나머지의 값을 뜻하므로 -3이 옳다.

36
정답 ②

지정한 범위 내에서 주어진 조건에 맞는 셀의 개수를 추출하는 COUNTIF 함수를 사용해야 한다. ○ 한 개당 20점이므로 ○의 개수를 구한 뒤 그 값에 20을 곱해야 하므로 [H2] 셀에 입력할 함수식으로 「=COUNTIF(C2:G2,"○")*20」가 옳다.

37
정답 ③

'MAX(B7:E7)'의 함숫값은 [B7:E7] 범위에서 가장 큰 값인 91이며, COUNTA 함수는 범위에서 비어있지 않은 셀의 개수를 출력하는 함수이므로 'COUNTA(B6:E6)'의 함숫값은 4가 된다. 따라서 'AVERAGE(91,4)'가 되며, 91과 4의 평균인 47.5가 된다.

① 'LARGE(B2:E2,3)'의 함숫값은 [B2:E2] 범위에서 3번째로 큰 값인 80이며, 'SMALL(B5:E5,2)'의 함숫값은 [B5:E5] 범위에서 2번째로 작은 값인 79이다. 따라서 'AVERAGE(80,79)'가 되며, 80과 79의 평균인 79.5가 된다.
② 'MAX(B3:E3)'의 함숫값은 [B3:E3] 범위에서 가장 큰 값인 95이며, 'MIN(B7:E7)'의 함숫값은 [B7:E7] 범위에서 가장 작은 값인 79이다. 따라서 'SUM(95,79)'이 되며 95와 79의 합인 174가 된다.
④ MAXA 함수는 논리값과 텍스트도 포함하여 최댓값을 나타내는 함수로, 'MAXA(B4:E4)'의 함숫값은 [B4:E4] 범위의 최댓값인 94가 된다. COUNT 함수는 범위에서 숫자가 포함된 셀의 개수를 세주는 함수로, 'COUNT(B3:E3)'의 함숫값은 4가 된다. 따라서 'SUM(94,4)'이 되며, 94와 4의 합인 98이 된다.
⑤ 'SMALL(B3:E3,3)'의 함숫값은 [B3:E3] 범위에서 3번째로 작은 값인 93이며, 'LARGE(B7:E7,3)'의 함숫값은 [B7:E7] 범위에서 3번째로 큰 값인 80이다. 따라서 'AVERAGE(93,80)'가 되며, 93과 80의 평균인 86.5가 된다.

38

정답 ⑤

RFID 태그의 종류에 따라 반복적으로 데이터를 기록하는 것이 가능하며, 물리적인 손상이 없는 한 반영구적으로 이용할 수 있다.

> **RFID**
> 무선 주파수(RF; Radio Frequency)를 이용하여 대상을 식별(IDentification)하는 기술로, 정보가 저장된 RFID 태그를 대상에 부착한 뒤 RFID 리더를 통하여 정보를 인식한다. 기존의 바코드를 읽는 것과 비슷한 방식으로 이용되나, 바코드와 달리 물체에 직접 접촉하지 않고도 데이터를 인식할 수 있으며, 여러 개의 정보를 동시에 인식하거나 수정할 수 있다. 또한, 바코드에 비해 많은 양의 데이터를 허용함에도 데이터를 읽는 속도가 매우 빠르며 데이터의 신뢰도 또한 높다.

39

정답 ②

3차원 대부분의 차트와 원형, 도넛형, 표면형, 방사형과 같은 항목축과 값축의 구분이 명확하지 않은 차트 종류는 추세선을 추가할 수 없다.

40

정답 ③

오른쪽에 조건부 서식을 살펴보면 중복되지 않는 고유한 값에 서식이 지정되도록 설정되어 있다. 따라서 서식이 적용되는 값은 성명, 워드 1급, 컴활1급, 김홍인, 최석우, 김지혜, 홍윤진, 전민경, 이애리, 한미리로 총 10개의 셀에 서식이 적용된다.

| 02 | 자원관리능력

41	42	43	44	45	46	47	48	49	50
①	②	②	①	③	④	④	③	③	④

41

정답 ①

클립과 문서용 집게는 재사용이 가능하므로 구매하지 않고 재사용한다. 구매요청 부서가 많은 비품 중에서 연필은 B등급이므로 A등급보다 우선순위가 높지 않다. 마지막으로 커피의 필요 개수가 A4 용지보다 적으므로 우선순위에서 밀려난다. 따라서 가장 먼저 구매해야 하는 비품은 A4 용지이다.

42

정답 ②

각 직원이 속한 부서의 평가 등급에 따른 배율을 조직기여도 점수에 곱한 후 총점수를 계산하면 다음과 같다.

(단위 : 점)

구분	리더십 점수	조직기여도 점수	성과 점수	교육 점수	직급 점수	합계
L과장	88	86×1.5 $= 129$	83	0	100	400
M차장	92	90×1.5 $= 135$	88	20	100	435
N주임	90	82×1.0 $= 82$	85	0	50	307
O사원	90	90×0.8 $= 72$	85	0	50	297
P대리	83	90×1.5 $= 135$	88	20	80	406

따라서 400점 이상 410점 이하인 직원은 L과장(400점), P대리(406점) 2명이다.

43

정답 ②

가장 높은 점수를 받은 사람은 435점을 받은 M차장이다.

44
정답 ①

두 번째 조건에서 총 구매금액이 30만 원 이상이면 총금액에서 5% 할인을 해주므로 한 벌당 가격이 $300,000 \div 50 = 6,000$원 이상인 품목은 할인이 적용된 업체별 품목 금액을 보면 모든 품목이 6,000원 이상이므로 5% 할인 적용대상이다. 따라서 모든 품목이 할인 조건이 적용되어 정가로 비교가 가능하다.

마지막 조건에서 차순위 품목이 1순위 품목보다 총금액이 20% 이상 저렴한 경우 차순위를 선택하므로 한 벌당 가격으로 계산하면 1순위인 카라 티셔츠의 20% 할인된 가격은 $8,000 \times 0.8 = 6,400$원이다. 정가가 6,400원 이하인 품목은 A업체의 티셔츠이므로 팀장은 1순위 카라 티셔츠보다 2순위인 A업체의 티셔츠를 구입할 것이다.

45
정답 ③

문화생활에 신청한 직원의 수와 정원을 비교하면 다음과 같다.

(단위 : 명)

구분	연극	영화	음악회	미술관
신청 인원	14	26	13	4
정원	20	30	10	30

음악회의 신청 인원이 정원 3명을 초과하여 다시 신청을 해야 한다. 정원이 초과된 인원은 1인당 금액이 비싼 문화생활 순으로 남은 정원을 채운다고 하였으므로 그 순서는 '음악회 – 연극 – 미술관 – 영화' 순서이다.

따라서 3명은 정원이 남은 연극을 신청하게 되어 연극의 신청 인원은 $14+3=17$명이 된다. 문화생활 정보의 기타 사항을 보면 연극과 영화는 할인 조건에 해당되므로 할인 적용을 받는다. 따라서 이번 달 문화생활 티켓 구매에 필요한 예산은 $(17 \times 20,000 \times 0.85) + (26 \times 12,000 \times 0.5) + (10 \times 50,000) + (4 \times 13,000) = 997,000$원이다.

46
정답 ④

• 한국시각 기준 비행기 탑승 시각 : 21일 8시 30분+13시간=21일 21시 30분
• 비행기 도착 시각 : 21일 21시 30분+17시간=22일 14시 30분

따라서 김사원은 바이어가 도착하는 22일 14시 30분보다 30분 빠른 22일 14시까지 인천공항에 도착해야 한다. 이때, K공사에서 인천공항까지 가는 데 걸리는 시간을 고려하면 22일 12시 30분에 회사에서 출발해야 한다.

47
정답 ④

물품출납 및 운용카드는 물품에 대한 상태를 지속적으로 확인하고 작성하여 개정할 필요가 있다.

48
정답 ③

매월 각 프로젝트에 필요한 인원들을 구하면 다음과 같다.

(단위 : 명)

구분	2월	3월	4월	5월	6월	7월	8월	9월
A	46							
B	42	42	42	42				
C		24	24					
D				50	50	50		
E						15	15	15
합계	88	66	66	92	50	65	15	15

따라서 5월에 가장 많은 92명이 필요하므로 모든 프로젝트를 완료하기 위해서는 최소 92명이 필요하다.

49
정답 ③

프로젝트별 총 인건비를 계산하면 다음과 같다.
• A프로젝트 : $46 \times 130만 = 5,980만$ 원
• B프로젝트 : $42 \times 550만 = 23,100만$ 원
• C프로젝트 : $24 \times 290만 = 6,960만$ 원
• D프로젝트 : $50 \times 430만 = 21,500만$ 원
• E프로젝트 : $15 \times 400만 = 6,000만$ 원

이때, 인건비와 진행비를 합산하여 각 프로젝트에 들어가는 총비용을 계산하면 다음과 같다.
• A프로젝트 : $5,980만+20,000만=25,980만$ 원
• B프로젝트 : $23,100만+3,000만=26,100만$ 원
• C프로젝트 : $6,960만+15,000만=21,960만$ 원
• D프로젝트 : $21,500만+2,800만=24,300만$ 원
• E프로젝트 : $6,000만+16,200만=22,200만$ 원

따라서 C프로젝트가 21,960만 원으로 총비용이 가장 적게 든다.

50
정답 ④

25, 26일은 예측농도가 '약간 나쁨', '보통'이므로 첫째 날과 둘째 날 예측농도 조건에 맞는다. 워크숍 마지막 날인 27일은 토요일도 가능하다는 조건에 부합하며, 예측농도 또한 '나쁨'이지만 따로 제한하고 있는 조건이 없으므로 가능하다.

오답분석
① 1일(첫째 날)은 미세먼지 예측농도가 '매우 나쁨'이고, 2일(둘째 날)은 '나쁨'으로 조건에 맞지 않는다.
② 8~9일의 미세먼지 예측농도는 적절하지만 매달 둘째, 넷째 주 수요일마다 기획회의가 있으므로 10일인 수요일은 불가능하다.
③ 17일(첫째 날)은 미세먼지 예측농도가 '나쁨'으로 조건에 맞지 않으며, 19일에 우수성과팀 시상식이 있기 때문에 적절하지 않다.
⑤ 29~31일은 중국 현지에서 열리는 콘퍼런스에 참여해야 하므로 적절하지 않다.

| 03 | 기술능력

41	42	43	44	45	46	47	48	49	50
④	③	②	③	①	③	④	①	②	①

41
정답 ④

(라)의 경우 추측성 내용으로 작성되었음을 알 수 있다. 매뉴얼에 따르면 추측성 내용의 서술은 금물이다. 추측성 서술은 문장을 애매모호하게 만들 뿐만 아니라 사용자에게 사고를 유발해 신체적·재산적 손실을 가져다 줄 수 있다.

42
정답 ③

기술선택을 위한 절차는 (ㄱ) 외부 환경 분석 → 중장기 사업목표 설정 → (ㄴ) 내부 역량 분석 순으로, 외부 환경 분석은 수요변화 및 경쟁자 변화, 기술 변화 등에 대한 분석이고, 중장기 사업목표 설정은 기업의 장기비전, 중장기 매출목표 및 이익목표 설정이며, 내부 역량 분석은 기술능력, 생산능력, 마케팅·영업능력, 재무능력 등에 대한 분석이다.
또한 중장기 사업목표 설정은 사업 전략 수립 → (ㄷ) 요구 기술 분석 → (ㄹ) 기술 전략 수립 → 핵심 기술 선택 순으로, 사업 전략 수립은 사업 영역결정, 경쟁 우위 확보 방안 수립이고, 요구 기술 분석은 제품 설계·디자인 기술, 제품 생산 공정, 원재료·부품 제조기술 분석이며, 기술 전략 수립은 핵심기술의 선택, 기술 획득 방법 결정 등이 있다.

43
정답 ②

임펠러 날개깃이 피로 현상으로 인해 결함을 일으킬 수 있다고 하였기 때문에 기술적 원인에 해당된다. 기술적 원인에는 기계 설계 불량, 재료의 부적합, 생산 공정의 부적당, 정비·보존 불량 등이 해당된다.

44
정답 ③

실외 온도가 영상이므로 계기판 B의 수치는 고려하지 않으며, 실내 온도는 20℃ 이상이므로 Serial Mode를 적용한다. 이때, PSD는 각 계기판 수치의 합이므로 8+11=19이다. 그리고 검침일이 목요일이므로, 기준치는 세 계기판의 표준 수치 합인 5+5+5=15이다. PSD 수치 범위는 15<19<15+5이므로 눌러야 할 버튼은 경계 버튼이고, 상황통제실의 경고등에는 노란색 불이 들어오며, 필요한 조치는 안전요원 배치이다.

45
정답 ①

실외 온도가 영하이므로 세 계기판의 수치를 모두 고려해야 하며, 실내 온도는 20℃ 미만이므로 Parallel Mode를 적용한다. 이때,

PSD는 계기판 숫자의 평균이므로 (10+3+2)÷3=5이다. 그리고 검침일이 화요일이므로 기준치는 세 계기판의 표준 수치 합의 1/2인 7.5이다. PSD 수치 범위는 5<7.5이므로 눌러야 할 버튼은 정상 버튼이고, 상황통제실의 경고등에는 녹색 불이 들어오며, 필요한 조치는 정상가동이다.

46
정답 ③

- ㉠사 : 경쟁관계에 있지 않은 기업 중 마케팅이 우수한 곳을 찾아가 벤치마킹을 했기 때문에 비경쟁적 벤치마킹이다.
- ㉡사 : 동일 업종이지만 외국에 있어 비경쟁적 기업을 대상으로 벤치마킹을 했기 때문에 글로벌 벤치마킹이다.

[오답분석]
- 경쟁적 벤치마킹 : 동일 업종이면서 경쟁관계에 있는 기업을 대상으로 하는 벤치마킹이다.
- 직접적 벤치마킹 : 벤치마킹 대상을 직접 방문하여 수행하는 벤치마킹이다.
- 간접적 벤치마킹 : 인터넷 및 문서형태의 자료를 통해서 수행하는 벤치마킹이다.

47
정답 ④

하향식 기술선택은 중장기적인 목표를 설정하고, 이를 달성하기 위해 핵심고객층 등에 제공하는 제품 및 서비스를 결정한다.

48
정답 ①

기술시스템(Technological System)은 개별 기술이 네트워크로 결합하는 것을 말한다. 인공물의 집합체만이 아니라 투자회사, 법적 제도, 정치, 과학, 자연자원을 모두 포함하는 것으로, 사회기술시스템이라고도 한다.

49
정답 ②

제품설명서 중 A/S 신청 전 확인 사항을 살펴보면, 비데 기능이 작동하지 않을 경우 수도필터가 막혔거나 혹은 착좌센서 오류가 원인이라고 제시되어 있다. 따라서 K사원으로부터 접수받은 현상(문제점)의 원인을 파악하려면 수도필터의 청결 상태를 확인하거나 혹은 비데의 착좌센서의 오류 여부를 확인해야 한다. 따라서 ②가 가장 적절하다.

50
정답 ①

49번 문제에서 확인한 사항(원인)은 수도필터의 청결 상태이다. 즉, 수도필터의 청결 상태가 원인이 되는 또 다른 현상은 수압이 약할 경우이다. 따라서 ①이 가장 적절하다.

3일 차 기출응용 모의고사 정답 및 해설

|01| 경영학

01	02	03	04	05	06	07	08	09	10
③	③	①	④	⑤	①	⑤	②	③	③
11	12	13	14	15	16	17	18	19	20
⑤	③	③	⑤	④	④	⑤	②	①	④
21	22	23	24	25	26	27	28	29	30
⑤	④	④	①	①	①	②	③	⑤	④
31	32	33	34	35	36	37	38	39	40
⑤	⑤	②	①	②	④	①	③	①	①

01
정답 ③

피들러(Fiedler)는 LPC(Least Preferred Coworker) 척도를 개발하여 리더십의 유형을 분류하려고 시도하였다. LPC 척도는 과거 또는 현재의 '가장 함께 일하기 싫은 동료'를 생각하면서 동료의 등급을 매기는 것으로, 합산된 점수에 따라 리더의 특성을 과업지향적 리더와 관계지향적 리더로 분류한다. 리더 및 부하의 관계가 호의적이거나 비호의적인 상황에는 과업지향적 리더가 적합하다.

02
정답 ③

선입선출법은 물량의 실제흐름과 관계없이 먼저 구입한 상품이 먼저 사용되거나 판매된 것으로 가정하여 기말재고액을 결정한다.

오답분석
① 저가법에 대한 설명이다.
② 디플레이션 때에는 이익이 과대계상되지 않으나, 인플레이션 때에는 과대이익을 계상한다.
④ 후입선출법에 대한 설명이다.
⑤ 총평균법에 대한 설명이다.

03
정답 ①

기능별 조직은 전체 조직을 기능별 분류에 따라 형성시키는 조직의 형태이다. K회사는 수요가 비교적 안정된 소모품을 납품하는 업체이기 때문에 환경적으로도 안정되어 있으며, 부서별 효율성을 추구하므로 기능별 조직이 회사의 조직구조로 적합하다.

기능별 조직의 특징

구분	내용
적합한 환경	• 조직구조 : 기능조직 • 환경 : 안정적 • 기술 : 일상적이며 낮은 상호의존성 • 조직규모 : 작거나 중간 정도 • 조직목표 : 내적 효율성, 기술의 전문성과 질
장점	• 기능별 규모의 경제 획득 • 기능별 기술개발 용이 • 기능 목표 달성 가능 • 중간 이하 규모의 조직에 적합 • 소품종 생산에 유리
단점	• 환경변화에 대한 대응이 늦음 • 최고경영자의 의사결정이 지나치게 많음 • 부문 간 상호조정 곤란 • 혁신이 어려움 • 전체 조직목표에 대한 제한된 시각

04
정답 ④

BCG 매트릭스에서 상대적 시장점유율이 1보다 크다는 것은 해당 사업부의 시장점유율이 1위라는 것을 의미한다. 이때 시장점유율이 50%가 안 되는 1위 기업 또한 존재하기 때문에 항상 옳은 것은 아니다.

상대적 시장점유율

$$\frac{(\text{자사의 시장점유율})}{[\text{시장 내 1위 기업의 시장점유율}(\text{자사제외})]} \times 100$$

05
정답 ⑤

B2B는 영업기회의 발굴에 초점을 두기 때문에 전자상거래 수단이나 관리 및 TV광고와 같은 광범위하고 많은 고객층에게 노출되는 마케팅보다는 작은 타깃시장에 집중하여 시장점유율을 높이는 전략을 택하는 것이 유리하다.

06
정답 ①

오답분석

② 수익성지수법 : 비용의 크기가 서로 매우 다른 여러 투자안들이 있거나 투자할 수 있는 여력이 제한되어 자본할당을 해야 하는 경우에 이용될 수 있는 투자안 평가방법이다.

③ 순현재가치법 : 투자로 인해 발생하는 현금흐름의 총 유입액 현재가치에서 총 유출액 현재가치를 차감한 가치인 순현가(순현재가치)를 이용하여 투자안을 평가하는 방법이다.

④ 내부수익률법 : 내부수익률을 투자자의 요구수익률과 비교하여 투자 의사결정을 하는 방법이다.

⑤ 회수기간법 : 투자에 소요된 자금을 그 투자로 인하여 발생하는 현금흐름으로부터 모두 회수하는 데 걸리는 기간을 재무관리자가 사전에 정해놓은 회수기간과 비교하여 투자안을 평가하는 방법이다.

07
정답 ⑤

주식을 할증발행(액면금액을 초과하여 발행)하면 자본잉여금인 주식발행초과금이 발생한다. 즉, 주식발행초과금은 주식발행가액이 액면가액을 초과하는 경우 그 초과한 금액으로, 자본전입 또는 결손보전 등으로만 사용이 가능하다. 따라서 자산과 자본을 증가시키지만, 이익잉여금에는 영향을 미치지 않는다.

이익잉여금의 증감 원인

증가 원인	감소 원인

• 당기순이익
• 전기오류수정이익
  (중대한 오류)
• 회계정책 변경의 누적효과
  (이익)
	• 당기순손실
	• 배당금
	• 전기오류수정손실
	  (중대한 오류)
	• 회계정책 변경의 누적효과
	  (손실)

08
정답 ②

오답분석

① 내부 벤치마킹 : 기업 내부의 부문 간 또는 관련회사 사이의 벤치마킹으로, 현재의 업무를 개선하기 위한 것이며, 외부 벤치마킹을 하기 위한 사전단계이다.

③ 산업 벤치마킹 : 경쟁기업과의 비교가 아니라 산업에 속해 있는 전체 기업을 대상으로 하기 때문에 그 범위가 매우 넓다.

④ 선두그룹 벤치마킹 : 새롭고 혁신적인 업무방식을 추구하는 기업을 비교대상으로 한다. 단순히 경쟁에 대처하는 것이 아니라 혁신적인 방법을 모색하는 것을 목표로 한다.

09
정답 ③

맥그리거(Mcgregor)는 두 가지의 상반된 인간관 모형을 제시하고, 인간모형에 따라 조직관리 전략이 달라져야 한다고 주장하였다.

• X이론 : 소극적・부정적 인간관을 바탕으로 한 전략 – 천성적 나태, 어리석은 존재, 타율적 관리, 변화에 저항적

• Y이론 : 적극적・긍정적 인간관을 특징으로 한 전략 – 변화지향적, 자율적 활동, 민주적 관리, 높은 책임감

10
정답 ③

카르텔은 참여하는 기업이 경제적, 법률적으로 독립성을 유지하면서 결합관계를 갖는 수평적 결합이다.

오답분석

① 카르텔은 동종 업종 또는 유사 업종의 기업이 경쟁의 제한 또는 완화를 목적으로 가격, 생산량, 판로 등에 대해 협정을 맺는 것을 의미한다.

② 카르텔은 협정을 통해 경쟁하지 않기 때문에 경쟁에 배타적이다.

④ 카르텔은 가격 유지 및 기업 안정을 목적으로 한다.

⑤ 카르텔은 독립성을 유지하는 수평적 결합이다.

11
정답 ⑤

목표관리는 목표의 설정뿐 아니라 성과평가 과정에도 부하직원이 참여하는 관리기법이다.

오답분석

① 목표설정이론은 명확하고 도전적인 목표가 성과에 미치는 영향을 분석한다.

② 목표는 지시적 목표, 자기설정 목표, 참여적 목표로 구분되며, 이 중 참여적 목표가 종업원의 수용성이 가장 높다.

③ 조직의 상・하 구성원이 모두 협의하여 목표를 설정한다.

④ 조직의 목표를 부서별, 개인별 목표로 전환하여 조직 구성원 각자의 책임을 정하고, 조직의 효율성을 향상시킬 수 있다.

12
정답 ③

수요예측기법은 수치를 이용한 계산방법 적용 여부에 따라 정성적 기법과 정량적 기법으로 구분할 수 있다. 정성적 기법은 개인의 주관이나 판단 또는 여러 사람의 의견에 의하여 수요를 예측하는 방법으로, 델파이 기법, 역사적 유추법, 시장조사법, 라이프사이클 유추법 등이 있다. 정량적 기법은 수치로 측정된 통계자료에 기초하여 계량적으로 예측하는 방법으로, 사건에 대하여 시간의 흐름에 따라 기록한 시계열 데이터를 바탕으로 분석하는 시계열 분석 방법이 이에 해당한다.

① 델파이 기법 : 여러 전문가의 의견을 되풀이해 모으고 교환하고 발전시켜 미래를 예측하는 방법이다.
② 역사적 유추법 : 수요 변화에 관한 과거 유사한 제품의 패턴을 바탕으로 유추하는 방법이다.
④ 시장조사법 : 시장에 대해 조사하려는 내용의 가설을 세운 뒤 소비자 의견을 조사하여 가설을 검증하는 방법이다.
⑤ 라이프사이클 유추법 : 제품의 라이프사이클을 분석하여 수요를 예측하는 방법이다.

13
정답 ③

① 서열법 : 피평정자의 근무성적을 서로 비교해서 그들 간의 서열을 정하여 평정하는 방법이다.
② 평정척도법 : 관찰하려는 행동에 대해 어떤 질적 특성의 차이를 단계별로 구분하여 판단하는 방법이다.
④ 중요사건기술법 : 피평정자의 근무실적에 큰 영향을 주는 중요 사건들을 평정자로 하여금 기술하게 하거나 주요 사건들에 대한 설명구를 미리 만들고 평정자로 하여금 해당되는 사건에 표시하게 하는 평정방법이다.
⑤ 목표관리법 : 전통적인 충동관리나 상사 위주의 지식적 관리가 아니라 공동목표를 설정·이행·평가하는 전 과정에서 아랫사람의 능력을 인정하고 그들과 공동노력을 함으로써 개인목표와 조직목표 사이, 상부목표와 하부목표 사이에 일관성이 있도록 하는 관리방법이다.

14
정답 ⑤

자재소요계획은 생산 일정계획의 완제품 생산일정(MPS)과 자재명세서(BOM), 재고기록철(IR)에 대한 정보를 근거로 MRP를 수립하여 재고 관리를 모색한다.

① MRP는 푸시 생산방식(Push System)이다.
② MRP는 종속수요를 갖는 부품들의 생산수량과 생산시기를 결정하는 방법이다.
③ 부품별 계획 주문 발주시기는 MRP의 결과물이다.
④ 필요할 때마다 요청해서 생산하는 방식은 풀 생산방식(Pull System)이다.

15
정답 ④

인적자원관리는 조직의 목표를 이루기 위해 사람의 확보, 개발, 활용, 보상 및 유지를 하며, 이와 더불어 계획, 조직, 지휘, 통제 등의 관리체제를 이룬다.

16
정답 ④

통상적인 영업 과정에서 단기간에 판매하기 위해 보유하고 있는 토지는 투자부동산에 해당하지 않는다.

17
정답 ⑤

페이율은 기업활동을 기술활동, 영업활동, 재무활동, 회계활동, 관리활동, 보전활동 6가지 분야로 구분하였다.

② 차별 성과급제, 기능식 직장제도, 과업관리, 계획부 제도, 작업지도표 제도 등은 테일러의 과학적 관리법을 기본이론으로 한다.
③ 포드의 컨베이어 벨트 시스템은 생산원가를 절감하기 위해 표준 제품을 정하고 대량생산하는 방식을 정립한 것이다.
④ 베버의 관료제 조직은 계층에 의한 관리, 분업화, 문서화, 능력주의, 사람과 직위의 분리, 비개인성의 6가지 특징을 가지며, 이를 통해 조직을 가장 합리적이고 효율적으로 운영할 수 있다고 주장한다.

18
정답 ②

① 데이터 웨어하우스(Data Warehouse) : 사용자의 의사결정을 돕기 위해 다양한 운영 시스템에서 추출·변환·통합되고 요약된 데이터베이스를 말한다. 크게 원시 데이터 계층, 데이터 웨어하우스 계층, 클라이언트 계층으로 나뉘며, 데이터의 추출·저장·조회 등의 활동을 한다. 고객과 제품, 회계와 같은 주제를 중심으로 데이터를 구축하며, 여기에 저장된 모든 데이터는 일관성을 유지해 데이터 호환이나 이식에 문제가 없다. 또한 특정 시점에 데이터를 정확하게 유지하면서 동시에 장기적으로 유지될 수도 있다.
③ 데이터 마트(Data Mart) : 운영데이터나 기타 다른 방법으로 수집된 데이터 저장소로, 특정 그룹의 지식 노동자들을 지원하기 위해 설계된 것이다. 즉, 특별한 목적을 위해 접근의 용이성과 유용성을 강조해 만들어진 작은 데이터 저장소라고 할 수 있다.
④ 데이터 정제(Data Cleansing) : 데이터베이스의 불완전 데이터에 대한 검출·이동·정정 등의 작업을 말한다. 또한 특정 데이터베이스의 데이터 정화뿐만 아니라 다른 데이터베이스로부터 유입된 이종 데이터에 대한 일관성을 부여하는 역할도 한다.

19
정답 ①

카츠(Kartz)는 경영자에게 필요한 능력을 크게 인간적 자질, 전문적 자질, 개념적 자질 3가지로 구분하였다. 그중 인간적 자질은 구성원을 리드하고 관리하며, 다른 구성원들과 함께 일을 할 수 있게 하는 것으로, 모든 경영자가 갖추어야 하는 능력이다. 타인에 대한 이해력과 동기부여 능력은 인간적 자질에 속한다.

오답분석
② · ④ 전문적 자질(현장실무)에 해당한다.
③ · ⑤ 개념적 자질(상황판단)에 해당한다.

20   정답 ④

(2024년 기말재고자산) $= 10,000 + 1,000 + (2,000 \times 0.3) + 3,000$
$= 14,600$원

21   정답 ⑤

행동기준고과법은 평가직무에 적용되는 행동패턴을 측정하여 점수화하고 등급을 매기는 방식으로 평가한다. 따라서 등급화하지 않고 개별행위 빈도를 나눠서 측정한다는 설명은 옳지 않다. 또한 행동기준고과법은 구체적인 행동의 기준을 제시하고 있으므로 향후 종업원의 행동변화를 유도하는 데 도움이 된다.

22   정답 ④

시장세분화는 수요층별로 시장을 분할해 각 층에 대해 집중적인 마케팅 전략을 펴는 것으로, 인구통계적 세분화는 나이, 성별, 라이프사이클, 가족 수 등을 세분화하여 소비자 집단을 구분하는 데 많이 사용한다.

오답분석
① 시장포지셔닝 : 소비자들의 마음속에 자사제품의 바람직한 위치를 형성하기 위하여 제품 효익을 개발하고 커뮤니케이션하는 활동을 의미한다.
② 행동적 세분화 : 구매자의 사용상황, 사용경험, 상표애호도 등으로 시장을 나누는 것이다.
③ 사회심리적 세분화 : 사회계층, 준거집단, 라이프 스타일, 개성 등으로 시장을 나누는 것이다.
⑤ 시장표적화 : 포지셔닝할 고객을 정하는 단계이다.

23   정답 ④

재무회계는 기업 외부정보이용자를 위한 회계이다. 내부정보이용자를 위한 회계는 관리회계이다.

24   정답 ①

오답분석
② 준거가격 : 소비자가 과거의 경험이나 기억, 정보 등으로 제품의 구매를 결정할 때 기준이 되는 가격이다.
③ 명성가격 : 소비자가 가격에 의하여 품질을 평가하는 경향이 특히 강하여 비교적 고급품질이 선호되는 상품에 설정되는 가격이다.

④ 관습가격 : 일용품의 경우처럼 장기간에 걸친 소비자의 수요로 인해 관습적으로 형성되는 가격이다.
⑤ 기점가격 : 제품을 생산하는 공장의 입지 조건 등을 막론하고 특정 기점에서 공장까지의 운임을 일률적으로 원가에 더하여 형성되는 가격이다.

25   정답 ①

순할인채의 듀레이션은 만기와 일치한다. 따라서 주어진 순할인채의 듀레이션은 5년이다.

26   정답 ①

달러를 현재 정한 환율로 미래 일정시점에 팔기로 계약하는 것을 선물환 매도, 금융회사가 달러를 현재 정한 환율로 미래 일정 시점에 사기로 계약하는 것을 선물환 매수라고 한다. 따라서 달러화 가치가 앞으로 상승할 것으로 예상될 경우 선물환을 매수하게 된다.

27   정답 ②

성장기에는 신제품을 인지시키기 위한 정보제공형 광고에서 소비자의 선호도를 높이기 위한 제품선호형 광고로 전환한다.

28   정답 ③

제시문은 영업권에 대한 설명이다. 내부적으로 창출한 영업권은 자산으로 인식하지 않는다.

29   정답 ⑤

네트워크 조직은 자본적으로 연결되지 않은 독립된 조직들이 각자의 전문 분야를 추구하면서도 제품을 생산과 프로젝트 수행을 위한 관계를 형성하여 상호의존적인 협력관계를 형성하는 조직이다. 다수의 다른 장소에서 이루어지는 프로젝트들을 관리 · 통솔하는 과정에서 다른 구조보다 훨씬 더 많은 층위에서의 감독이 필요하며 그만큼 관리비용이 증가한다. 이러한 다수의 관리감독자들은 구성원들에게 혼란을 야기하거나 프로젝트 진행을 심각하게 방해할 수도 있다. 이에 따른 단점을 상쇄하기 위해 최근 많은 기업들은 공동 프로젝트 통합관리 시스템 개발을 통해 효율적인 네트워크 조직운영을 목표로 하고 있다.

30   정답 ④

빠르게 변화하는 환경에 적응하는 데에는 외부모집이 내부노동시장에서 지원자를 모집하는 내부모집보다 효과적이다.

31

- (2024년 진행률)$=\dfrac{120,000}{400,000}\times100=30\%$
- (공사수익)$=(500,000\times0.3)-120,000=30,000$원

발행원가의 회수가능성이 높지 않은 경우 발생원가 120,000원을 비용으로 인식하고 수익을 인식하지 않는다.

32

정답 ⑤

다품종 생산이 가능한 것은 공정별 배치에 해당한다.

제품별 배치와 공정별 배치의 장단점

구분	제품별 배치	공정별 배치
장점	• 높은 설비이용률 • 노동의 전문화 • 낮은 제품단위당 원가	• 다품종 생산이 가능 • 저렴한 범용설비 • 장려임금 실시 가능
단점	• 수요 변화에 적응이 어려움 • 설비 고장에 영향을 받음 • 장려임금 실시 불가 • 단순작업	• 낮은 설비이용률 • 높은 제품단위당 원가 • 재공품 재고 증가 • 경로와 일정계획의 문제

33

정답 ②

통제범위란 관리자 대 작업자의 비율을 뜻하는데, 스텝으로부터의 업무상 조언과 지원의 횟수는 통제의 범위와는 직접적 관련이 없다.

통제범위(Span of Control)
권한계층(Hierarchy of Authority)과 동일하며, 관리자가 직접 관리·감독하는 부하의 수를 말한다. 통제범위가 좁으면 조직계층이 높아지고, 통제범위가 넓으면 조직계층이 낮아져 조직이 수평적으로 변한다.

34

정답 ①

군집형 커뮤니케이션은 비공식 커뮤니케이션에 해당한다. 비공식 커뮤니케이션은 종업원들이 조직도에 의해서 규정된 상대와만 대화를 나누려 하지 않고, 여러 가지 사회적인 욕구와 필요에 의해 직종과 계층을 넘어서 인간적 유대를 갖고 커뮤니케이션을 유지하려는 것으로, 단순형·확률형·한담형·군집형이 있다.

공식적 커뮤니케이션의 종류
- 상향식 커뮤니케이션 : 조직의 하위계층으로부터 상위계층에 정보가 전달되는 Bottom - up 방식
- 하향식 커뮤니케이션 : 조직의 위계(Hierarchy)에 따라 상위계층에서 하위계층으로 정보가 전달되는 Top - down 방식
- 수평적 커뮤니케이션 : 계층 수준이 동일한 동료 간 정보 교류, 업무의 조정(Coordination) 역할
- 대각적 커뮤니케이션 : 계층이 다른 타 부서 구성원과의 정보 교류
- 대외적 커뮤니케이션 : 조직 외부의 주체자와 정보 교류

35

정답 ②

집약적 유통은 가능한 많은 중간상들에게 자사의 제품을 취급하도록 하는 것으로, 과자, 저가 소비재 등과 같이 소비자들이 구매의 편의성을 중시하는 품목에서 채택한다.

오답분석
①·④ 전속적 유통채널에 대한 설명이다.
③·⑤ 선택적 유통채널에 대한 설명이다.

36

정답 ④

재판매가격 유지정책에 대한 설명이다.

37

정답 ①

황금주란 단 한 주만으로도 합병·이사해임 등 경영권에 직결되는 중요 의사결정에 대해 절대적인 권한을 행사할 수 있는 특별 주식으로, 적대적 M&A에 방어권을 행사할 수 있는 방법이다.

오답분석
② 백기사제도 : 기업 간 적대적 인수합병(M&A)이 진행될 때 현재 경영진의 경영권 방어를 돕는 우호적인 주주를 통한 방어 전략이다.
③ 곰의 포옹 : 사전 예고 없이 경영진에 매수를 제의하고, 빠른 의사결정을 요구하는 공개매수전략 방법이다.
④ 그린메일 : 주식매수사실을 해당기업에 통보해 공개매수 위협을 가함으로써 매입한 주식을 프리미엄을 받고 높은 가격에 다시 매도하는 방법이다.
⑤ 역매수전략 : 적대적 기업이 공개매수를 실시하는 경우, 대상 기업이 오히려 적대적 인수기업의 주식을 매수해 정면으로 대립하는 적대적 M&A 방어 전략이다.

38

정답 ③

- (평균 재고자산)$=\dfrac{90,000+210,000}{2}=150,000$원

- (재고자산 회전율)$=\dfrac{(\text{매출원가가 일어난 기간})}{(\text{재고자산 회전일 수})}=\dfrac{360일}{120일}=3$회

- (매출원가)=(평균 재고자산)×(재고자산 회전율)=150,000× 3=450,000원

39

정답 ①

ㄱ. 변혁적 리더십은 거래적 리더십에 대한 비판으로, 현상 탈피, 변화 지향성, 내재적 보상의 강조, 장기적 관점이 특징이다.
ㄷ. 카리스마 리더십은 부하에게 높은 자신감을 보이며 매력적인 비전을 제시한다.

[오답분석]

ㄴ. 거래적 리더십은 현상 유지, 안정 지향성, 즉각적이고 가시적인 보상체계, 단기적 관점이 특징이다.
ㄹ. 슈퍼리더십은 부하들이 역량을 최대한 발휘하여 셀프 리더가 될 수 있도록 환경을 조성하고 동기부여를 하는 리더이다.

40

정답 ①

2부제 가격(이중요율) 전략은 제품의 가격체계를 기본가격과 사용 가격으로 구분하여 2부제로 부과하는 가격정책을 말한다. 즉, 제품의 구매량과는 상관없이 기본가격과 단위가격이 적용되는 가격 시스템을 의미한다.

| 02 | 경제학

01	02	03	04	05	06	07	08	09	10
④	①	④	③	⑤	⑤	⑤	①	②	④
11	12	13	14	15	16	17	18	19	20
③	⑤	①	①	②	②	④	①	④	④
21	22	23	24	25	26	27	28	29	30
①	④	③	③	①	②	②	①	②	⑤
31	32	33	34	35	36	37	38	39	40
②	③	③	④	④	②	④	④	④	⑤

01

정답 ④

피구효과란 경제 불황이 발생하여 물가가 하락하면 민간이 보유한 화폐의 구매력이 증가하므로 실질적인 부가 증가하는 효과가 발생하고, 실질부가 증가하면서 소비도 증가하여 IS곡선이 오른쪽으로 이동하는 효과를 말한다. 즉, 피구효과는 IS곡선의 기울기가 아닌 IS곡선 자체의 이동을 가져오는 효과이다.

02

정답 ①

프리드먼에 의해 제시된 소비함수론인 항상소득가설에서는 소비가 항상소득에 의해 결정된다고 가정한다. 즉, 항상소득가설에서 실제소득은 항상소득과 임시소득의 합으로 구성되지만 소비에 미치는 영향이 크고 항구적인 것은 항상소득인 것이다. 반면 임시소득은 소득 변동이 임시적인 것으로 소비에 영향을 미치지 못하거나 영향을 미치는 정도가 매우 낮다.

03

정답 ④

화폐의 기능 중 가치 저장 기능은 발생한 소득을 바로 쓰지 않고 나중에 지출할 수 있도록 한다는 것이다.

[오답분석]

① 금과 같은 상품화폐의 내재적 가치는 변동한다.
② M2에는 요구불 예금과 저축성 예금이 포함된다.
③ 불태환화폐(Flat Money)는 상품화폐와 달리 내재적 가치를 갖지 않는다.
⑤ 다른 용도로 사용될 수 있더라도 교환의 매개 수단으로 활용될 수 있다.

04
정답 ③

공공재란 재화와 서비스에 대한 비용을 지불하지 않더라도 모든 사람이 공동으로 이용할 수 있는 재화 또는 서비스를 말한다. 공공재는 비경합성과 비배제성을 동시에 가지고 있다. 공공재의 비배제성 성질에 따르면 재화와 서비스에 대한 비용을 지불하지 않더라도 공공재의 이익을 얻을 수 있는 무임승차의 문제가 발생한다. 한편, 공공재라도 민간이 생산, 공급할 수 있다.

05
정답 ⑤

오답분석

가. 피셔효과에 따르면 '(명목이자율)=(실질이자율)+(예상인플레이션율)'인 관계식이 성립하므로 예상인플레이션율이 명목이자율을 상회할 경우 실질이자율은 마이너스(−) 값이 될 수 있다. 하지만 명목이자율이 마이너스(−) 값을 가질 수는 없다.

나. 명목임금이 하방경직일 때 디플레이션으로 인해 물가가 하락하면 실질임금은 상승하게 된다.

06
정답 ⑤

ⅰ) 화폐수량설 공식은 $MV=PV$이다(M : 통화, V : 유통속도, P : 물가, Y : 국민소득). 이때 PV는 명목 GDP이므로, 명목 GDP 1,650조 원과 통화량 2,500조 원을 공식에 대입하면 $V=0.66$이다.

ⅱ) [V(유통속도)변화율]$=\Delta V(0.0033) \div V(0.66)=1 \div 200=$ 0.5%

ⅲ) EC방정식에 따르면 (M변화율)+(V변화율)=(P변화율)+(Y변화율)이다. V변화율(0.5%)과 물가변화율(2%), 실질 GDP 증가율(3%)을 대입하면 (M변화율)=4.5%이다.

07
정답 ⑤

수요의 가격탄력성이란 어떤 재화의 가격이 변할 때 그 재화의 수요량이 얼마나 변하는지를 나타내는 지표이다. 수요의 가격탄력성은 수요량의 변화율을 가격의 변화율로 나누고 음의 부호(−)를 부가하여 구할 수 있으며, 이 값이 1보다 큰 경우를 '탄력적'이라고 하고 가격 변화에 수요량이 민감하게 변한다는 것을 의미한다. 따라서 가격 변화율은 10%, 제품 판매량은 5% 감소하였으므로 수요의 가격 탄력성은 $\dfrac{5\%}{10\%}=0.5$이다.

08
정답 ①

오답분석

다. 내생적 성장이론에서는 물적자본, 인적자본, 지식자본 등을 고려하므로 자본의 한계생산은 체감하지 않는다고 본다. 즉, 자본의 축적을 통해 일시적인 소득 증가만이 아니라 지속적인 성장이 가능하다고 본다.

라. 내생적 성장이론에서는 금융시장이 발달하면 저축이 증가하고 투자의 효율성이 개선되어 지속적인 경제성장이 가능하므로 국가 간 소득수준의 수렴현상이 나타나지 않는다고 본다.

09
정답 ②

고전학파에 따르면 정부지출이 증가하면 경제 전체의 총저축($S_N = Y - C - G$)이 감소한다. 따라서 대부자금의 공급이 감소한다. 이에 따라 실질이자율이 상승하여 민간투자와 민간소비 둘 다 감소한다(구축효과). 민간투자와 민간소비의 감소분이 정부지출 증가분과 일치하기 때문에 총지출 및 국민소득에는 아무런 영향이 없고 총수요의 구성요소만 변한다.

10
정답 ④

$MR_A=MC_A$, $MR_B=MC_B$를 이용하여 기업 A와 기업 B의 반응곡선을 구한다.

$$84-2Q_A-Q_B=28 \rightarrow Q_A=-\frac{1}{2}Q_B+28$$

$$84-Q_A-2Q_B=20 \rightarrow Q_B=-\frac{1}{2}Q_A+32$$

쿠르노 모형의 균형은 두 기업의 반응곡선이 교차하는 점에서 이루어지므로 다음 식이 성립한다.

$$-2Q_A+56=-\frac{1}{2}Q_A+32$$

$$\rightarrow \frac{3}{2}Q_A=24$$

따라서 $Q_A=16$, $Q_B=24$이다.

11
정답 ③

화폐수량설에 따르면

$$MV=pY \rightarrow \frac{\Delta M}{M}+\frac{\Delta V}{V}=\frac{\Delta p}{p}+\frac{\Delta Y}{Y}$$이다.

그러므로 $\dfrac{\Delta p}{p}=\dfrac{\Delta M}{M}+\dfrac{\Delta V}{V}-\dfrac{\Delta Y}{Y}=6+0-3=3\%$이다.

피셔방정식에 따르면 i(명목이자율)$=r$(실질이자율)$+\pi$(물가상승률)이다.

따라서 $r=i-\pi=10-3=7\%\left(\pi=\dfrac{\Delta p}{p}\right)$이다.

12
정답 ⑤

산업 내 무역이론의 발생 원인으로는 규모의 경제, 독점적 경쟁 등이 있다. 리카도의 비교우위론과 헥셔−올린 정리, 요소가격균등화 정리는 모두 산업 간 무역을 설명하는 이론이다. 또한, 레온티에프의 역설은 헥셔−올린 정리와 정반대되는 레온티에프의 실증분석을 의미한다.

13
정답 ①

IS곡선 혹은 LM곡선이 오른쪽으로 이동하면 총수요곡선도 우측으로 이동한다. 개별소득세가 인하되면 투자가 증가하며, 장래경기에 대한 낙관적인 전망은 미래소득 및 미래소비심리의 상승에 영향을 미치기 때문에 소비가 증가하여 IS곡선이 오른쪽으로 이동한다.
• IS곡선의 우측이동 요인 : 소비증가, 투자증가, 정부지출증가, 수출증가
• LM곡선의 우측이동 요인 : 통화량 증가

14
정답 ①

가격차별(Price Discrimination)이란 동일한 상품에 대하여 서로 다른 가격을 설정하는 것을 의미한다. 가격차별이 가능하기 위해서는 소비자를 특성에 따라 구분할 수 있어야 하며, 다른 시장 간에는 재판매가 불가능해야 하고, 시장분리에 드는 비용보다 시장의 분리를 통해 얻을 수 있는 수입이 많아야 한다. 한편, 경쟁시장에서는 기업이 시장가격보다 높은 가격을 받으면 소비자는 다른 기업의 상품을 구매할 것이므로 기업들은 가격차별을 할 수 없다. 따라서 가격차별이 가능하다는 것은 기업이 시장지배력이 있다는 의미이다.

15
정답 ②

독점기업은 시장지배력을 갖고 있으므로 원하는 수준으로 가격을 설정할 수 있으나 독점기업이 가격을 결정하면 몇 단위의 재화를 구입할 것인지는 소비자가 결정하는 것이므로 독점기업이 가격과 판매량을 모두 원하는 수준으로 결정할 수 있는 것은 아니다.

16
정답 ②

가격에 대한 공급의 반응 속도가 빠를수록 공급이 가격에 대해 탄력적이라고 표현한다. 즉, 공급이 빨리 증가하면 가격은 상대적으로 적게 상승한다. 일반적으로 수요가 동일하게 증가할 경우 공급이 가격에 대해 비탄력적일수록 가격이 큰 폭으로 증가한다.

17
정답 ④

실제 GDP는 한 나라의 국경 안에서 실제로 생산된 모든 최종 생산물의 시장가치를 의미하며, 잠재 GDP는 한 나라에 존재하는 노동과 자본 등 모든 생산요소를 정상적으로 사용할 경우 달성할 수 있는 최대 GDP를 의미한다. 즉, 잠재 GDP는 자연산출량 또는 완전고용산출량 상태에서의 GDP를 의미한다. 따라서 실제 GDP가 잠재GDP 수준에 미달한다면 디플레이션 갭이 존재하는 상태이므로 실제실업률이 자연실업률보다 높다. 실제실업률이 자연실업률보다 높으면 노동시장에서 임금의 하락 압력이 존재하고, 임금이 하락하면 점차 단기총공급곡선이 오른쪽으로 이동하므로 물가가 하락하고 국민소득은 증가한다.

18
정답 ①

• 리카도 대등정리의 개념
  정부지출수준이 일정할 때, 정부지출의 재원조달 방법(조세 또는 채권)의 변화는 민간의 경제활동에 아무 영향도 주지 못한다는 것을 보여주는 이론이다.
• 리카도 대등정리의 가정
  – 저축과 차입이 자유롭고 저축이자율과 차입이자율이 동일해야 한다.
  – 경제활동인구 증가율이 0%이어야 한다.
  – 합리적이고 미래지향적인 소비자이어야 한다.
  – 정부지출수준이 일정해야 한다.

19
정답 ④

수요곡선과 공급곡선의 일반적인 형태란 우하향하는 수요곡선과 우상향하는 공급곡선을 의미한다. 공급곡선이 상방으로 이동하면, 생산량(Q)이 감소하고 가격(P)이 상승한다.

오답분석

① 수요곡선이 하방으로 이동하면 생산량이 감소하고 가격도 하락한다.
② 공급곡선이 하방으로 이동하면 생산량이 증가하고 가격이 하락한다.
③ 수요곡선이 상방으로 이동하면 생산량이 증가하고 가격도 상승한다.
⑤ 수요곡선과 공급곡선이 모두 하방으로 이동하면 가격은 하락한다. 이때 생산량은 두 곡선의 하방이동폭에 따라서 증가할 수도, 불변일 수도, 감소할 수도 있다.

20
정답 ④

균제상태에서 $\triangle k = sf(k) - (\delta + n) = 0$이 성립하므로
$f(k) = 2k^{0.5}$, $s = 0.3$, $\delta = 0.25$, $n = 0.05$를 대입하면
$0.6k^{0.5} - 0.3k = 0$으로 정리할 수 있다.
따라서 식을 풀면 $k = 4$가 도출되고, 1인당 생산함수 $y = 2k^{0.5}$에 대입하면 $y = 4$가 도출된다.

21
정답 ①

승수효과란 정부가 지출을 늘리면 가계나 기업의 소득과 수입이 증가하고 총수요가 증가하게 되는데, 이때 총수요가 정부의 지출액 이상으로 증가하는 것을 말한다. 일반적으로 한계소비성향을 c라고 가정할 경우 정부지출이 $\triangle G$만큼 증가할 때의 국민소득 증가분 $\triangle Y$는 다음과 같이 구한다.

$$\triangle Y = \triangle G + c\triangle G + c^2 \triangle G + c^3 \triangle G + \cdots$$
$$= (1 + c + c^2 + c^3 + \cdots)\triangle G$$
$$= \frac{1}{1-c}\triangle G$$

위 식에 $\triangle Y = 500$, $c = 0.8$을 대입해 보면 다음과 같다.

$$\triangle Y = \frac{1}{1-c} \triangle G \rightarrow \triangle G = (1-c)\triangle Y = (1-0.8) \times 500 = 100$$

따라서 한계소비성향이 0.8일 경우 국민소득을 500만큼 증가시키기 위해서는 정부지출을 100 정도 늘려야 한다.

22

정답 ④

스태그플레이션이란 경기가 불황임에도 불구하고 물가가 상승하는 현상을 말한다. 즉, 공급충격으로 인한 비용인상 인플레이션이 지속될 경우 인플레이션과 실업이 동시에 발생하는 것이다. 하지만 공급충격은 지속적으로 발생하는 것은 아니므로 지속적인 비용인상 인플레이션은 불가능하다.

인플레이션의 종류

종류	개념
초인플레이션	물가상승이 1년에 수백 ~ 수천 퍼센트를 기록하는 인플레이션
애그플레이션	농업(Agriculture)과 인플레이션(Inflation)이 결합된 단어로, 농산물의 부족으로 인한 농산물가격의 급등으로 야기되는 인플레이션
에코플레이션	환경(Ecology)과 인플레이션(Inflation)의 합성어로, 환경적 요인에 의해 야기되는 인플레이션
차이나플레이션	중국(China)과 인플레이션(Inflation)의 합성어로, 중국의 경제 성장으로 인해 야기되는 인플레이션

23

정답 ③

- X재 수요의 가격탄력성 : '(X재 소비지출액)=(X재 가격)×(X재 수요량)'인데 X재 가격이 5% 상승할 때 소비지출액이 변화가 없는 것은 X재 수요량이 5% 감소함을 의미한다. 따라서 X재 수요의 가격탄력성은 단위탄력적이다.
- Y재 수요의 가격탄력성 : '(Y재 소비지출액)=(Y재 가격)×(Y재 수요량)'인데 Y재 가격이 10% 상승할 때 소비지출액이 10% 증가하였다. 이는 가격이 상승함에도 불구하고 Y재 수요량이 전혀 변하지 않음을 의미한다. 따라서 Y재 수요의 가격탄력성은 완전비탄력적이다.

24

정답 ③

준지대란 공장설비 등과 같이 단기적으로 고정된 생산요소에 대한 보수로, 총수입에서 총가변비용을 차감한 크기 또는 총고정비용에 초과이윤을 더한 크기이다.
X재의 가격은 40원이며, 균형에서 생산량이 100단위이므로 총수입은 4,000원이다. 생산량이 100단위일 때 평균비용은 24원, 평균고정비용이 10원이므로 총가변비용은 1,400원이다.
따라서 준지대는 4,000－1,400＝2,600원이다.

총가변비용 공식

(총가변비용)=(평균가변비용*)×(생산량)
* (평균가변비용)=(평균비용)−(평균고정비용)

25

정답 ①

정부의 확장적 재정정책, 독립적인 민간 투자의 증가, 가계의 소비증가, 확대금융정책으로 인한 통화량의 증가 등은 총수요곡선을 오른쪽으로 이동시키는 수요견인 인플레이션의 요인이다.

오답분석

②·⑤ 수입 자본재나 국제 원자재 가격의 상승은 총공급곡선을 왼쪽으로 이동시켜 비용인상 인플레이션이 발생하게 된다.
③ 임금이 하락하면 총공급곡선이 오른쪽으로 이동하므로 물가는 하락하게 된다.
④ 환경오염의 감소는 인플레이션과 직접적인 관련이 없다.

26

정답 ②

이자율 상승으로 요구불예금이 증가하면 시장에 있는 현금들이 예금 쪽으로 들어와서 민간 화폐보유성향이 낮아져 통화승수가 증가한다.

27

정답 ②

오답분석

가. 최저가격제란 공급자를 보호하기 위하여 시장가격보다 높은 수준에서 최저가격을 설정하는 규제를 말한다.
라. 최저가격제를 실시하면 소비자의 지불가격이 높아져 소비자는 소비량을 감소시키기 때문에 초과공급이 발생하고 실업, 재고누적 등의 부작용이 발생한다.
마. 아파트 분양가격, 임대료, 금리, 공공요금 등을 통제하기 위해 사용되는 규제방법은 최고가격제이다.

28

정답 ①

생산량이 증가할 때 초기에 단기평균비용이 낮아지는 것은 처음에는 생산량이 증가하면 평균고정비용이 급속히 낮아지는 효과가 크게 나타나기 때문이다. 그리고 생산량이 일정수준을 넘어서면 평균비용이 증가하는 것은 생산량이 한계생산 체감으로 인해 평균가변비용이 증가하는 정도가 크게 나타나기 때문이다.

29
정답 ②

기저 효과란 어떠한 결괏값을 산출하는 과정에서 기준이 되는 시점과 비교대상 시점의 상대적인 위치에 따라서 그 결괏값이 실제보다 왜곡되어 나타나게 되는 현상을 말한다. 즉, 경제지표를 평가하는 데 있어 기준시점과 비교시점의 상대적인 수치에 따라 그 결과에 큰 차이가 날 수 있음을 뜻한다.

30
정답 ⑤

수요의 가격탄력성이 1일 경우는 수용곡선상의 중점이므로 이때의 X재 가격은 50원이다. 독점기업은 항상 수요의 가격탄력성이 1보다 큰 구간에서 재화를 생산하므로 독점기업이 설정하는 가격은 50원 이상이다.

[오답분석]
① 수요곡선의 방정식은 $P=-Q+100$이다. 즉, 가격이 100원이면 X재의 수요량은 0이다.
② 수요곡선이 우하향의 직선인 경우 수요곡선상의 우하방으로 이동할수록 수요의 가격탄력성이 점점 작아진다. 그러므로 수요곡선 상의 모든 점에서 수요의 가격탄력성이 다르게 나타난다.
③ X재는 정상재이므로 소득이 증가하면 수요곡선이 오른쪽으로 이동한다.
④ X재와 대체관계에 있는 Y재의 가격이 오르면 X재의 수요가 증가하므로 X재의 수요곡선은 오른쪽으로 이동한다.

31
정답 ②

가. 지니계수의 크기는 0과 1 사이에 있다.
라. 지니계수와 경제성장률의 관계는 명확하지 않다.

32
정답 ③

등량곡선은 동일한 산출량을 생산하는 데 필요한 노동과 자본의 투입량 조합을 나타낸다. 기술이 진보하면 같은 생산량을 갖는 등량곡선은 원점을 기준으로 바깥쪽에서 안쪽으로 이동한다. 이는 적은 생산요소를 투입해도 같은 수량을 생산할 수 있다는 것을 의미한다.

33
정답 ③

조세정책을 시행하는 곳은 기획재정부이며, 한국은행은 통화신용정책을 시행한다.

[오답분석]
① 조세정책은 재정지출이나 소득재분배 등 중요한 역할을 담당한다.
② 소득세, 법인세 감면은 기업의 고용 및 투자를 촉진하는 대표적인 정부정책이다.
④ 래퍼 곡선에 대한 설명이다.
⑤ 지하경제 양성화, 역외탈세 근절 등은 조세정의 실현뿐만 아니라 국가재정 확보에도 매우 중요한 문제이다.

34
정답 ④

소비함수이론에는 케인스의 절대소득가설, 쿠즈네츠의 실증분석, 상대소득가설, 피셔의 2기간 모형, 항상소득가설, 생애주기가설, 랜덤워크 가설이 해당한다. 반면 투자함수이론에는 현재가치법, 내부수익률법, 신고전학파의 투자결정이론, 가속도 원리, 신축적 가속도 원리, 투자옵션이론, Q이론이 해당한다. 딕싯(Dixit)의 투자옵션이론은 투자함수이론에 해당하며, 미래에 대한 불확실성이 커질수록 기업의 투자는 줄어든다고 주장한다.

35
정답 ④

[오답분석]
① 인플레이션으로 인한 사회적 비용 중 구두창 비용이란 인플레이션으로 인해 화폐가치가 하락한 상황에서 화폐보유의 기회비용이 상승하는 것을 나타내는 용어이다. 이는 사람들이 화폐보유를 줄이게 되면 금융기관을 자주 방문해야 하므로 거래비용이 증가하게 되는 것을 의미한다.
② 메뉴비용이란 물가가 상승할 때 물가 상승에 맞추어 기업들이 생산하는 재화나 서비스의 판매 가격을 조정하는 데 지출되는 비용을 의미한다.
⑤ 예상하지 못한 인플레이션이 발생하면 기업들은 노동의 수요를 증가시키고, 노동의 수요가 증가하게 되면 일시적으로 생산량과 고용량이 증가하게 된다.

36
정답 ②

• 비생산활동인구 : 500명
• 생산가능인구 : 3,160명
• (생산가능인구)＝(취업자수)＋(실업자수)＋(비경제활동인구)
• (고용률)＝$\dfrac{(취업자수)}{(생산가능인구)}$×100

따라서 (고용률)＝1,264÷3,160×100＝40%이다.

37
정답 ④

시장수요곡선과 시장공급곡선을 통해 시장균형량을 구하면 다음과 같다.
$340-4X=100+4X$
∴ $X=30$
시장균형량이 30일 때, 시장균형가격 $P=220$이다. 따라서 생산자잉여는 $(220-100)×30×0.5=1,800$이다.

38
정답 ⑤

규모에 대한 수익체증은 모든 생산요소를 동일한 비율로 변화시킬 때 사용되는 개념이고, 규모의 경제는 기업이 생산량을 증가시킬 때, 생산요소의 투입비율이 변하는 경우까지 포함해서 장기평균 비용이 낮아지는 것을 의미하는 개념이다. 따라서 규모의 경제는 규모에 대한 수익체증을 포함하는 보다 일반적인 개념이다.

39
정답 ④

오답분석

① $(10분위분배율) = \dfrac{(최하위\ 40\%\ 소득계층의\ 소득)}{(최상위\ 20\%\ 소득계층의\ 소득)}$

$= \dfrac{12\%}{(100-52)\%} = \dfrac{1}{4}$

② 지니계수는 면적 A를 삼각형 OCP 면적(A+B)으로 나눈 값이다.

즉, $\dfrac{(A\ 면적)}{(\triangle OCP\ 면적)} = \dfrac{A}{A+B}$ 의 값이 지니계수이다.

③ 중산층 붕괴 시 A의 면적은 증가하고, B의 면적은 감소한다.
⑤ 미국의 서브프라임모기지 사태는 로렌츠 곡선을 대각선에서 멀리 이동시킨다.

40
정답 ⑤

K국의 한계소비성향은 소비함수를 통해 0.6이라는 것을 알 수 있고, 정부지출승수 $\dfrac{dY}{dG} = \dfrac{1}{1-0.6(1-t)}$ 이다. 이때 조세율이 0이므로 정부지출승수는 $\dfrac{1}{1-0.6} = 2.5$이다. 따라서 40만큼 정부지출이 증가하면 정부지출승수에 의해 $2.5 \times 40 = 100$만큼 국민소득이 증가할 것이다.

| 03 | 법학

01	02	03	04	05	06	07	08	09	10
③	④	③	①	①	②	④	④	②	④
11	12	13	14	15	16	17	18	19	20
①	④	④	②	④	②	②	①	②	③
21	22	23	24	25	26	27	28	29	30
③	②	④	①	②	②	③	②	④	③
31	32	33	34	35	36	37	38	39	40
⑤	④	③	④	①	③	②	④	③	②

01
정답 ③

송무관할은 민사소송법상 인정되지 않는다. 민사소송법상 인정되는 관할에는 법정관할에 따른 토지관할, 사물관할, 직무관할, 당사자의 거동에 따른 합의관할, 변론관할, 소송법상 효과에 따른 전속관할, 임의관할 등이 있다.

02
정답 ④

신의성실의 원칙은 강행규정이므로 당사자의 주장이 없더라도 법원은 그 위반 여부를 직권으로 판단할 수 있다(대판 97다37821).

03
정답 ③

작성요령은 법률의 위임을 받은 것이기는 하나 법인세의 부과징수라는 행정적 편의를 도모하기 위한 절차적 규정으로서 단순히 행정규칙의 성질을 가지는 데 불과하여 과세관청이나 일반국민을 기속하는 것이 아니다(대판 2003.9.5., 2001두403).

오답분석

① 국회는 법률에 저촉되지 아니하는 범위 안에서 의사와 내부규율에 관한 규칙을 제정할 수 있다(헌법 제64조 제1항).
② 대통령령은 총리령 및 부령보다 우월한 효력을 가진다. 대통령령은 시행령, 총리령과 부령은 시행규칙의 형식으로 제정된다.
④ '학교장・교사 초빙제 실시'는 학교장・교사 초빙제의 실시에 따른 구체적 시행을 위해 제정한 내부의 사무처리지침으로서 "행정규칙"이라고 할 것이다(헌재결 2001.5.31., 99헌마413).
⑤ 심사지침인 '방광내압 및 요누출압 측정 시 검사방법'은 불필요한 수술 등을 하게 되는 경우가 있어 이를 방지하고 적정진료를 하도록 유도할 목적으로, 법령에서 정한 요양급여의 인정기준을 구체적 진료행위에 적용하도록 마련한 건강보험심사평가원의 내부적 업무처리 기준으로서 행정규칙에 불과하다(대판 2017.7.11., 2015두2864).

04
정답 ①

행정상 강제집행에는 대집행, 집행벌(이행강제금), 직접강제, 강제징수가 있다. 즉시강제는 행정상 장해가 존재하거나 장해의 발생이 목전에 급박한 경우에 성질상 개인에게 의무를 명해서는 공행정 목적을 달성할 수 없거나 또는 미리 의무를 명할 시간적 여유가 없는 경우에 개인에게 의무를 명함이 없이 행정기관이 직접 개인의 신체나 재산에 실력을 가해 행정상 필요한 상태의 실현을 목적으로 하는 작용을 말한다.

05
정답 ①

오답분석

② 면제 : 법령 또는 법령에 따른 행정행위에 의해 과해진 작위·수인·급부의무를 해제하는 행정행위이다.
③ 허가 : 일반적 금지(부작위 의무)를 특정한 경우에 해제하여 적법하게 일정한 사실행위 또는 법률행위를 할 수 있도록 하는 행정행위이다.
④ 특허 : 특정인을 위하여 새로운 법률상의 힘을 부여하는 행위이다.
⑤ 공증 : 특정한 사실 또는 법률관계의 존재를 공적으로 증명하는 행정행위이다.

06
정답 ②

행정쟁송제도에서 행정기관에 대하여 위법·부당한 행정행위의 취소·변경을 구하는 절차는 행정심판이고, 행정심판에 의해 구제받지 못한 때 최종적으로 법원에 구제를 청구하는 제도는 행정소송이다.

07
정답 ④

준법률행위적 행정행위에는 공증, 수리, 통지, 확인 등이 있고, 법률행위적 행정행위에는 명령적 행정행위(하명, 허가, 면제)와 형성적 행정행위(특허, 인가, 공법상 대리)가 있다.

08
정답 ④

우리나라 헌법은 법치주의, 국제평화주의, 국민주권의 원리, 문화국가의 원리, 자유민주주의, 권력분립주의, 기본권 존중주의, 복지국가의 원리, 사회적 시장경제주의원리 등을 표방하고 있다.

09
정답 ②

부동산에 대한 점유취득시효 완성을 원인으로 하는 소유권이전등기 청구권은 물권적 청구권이 아닌 채권적 청구권이다.

오답분석
① 대판 1982.7.27., 80다2968
③ 임대인은 임차권에 기하여 정당하게 권리를 가진 임차인에 대하여 소유권에 기한 물권적 청구권을 행사할 수 없다.
④ 대판 1987.11.24., 87다카257,258
⑤ 토지의 매수인이 아직 소유권이전등기를 경료받지 아니하였다 하여도 매매계약의 이행으로 그 토지를 인도받은 때에는 매매계약의 효력으로서 이를 점유·사용할 권리가 생기게 된 것으로 보아야 하고, 또 매수인으로부터 위 토지를 다시 매수한 자는 위와 같은 토지의 점유·사용권을 취득한 것으로 봄이 상당하므로 매도인은 매수인으로부터 다시 위 토지를 매수한 자에 대하여 토지 소유권에 기한 물권적 청구권을 행사할 수 없다(대판 1998.6.26., 97다42823).

10
정답 ④

건축법상의 이행강제금은 시정명령의 불이행이라는 과거의 위반행위에 대한 제재가 아니라, 의무자에게 시정명령을 받은 의무의 이행을 명하고 그 이행기간 안에 의무를 이행하지 않으면 이행강제금이 부과된다는 사실을 고지함으로써 의무자에게 심리적 압박을 주어 의무의 이행을 간접적으로 강제하는 행정상의 간접강제 수단에 해당한다(대판 2018.1.25., 2015두35116).

오답분석
① 대판 2017.4.28., 2016다213916
② 이행강제금과 대집행은 서로 다른 성질의 제도이므로, 이행강제금을 부과하였더라도 대집행을 집행할 수 있다.
③ 한국자산공사가 당해 부동산을 인터넷을 통하여 재공매(입찰)하기로 한 결정 자체는 내부적인 의사결정에 불과하여 항고소송의 대상이 되는 행정처분이라고 볼 수 없고, 또한 한국자산공사가 공매통지는 공매의 요건이 아니라 공매사실 자체를 체납자에게 알려주는 데 불과한 것으로서, 통지의 상대방의 법적 지위나 권리·의무에 직접 영향을 주는 것이 아니라고 할 것이므로 역시 행정 처분에 해당한다고 할 수 없다(대판 2007. 7.27., 2006두8464).
⑤ 제1차로 철거명령 및 계고처분을 한 데 이어 제2차로 계고서를 송달하였음에도 불응함에 따라 대집행을 일부 실행한 후 제3차로 철거명령 및 대집행계고를 한 경우, 행정대집행법상의 철거의무는 제1차 철거명령 및 계고 처분으로써 발생하였다고 할 것이고, 제3차 철거명령 및 대집행계고는 새로운 철거의무를 부과하는 것이라고는 볼 수 없으며, 단지 종전의 계고처분에 의한 건물철거를 독촉하거나 그 대집행기한을 연기한다는 통지에 불과하므로 취소소송의 대상이 되는 독립한 행정처분이라고 할 수 없다(대판 2000.2.22., 98두4665).

11
정답 ①

당사자의 일방 또는 쌍방이 수인인 경우에는 계약의 해지나 해제는 그 전원으로부터 또는 전원에 대하여 하여야 한다(민법 제547조 제1항).

② 민법 제551조
③ 민법 제546조
④ 민법 제543조 제1항
⑤ 민법 제548조 제1항

12 　정답 ④

乙은 의무이행심판 청구를 통하여 관할행정청의 거부처분에 대해 불복의사를 제기할 수 있다. 의무이행심판이란 당사자의 신청에 대한 행정청의 위법 또는 부당한 거부처분이나 부작위에 대하여 일정한 처분을 하도록 하는 행정심판을 말한다(행정심판법 제5조 제3호).

13 　정답 ④

정당은 국민의 이익을 위해 정치적 주장이나 정책을 추진하고 공직선거의 후보자를 추천 또는 지지한다. 또한 국민의 정치적 의사형성 참여를 목적으로 하는 자발적 조직으로, 설립의 자유가 보장되며 헌법재판소의 정당해산심판결정에 의해서만 해산될 수 있다.

14 　정답 ②

법률은 특별한 규정이 없는 한 공포한 날부터 20일이 경과함으로써 효력을 발생한다(헌법 제53조 제7항).

15 　정답 ④

사회법이란 자본주의사회에서 일어나는 사회적 부조리를 해결하려는 수정자본주의에 입각한 법질서이다. 즉, 자본주의사회에 있어서 경제적 약자와 강자와의 생활을 간섭·조정·보호하는 실정법 질서이다.

16 　정답 ②

청원의 심사의무는 헌법 제26조 제2항에서, 청원의 수리·심사·결과의 통지에 대해서는 청원법에서 규정하고 있다.

① 공무원, 군인, 수형자도 청원을 할 수 있다. 다만, 직무와 관련된 청원이나 집단적 청원은 할 수 없다.
③ 정부에 제출된 청원의 심사는 국무회의를 경유하여야 한다(헌법 제89조 제15호).
④ 공무원의 위법·부당한 행위에 대한 시정이나 징계의 요구의 청원도 가능하다(청원법 제5조 제2호).
⑤ 사인 간의 권리관계 또는 개인의 사생활에 대한 사항인 때에는 청원을 수리하지 않을 수 있다(청원법 제6조 제5호).

17 　정답 ②

현행 헌법에서는 국민소환을 채택하고 있지 않다.

① 헌법 제61조 제1항
③ 헌법 제111조 제1항
④ 헌법 제76조
⑤ 헌법 제65조

18 　정답 ①

사회권적 기본권은 현대 사회의 복잡한 발전에 따라 전통적으로 개인 간의 관계라고 생각하던 분야에 국가가 적극 개입하게 됨에 따라 발생하게 된 권리로, 근로권·단결권·단체교섭권·단체행동권·보건권·모성을 보호받을 권리·교육을 받을 권리·인간다운 생활을 할 권리를 말한다.

②·④ 경제적 기본권에 해당한다.
③ 청구권적 기본권에 해당한다.
⑤ 자유권적 기본권에 해당한다.

19 　정답 ③

법 해석은 대체로 3단계를 거쳐 해석할 때 완전을 기할 수 있다. 1단계로 성문법조문의 문장의 의미·내용을 파악하고(문리해석), 2단계로 논리법칙에 따라 해석하고(논리해석), 3단계로 타 법규와 대조 또는 관련하여서 통일적 체계성을 보지(保持)하도록 한다(체계해석).

20 　정답 ③

행정청이 행한 공사중지명령의 상대방은 그 명령 이후에 그 원인 사유가 소멸하였음을 들어 행정청에게 공사중지 명령의 철회를 요구할 수 있는 조리상의 신청권이 있다(대판 2005.4.14., 2003두7590).

① 대판 2005.4.29, 2004두11954
② 원래 행정처분을 한 처분청은 그 처분에 하자가 있는 경우에는 원칙적으로 별도의 법적 근거가 없더라도 스스로 이를 직권으로 취소할 수 있지만, 그와 같이 직권취소를 할 수 있다는 사정만으로 이해관계인에게 처분청에 대하여 그 취소를 요구할 신청권이 부여된 것으로 볼 수는 없다(대판 2006.6.30., 2004두701).

④ 외형상 하나의 행정처분이라 하더라도 가분성이 있거나 그 처분대상의 일부가 특정될 수 있다면 그 일부만의 취소도 가능하고 그 일부의 취소는 당해 취소부분에 관하여 효력이 생긴다고 할 것인바, 이는 한 사람이 여러 종류의 자동차운전면허를 취득한 경우 그 각 운전면허를 취소하거나 그 운전면허의 효력을 정지함에 있어서도 마찬가지이다(대판 1995.11.16., 95누8850).

⑤ 직권취소의 절차에 관한 일반 규정은 존재하지 않으나, 직권취소는 독립된 행정행위의 성격을 가지므로 행정절차법상 처분절차의 적용을 받는다. 따라서 행정절차법 제23조의 이유제시(모든 처분), 행정절차법 제21조의 사전통지(불이익처분), 행정절차법 제22조 의견청취(불이익처분)의 절차를 거쳐야 한다.

21
정답 ③

헌법 제111조 제1항 제4호

① · ⑤ 헌법재판소 재판관의 임기는 6년으로 하며, 법률이 정하는 바에 의하여 연임할 수 있다(헌법 제112조 제1항).
② 헌법 중 제5장 법원에 대한 부분에서 '재판의 전심절차로서 행정심판을 할 수 있다(헌법 제107조 제3항).'라고 규정하고 있다.
④ 헌법재판소에서 법률의 위헌결정, 탄핵의 결정, 정당해산의 결정 또는 헌법소원에 대한 인용결정을 할 때에는 재판관 6인 이상의 찬성이 있어야 한다(헌법 제113조 제1항).

22
정답 ②

행정상 장해가 존재하거나 장해의 발생이 목전에 급박한 경우, 성질상 개인에게 의무를 명해서는 공행정 목적을 달성할 수 없거나 또는 미리 의무를 명할 시간적 여유가 없는 경우에 개인에게 의무를 명함이 없이 행정기관이 직접 개인의 신체에 직접 실력을 가하여 행정상 필요한 상태의 실현을 목적으로 하는 행위를 행정상 즉시강제라 한다.

23
정답 ④

원심은 피고가 위와 같은 지정행위를 함으로써 원고의 접견 시마다 사생활의 비밀 등 권리에 제한을 가하는 교도관의 참여, 접견내용의 청취·기록·녹음·녹화가 이루어졌으므로 이는 피고가 그 우월적 지위에서 수형자인 원고에게 일방적으로 강제하는 성격을 가진 공권력적 사실행위의 성격을 갖고 있는 점, 위 지정행위는 오랜 기간 동안 지속되어 왔으며, 원고로 하여금 이를 수인할 것을 강제하는 성격도 아울러 가지고 있는 점 등을 고려하면 위와 같은 지정행위는 수형자의 구체적 권리의무에 직접적 변동을 초래하는 행정청의 공법상 행위로서 항고소송의 대상이 되는 '처분'에 해당한다고 한 원심의 위와 같은 판단은 정당하다(대판 2014.2.13., 2013두20899).

① 상훈대상자를 결정할 권한이 없는 국가보훈처장이 기포상자에게 훈격재심사계획이 없다고 한 회신은 단순한 사실행위에 불과하다(대판 1989.1.24., 88누3116).
② 건물의 소유자에게 위법건축물을 일정기간까지 철거할 것을 명함과 아울러 불이행할 때에는 대집행한다는 내용의 철거대집행 계고처분을 고지한 후 이에 불응하자 다시 제2차, 제3차 계고서를 발송하여 일정기간까지의 자진철거를 촉구하고 불이행하면 대집행을 한다는 뜻을 고지하였다면 행정대집행법상의 건물철거의무는 제1차 철거명령 및 계고처분으로서 발생하였고 제2차, 제3차의 계고처분은 새로운 철거의무를 부과한 것이 아니고 다만 대집행기한의 연기통지에 불과하므로 행정처분이 아니다(대판 1994.10.28., 94누5144).
③ 피고의 행위 즉 부산시 서구청장이 원고 소유의 밭에 측 백나무 300주를 식재한 것은 공법상의 법률행위가 아니라 사실행위에 불과하므로 행정소송의 대상이 아니다(대판 1979.7.24., 79누173).
⑤ 행정처분이라 함은 행정청이 특정한 사건에 대하여 법규에 의한 권리설정이나 의무를 명하는 등 법률상 효과를 발생케 하는 외부에 표시된 공법상의 법률행위이므로 군수가 농지의 보전 및 이용에 관한 법률에 의하여 특정지역의 주민들을 대리경작자로 지정한 행위는 그 주민들에게 유휴농지를 경작할 수 있는 권리를 부여하는 행정처분이고 이에 따라 그 지역의 읍장과 면장이 영농할 세대를 선정한 행위는 위 행정처분의 통지를 대행한 사실행위에 불과하다(대판 1980.9.9., 80누308).

24
정답 ①

대통령은 국무회의의 의장이 되고, 국무총리는 국무회의 부의장이 된다(헌법 제88조 제3항).

② 헌법 제87조 제1항
③ 헌법 제88조 제3항
④ 헌법 제86조 제2항
⑤ 헌법 제87조 제3항

25
정답 ②

구 상훈법(2011.8.4. 법률 제10985호로 개정되기 전의 것) 제8조는 서훈취소의 요건을 구체적으로 명시하고 있고 절차에 관하여 상세하게 규정하고 있다. 그리고 서훈취소는 서훈수여의 경우와는 달리 이미 발생된 서훈대상자 등의 권리 등에 영향을 미치는 행위로서 관련 당사자에게 미치는 불이익의 내용과 정도 등을 고려하면 사법심사의 필요성이 크다. 따라서 기본권의 보장 및 법치주의의 이념에 비추어 보면, 비록 서훈취소가 대통령이 국가원수로서 행하는 행위라고 하더라도 법원이 사법심사를 자제하여야 할 고도의 정치성을 띤 행위라고 볼 수는 없다(대판 2012두26920).

26
정답 ②

헌법제정권력은 국민이 정치적 존재에 대한 근본결단을 내리는 정치적 의사이다. 법적 권한으로 시원적 창조성과 자유성, 항구성, 단일불가분성, 불가양성 등의 본질을 가지며 인격 불가침, 법치국가의 원리, 민주주의의 원리 등과 같은 근본규범의 제약을 받는다.

27
정답 ③

오답분석

① 청약의 상대방은 특정인과 불특정인 모두 유효하다. 반면 승낙은 청약과 달리 반드시 특정인(청약자)에 대하여 해야 한다.
② 승낙자가 청약에 대하여 조건을 붙이거나 변경을 가하여 승낙한 때에는 그 청약의 거절과 동시에 새로 청약한 것으로 본다(민법 제534조).
④ 승낙의 기간을 정한 계약의 청약은 청약자가 그 기간 내에 승낙의 통지를 받지 못한 때에는 그 효력을 잃는다(민법 제528조 제1항).
⑤ 당사자 간에 동일한 내용의 청약이 상호교차된 경우에는 양 청약이 상대방에게 도달한 때에 계약이 성립한다(민법 제533조).

28
정답 ④

우리나라 헌법은 1987년 10월 29일에 제9차로 개정되었다. 헌법 전문상의 제8차라고 밝히고 있는 것은 9차 개정의 현행 헌법을 공표하면서 그때까지 8차례에 걸쳐 개정되었던 것을 이제 9차로 개정하여 공포하는 취지를 밝힌 것이다(대한민국 헌법 전문).

29
정답 ②

오답분석

① 근로계약 자체가 무효이므로 취소와는 별개가 된다.
③ 무효인 법률행위는 추인하여도 그 효력이 생기지 아니한다. 그러나 당사자가 그 무효임을 알고 추인한 때에는 새로운 법률행위로 본다(민법 제139조).
④ · ⑤ 甲과 乙의 근로계약은 확정적 무효이다.

30
정답 ②

신속이상은 재판이 신속하게 이루어져야 함을 의미하는데, 민주사법의 신뢰 유지를 위해서는 공정하고 공평한 재판을 한다 하더라도 권리실현이 늦어지면 실효성을 잃게 되기 때문에 필요한 이상이다.

31
정답 ⑤

오답분석

① 선의의 수익자가 패소한 때에는 그 소를 제기한 때부터 악의의 수익자로 본다(민법 제749조 제2항).
② 채무 없는 자가 착오로 인하여 변제한 경우에 그 변제가 도의관념에 적합한 때에는 그 반환을 청구하지 못한다(민법 제744조).
③ 임차인이 동시이행의 항변권에 기하여 임차목적물을 점유하고 사용 · 수익한 경우 그 점유는 불법점유라 할 수 없어 그로 인한 손해배상책임은 지지 아니하되, 다만 사용 · 수익으로 인하여 실질적으로 얻은 이익이 있으면 부당이득으로서 반환해야 한다(대판 1998. 7. 10., 98다15545).
④ 무효인 명의신탁약정에 기하여 타인 명의의 등기가 마쳐졌다는 이유만으로 그것이 당연히 불법원인급여에 해당한다고 볼 수 없다(대판 2003. 11. 27., 2003다41722).

32
정답 ④

甲은 乙과 丙에 대하여 손해배상 전부의 이행을 청구할 수 있다.

33
정답 ③

공무원은 국민 전체에 대한 봉사자로서 국민에 대해서 책임을 진다. 따라서 공무원은 특정 정당에 대한 봉사자여서는 안 되며, 근로3권이 제약된다.

34
정답 ②

행정행위는 행정처분이라고도 하며, 행정의 처분이란 행정청이 행하는 구체적 사실에 관한 법 집행으로서의 공권력의 행사 또는 그 거부와 그 밖에 이에 준하는 행정작용을 말한다(행정절차법 제2조 제2호).

35
정답 ①

확인의 소는 권리 또는 법률관계의 존부나 법률관계를 증명하는 서면의 진부확인을 요구하는 소를 말한다.

36
정답 ③

헌법 전문의 법적 효력에 대해서는 학설대립으로 논란의 여지가 있어 전문이 본문과 같은 법적 성질을 '당연히' 내포한다고 단정을 지을 수는 없다.

37

정답 ②

대리인이 수인인 때에는 각자가 본인을 대리한다. 그러나 법률 또는 수권행위에 다른 정한 바가 있는 때에는 그러하지 아니하다(민법 제119조).

오답분석

① 대리인은 행위능력자임을 요하지 아니한다(민법 제117조).
③ 대리인은 본인의 허락이 없으면 본인을 위하여 자기와 법률행위를 하거나 동일한 법률행위에 관하여 당사자 쌍방을 대리하지 못한다. 그러나 채무의 이행은 할 수 있다(민법 제124조).
④ 대리인이 그 권한 내에서 본인을 위한 것임을 표시한 의사표시는 직접 본인에게 대하여 효력이 생긴다(민법 제114조 제1항).
⑤ 대리권이 법률행위에 의하여 부여된 경우에는 대리인은 본인의 승낙이 있거나 부득이한 사유가 있는 때가 아니면 복대리인을 선임하지 못한다(민법 제120조).

38

정답 ④

식품위생법상 일반음식점영업허가는 기속행위에 해당한다. 식품위생법상 일반음식점영업허가는 성질상 일반적 금지의 해제에 불과하므로 허가권자는 허가신청이 법에서 정한 요건을 구비한 때에는 허가하여야 하고, 관계 법령에서 정하는 제한사유 외에 공공복리 등의 사유를 들어 허가신청을 거부할 수는 없다(대판 97누12532).

39

정답 ③

행정벌이란 행정법상의 의무위반(행정범)에 대해 처벌로, 행정형벌과 행정질서벌이 있다. 행정형벌은 형법상의 형이 적용되지만, 행정질서벌은 행정법상 의무위반에 대해 과태료를 부과하는 금전적 제재로, 질서위반행위규제법을 적용받는다. 따라서 형법총칙이 적용되어 처벌되는 것은 행정형벌이다.

40

정답 ②

헌법개정은 국회재적의원 과반수 또는 대통령의 발의로 제안된다(헌법 제128조 제1항).

오답분석

ㄱ. 대통령의 임기연장 또는 중임변경을 위한 헌법개정은 그 헌법개정제안 당시의 대통령에 대하여는 효력이 없다(헌법 제128조 제2항).
ㄷ. 헌법개정안에 대한 국회의 의결을 위해서는 재적의원의 3분의 2 이상의 찬성을 얻어야 한다(헌법 제130조 제1항).
ㄹ. 헌법개정안이 확정되면 대통령은 즉시 이를 공포하여야 한다(헌법 제130조 제3항).
ㅁ. 대통령의 발의로 제안된 헌법개정안은 대통령이 20일 이상의 기간 이를 공고하여야 한다(헌법 제129조).

| 04 | 행정학

01	02	03	04	05	06	07	08	09	10
②	④	①	⑤	④	③	④	⑤	⑤	④
11	12	13	14	15	16	17	18	19	20
②	③	③	⑤	③	③	①	④	①	③
21	22	23	24	25	26	27	28	29	30
②	①	④	⑤	①	⑤	①	④	②	④
31	32	33	34	35	36	37	38	39	40
④	①	⑤	⑤	②	②	①	②	②	②

01

정답 ②

외부효과 발생 시 부정적 외부효과를 줄이도록 유도책 혹은 외부효과 감축지원책을 도입하여 문제를 해결할 수도 있다.

02

정답 ④

조세지출예산제도는 조세감면에 따른 조세형평성을 제고하기 위하여 정부가 국회에 다음 연도 예산안을 제출할 때 조세감면대상 명세서를 함께 제출하여 보다 명확한 감시와 감독이 가능하도록 하는 제도이다.

오답분석

① 계획예산제도는 하향적·집권적 예산제도로, 구성원의 참여가 배제된다.
② 지방정부예산도 통합재정수지에 포함된다.
③ 우리나라 통합재정수지에서는 융자 지출을 재정수지의 적자요인으로 간주한다.
⑤ 지출통제예산은 총액으로 지출을 통제하는 예산제도로, 구체적인 항목별 지출에 대해서는 집행부의 재량을 확대하는 성과지향적 예산제도이다.

03

정답 ①

종합적 조직 진단을 구성하는 것은 조직문화와 행태, 인력, 재정, 서비스와 프로세스이다.

> **조직진단**
> • 행태과학의 방법을 사용하여 조직의 현재 상태를 점검하고 문제의 해결 또는 조직의 효과성 증대를 위한 방안을 목적으로 한다.
> • 조직의 활동이나 지침을 수립하기 위해서 자료나 정보를 다시 비교·분석·평가한다.

04 정답 ⑤

예산의 이체는 정부조직 등에 관한 법령의 제정·개정 또는 폐지로 인하여 그 직무와 권한에 변동이 있는 경우 관련되는 예산의 귀속을 변경하여 예산집행의 신축성을 부여하는 제도이다. 사업 내용이나 규모 등에 변경을 가하지 않고 해당 예산의 귀속만 변경하는 것으로, 어떤 과목의 예산부족을 다른 과목의 금액으로 보전하기 위하여 당초 예산의 내용을 변경시키는 예산의 이·전용과는 구분된다.

이체의 절차는 기획재정부장관이 중앙관서의 장의 요구에 따라 예산을 이체할 수 있도록 규정하고 있다. 정부조직법 개편 시 국회의 의결을 얻었기 때문에 이체 시 별도의 국회의 의결을 받을 필요는 없다.

[오답분석]
① 명시이월은 세출예산 중 경비의 성질상 연도 내 지출을 끝내지 못할 것으로 예견되는 경우, 다음 연도로 이월할 수 있다는 취지를 명백히 하여 미리 국회의 의결을 거쳐 다음 연도에 이월하는 제도이다.
② 정부가 예비비로 사용한 금액의 총괄명세서를 다음 연도 5월 31일까지 국회에 제출하여 승인을 얻도록 한다(총액으로 사전에 의결을 받지만, 구체적인 사용 용도는 사후승인을 받는다. 이런 이유로 견해에 따라 사전의결의 원칙에 예외로 보는 견해도 있고, 예외가 아니라고 보는 견해도 있다).
③ 예산의 이용은 예산이 정한 장·관·항 간(입법과목)에 각각 상호 융통하는 것을 말한다. 예산 이용제도는 국가재정법 제45조에 따른 예산의 목적 외 사용금지 원칙의 예외로, 예산집행에 신축성을 부여하여 예산집행주체가 집행과정에서 발생한 여건변화에 탄력적으로 대응할 수 있도록 미리 국회의 의결을 받은 경우에 한하여 허용되고 있다.
④ 계속비는 완성에 수년도를 요하는 공사나 제조 및 연구개발사업은 그 경비의 총액과 연부액(年賦額)을 정하여 미리 국회의 의결을 얻은 범위 안에서 수년도에 걸쳐서 지출할 수 있는 제도로, 수년간의 예산이 안정적으로 집행되어 재정투자의 효율성을 높일 수 있는 제도이다.

05 정답 ④

허즈버그(F. Herzberg)의 동기유발에 관심을 두는 것이 아니라 만족 자체에 중점을 두고 있기 때문에 하위 욕구를 추구하는 계층에게는 적용하기가 어렵고 상위 욕구를 추구하는 계층에 적용하기가 용이하다.

06 정답 ③

대상집단의 범위가 넓고 집단의 응집력이 강하여 활동이 다양한 경우 정책의 집행이 어렵다.

07 정답 ④

제도화된 부패란 부패가 관행화되어버린 상태로, 부패가 실질적 규범이 되면서 조직 내의 공식적 규범은 준수하지 않는 상태가 만연한 경우이다. 이러한 조직에서는 지켜지지 않는 비현실적 반부패 행동규범의 대외적 발표를 하게 되며, 부패에 저항하는 자에 대한 보복이 뒤따르게 된다.

08 정답 ⑤

조세법률주의는 국세와 지방세 구분 없이 적용된다. 따라서 지방세의 종목과 세율은 국세와 마찬가지로 법률로 정한다.

09 정답 ⑤

기획재정부장관은 회계연도마다 중앙관서 결산보고서를 통합하여 국가의 결산보고서를 작성한 후 국무회의 심의를 거치고 대통령의 승인을 받은 다음, 감사원의 결산검사를 받아야 한다.

> **국가결산보고서의 작성 및 제출(국가재정법 제59조)**
> 기획재정부장관은 국가회계법에서 정하는 바에 따라 회계연도마다 작성하여 대통령의 승인을 받은 국가결산보고서를 다음 연도 4월 10일까지 감사원에 제출하여야 한다.

10 정답 ④

ㄱ. 강임이 아닌 강등에 대한 설명이다. 강임은 징계가 아니라 직제·정원의 변경, 예산감소 등을 이유로 직위가 폐직되거나 하위의 직위로 변경되어 과원이 된 경우, 같은 직렬이나 다른 직렬의 하위 직급으로 임명하는 것이다.
ㄴ. 직위해제가 아닌 직권면직의 대상이다.
ㄷ. 징계의결요구의 소멸시효는 3년이지만, 금품 및 향응 수수, 공금의 횡령·유용의 경우에는 5년이다.

징계의 종류

경징계	견책	전과에 대하여 훈계하고 회개하게 하고 6개월간 승급 정지
	감봉	1 ~ 3개월간 보수의 1/3을 삭감하고 1년간 승급 정지
중징계	정직	1 ~ 3개월간 신분은 보유, 직무수행 정지, 보수는 전액을 감하고 1년 6개월간 승급 정지
	강등	1계급 하향 조정, 신분은 보유, 3개월간 직무수행 정지, 보수는 전액을 삭감하고 1년 6개월간 승급 정지
	해임	강제 퇴직, 3년간 공무원 재임용 불가
	파면	강제 퇴직, 5년간 공무원 재임용 불가, 퇴직급여의 1/4 ~ 1/2 지급 제한

11
정답 ②

주민자치에서의 지방자치단체는 순수한 자치단체이다. 따라서 자치행정기관과 지방행정기관이라는 지방자치단체의 이중적 지위는 단체자치의 특징이므로 옳지 않은 설명이다.

[오답분석]
④ 주민자치는 자치사무와 위임사무를 구별하지 않으며, 지방정부가 국가의 일선기관으로서의 지위를 갖지 않는다.

주민자치와 단체자치의 비교

구분	주민자치	단체자치
발달·채택국가	영국, 미국	프랑스, 독일(대륙법계), 일본
자치의 의미	정치적 의미	법률적 의미의 자치
권한부여의 방식	개별적 지정주의	포괄적 수권(예시)주의
자치권의 인식	고유권설	전래권설
자치권의 범위	상대적으로 광범	상대적으로 협소
자치의 초점	지방정부와 주민의 관계	중앙과 지방자치단체의 관계
중앙통제의 방식	입법통제, 사법통제 중심 (중앙통제가 약함)	행정통제 중심 (중앙통제가 강함)
중앙과 지방의 관계	기능적 협력관계	권력적 감독관계
지방정부 형태	기관통합형 (의원내각제식)	기관대립형 (대통령제식)
자치단체의 성격 및 지위	단일적 성격 및 지위 (자치단체)	이중적 성격 및 지위 (자치단체+국가의 하급행정기관)
자치사무와 위임사무	구분하지 않음 (고유사무만 존재, 위임사무가 존재하지 않음)	엄격히 구분 (고유사무 +위임사무)
지방세제 (조세제도)	독립세주의	부가세주의

12
정답 ③

사전적 통제란 절차적 통제를 말하며, 예방적 관리와 같다. ③은 긍정적·적극적 환류에 의한 통제에 대한 설명이다. 실적이 목표에서 이탈된 것을 발견하고 후속되는 행동이 전철을 밟지 않도록 시정하는 통제는 부정적 환류인 반면, 긍정적·적극적 환류에 의한 통제는 어떤 행동이 통제기준에서 이탈되는 결과를 발생시킬 때까지 기다리지 않고 그러한 결과의 발생을 유발할 수 있는 행동이 나타날 때마다 교정해 나가는 것이다.

13
정답 ③

리더의 어떠한 행동이 리더십 효과성과 관계가 있는가를 파악하고자 하는 접근법은 행태론적 리더십이다.

[오답분석]
① 행태론적 접근법에 대한 비판이다.
② 리더의 개인적 특성과 자질에 초점을 둔 연구는 특성론적 접근법이다.
④ 거래적 리더십은 상하 간 교환적 거래나 보상관계에 기초하였다.
⑤ 변혁적 리더십은 리더의 카리스마, 개별적 배려, 지적자극, 영감이 부하에게 미치는 영향을 강조한다.

14
정답 ⑤

점증모형은 수단과 목표가 명확히 구분되지 않으므로 흔히 목표 – 수단의 분석이 부적절하거나 제한되는 경우가 많으며, 목표달성의 극대화를 추구하지 않는다. 정책 목표달성을 극대화하는 정책을 최선의 정책으로 평가하는 모형은 합리모형이다.

15
정답 ③

해외일정을 핑계로 책임과 결정을 미루는 행위 등의 사례는 관료들이 위험회피적이고 변화저항적이며 책임회피적인 보신주의로 빠지는 행태를 말한다.

16
정답 ③

탈신공공관리론은 신공공관리의 역기능적 측면을 교정하고 통치역량을 강화하여 정치행정 체제의 통제와 조정을 개선하기 위해 재집권화와 재규제를 주장한다. 규제완화는 신공공관리론에서 강조하는 전략이다.

17
정답 ①

상동적 오차는 유형화의 착오로, 편견이나 선입견 또는 고정관념(Stereotyping)에 의한 오차를 말한다.

[오답분석]
② 연속화의 오차(연쇄효과) : 한 평정 요소에 대한 평정자의 판단이 다른 평정 요소에도 영향을 주는 현상이다.
③ 관대화의 오차 : 평정결과의 점수 분포가 우수한 쪽에 집중되는 현상이다.
④ 규칙적 오차 : 다른 평정자들보다 항상 후하거나 나쁜 점수를 주는 현상이다.
⑤ 시간적 오차 : 최근의 사건·실적이 평정에 영향을 주는 근접 오류 현상이다.

18
정답 ④

사회적 자본은 동조성(Conformity)을 요구하면서 개인의 행동이나 사적 선택을 제약하는 경우도 있다.

오답분석
⑤ 특정 집단의 내부적인 결속과 신뢰는 다른 집단에 대한 부정적인 인식을 초래하여 갈등과 분열, 그리고 사회적 불평등을 야기할 수 있다.

19
정답 ①

주민참여의 확대는 행정적 비용과 시간의 증가를 초래하고, 행정지체와 비능률이 발생할 수 있다.

20
정답 ③

회계장부가 하나여야 한다는 원칙은 단일성의 원칙을 말한다. 통일성의 원칙은 특정한 세입과 세출이 바로 연계됨이 없이 국고가 하나로 통일되어야 한다는 원칙이다.

오답분석
① 공개성의 원칙의 예외로는 국방비와 국가정보원 예산 등 기밀이 필요한 예산이 있다.
② 사전의결의 원칙의 예외는 사고이월, 준예산, 전용, 예비비지출, 긴급명령, 선결처분이 있다.
④ 목적세는 통일성의 원칙의 예외이다.
⑤ 총괄 예산제도는 명확성의 원칙의 예외이다.

21
정답 ②

부패가 일상적으로 만연화되어 행동규범이 예외적인 것으로 전락한 상황은 제도화된 부패에 대한 설명이다.

22
정답 ①

앨리슨 모형은 1960년대 초 쿠바 미사일 사건과 관련된 미국의 외교정책 과정을 분석한 후 정부의 정책결정 과정을 설명하고 예측하기 위한 분석틀로, 세 가지 의사결정모형인 합리모형, 조직과정모형, 관료정치모형을 제시하여 설명한 것이다. 앨리슨은 이 중 어느 하나가 아니라 세 가지 모두 적용될 수 있다고 주장하였다.

23
정답 ④

정보비대칭을 줄이기 위해서는 주인인 주민이 직접 참여하거나, 내부고발자 보호제도와 같은 감시·통제장치를 마련하거나, 입법예고 등을 통해 정보비대칭을 해소하거나, 인센티브를 제공하는 방안이 있다.

오답분석
① 역선택이 아닌 도덕적 해이의 사례이다.
② 대리인이 주인보다 정보를 많이 보유하고 있으므로 주인은 대리인의 책임성을 확보할 수 있는 방안을 주로 외부통제에서 찾는다.
③ 시장의 경쟁요소를 도입함으로써 공기업의 방만한 경영을 막고자 하는 것은 도덕적 해이를 방지하고자 하는 노력의 일환이다.
⑤ 역선택에 대한 설명이다.

24
정답 ⑤

공무원은 형의 선고, 징계 처분 또는 이 법에서 정하는 사유에 따르지 아니하고는 본인의 의사에 반하여 휴직·강임 또는 면직을 당하지 아니한다. 다만, 1급 공무원과 가등급에 해당하는 고위공무원단 공무원은 제외된다(국가공무원법 제68조).

오답분석
① 국민감사청구제도는 부패방지 및 국민권익위원회의 설치와 운영에 관한 법률 제72조에 규정된 사항이다.
② 국가공무원법 제65조에 정치운동의 금지에 관한 규정이 있다.
③ 부패방지 및 국민권익위원회 설치와 운영에 관한 법률 제56조에 규정된 사항이다.
④ 공직자윤리법 제1조에 규정된 사항이다.

25
정답 ①

지역주민들의 소득 증가는 사회적 자본의 형성 모습과 직접적인 연관이 없다.

오답분석
②·⑤는 네트워크, ③은 신뢰, ④는 규범에 대한 설명으로, 사회적 자본과 직접 연관되어 있는 개념이다.

26
정답 ⑤

기관장은 다음 연도를 포함한 5회계연도 이상의 중장기 경영목표를 설정하고, 이사회의 의결을 거쳐 확정한 후 매년 10월 31일까지 기획재정부장관과 주무기관의 장에게 제출해야 한다(공공기관의 운영에 관한 법률 제46조 제1항).

오답분석
① 공공기관의 운영에 관한 법률 제47조 제1항
② 공공기관의 운영에 관한 법률 제43조 제3항
③ 공공기관의 운영에 관한 법률 제39조의2 제1항
④ 공공기관의 운영에 관한 법률 제43조 제6항

27

정답 ①

권력문화적 접근법은 권력남용에 의해 부패가 유발된다고 보는 접근이며, 공직자들의 잘못된 의식구조를 부패의 원인으로 보는 접근은 구조적 접근법에 해당한다.

28

정답 ④

뉴거버넌스는 공공서비스를 전달하는 과정에서 정부와 민간부문 및 비영리부문 간의 협력적 네트워크를 강조하는 네트워크 거버넌스를 의미한다.

오답분석

① 정부·시장·시민사회의 파트너십을 전제로 하고 이를 중요시한다.
② 입법과정에서의 세력연합과 협상 및 타협을 중요시한다.
③ 정부의 역할에 있어서 방향잡기(Steering)를 중시한다.
⑤ 투입보다 산출에 대한 통제를 강조한다.

29

정답 ②

이익집단 정치는 비용과 편익이 모두 소수의 동질적 집단에 좁게 국한되어 있는 정치상황이다.

윌슨(Willson)의 규제정치모형

구분		감지된 편익	
		좁게 집중	넓게 분산
감지된 비용	좁게 집중	이익집단 정치 (Interest Group Politics)	기업가 정치 (Entrepreneurial Politics)
	넓게 분산	고객 정치 (Clientele Politics)	대중 정치 (Majoritarian Politics)

30

정답 ④

유기적 구조일수록 집권성이 낮으며, 기계적 구조일 경우 집권성이 높다.

31

정답 ④

책임운영기관이란 정부가 수행하는 집행적 사무 중 공공성을 유지하면서도 경쟁원리에 따라 운영하는 것이 바람직하거나, 전문성이 있어 성과관리를 강화할 필요가 있는 사무에 대해 기관운영상의 자율성을 부여하고 성과에 대하여 책임을 지도록 설치된 행정기관이다. 이러한 특성상 책임운영기관은 공공성이 크기 때문에 민영화가 곤란한 분야에 설치된다.

32

정답 ①

정책평가의 타당성은 정책평가가 정책의 효과를 얼마나 사실에 가깝게 추정하고 있는지를 파악하는 정도이다. 이러한 타당성은 구성타당성, 통계타당성, 내적타당성, 외적타당성으로 구분할 수 있다. 신뢰성이란 측정도구가 어떤 현상을 되풀이해서 측정했을 때 얼마나 일관성 있게 측정할 수 있는지를 파악하는 것이다. 신뢰성은 타당성의 필요조건이며, 타당성이 높으면 신뢰성은 높지만, 신뢰성이 높더라도 타당성이 높다고 볼 수는 없다.

33

정답 ⑤

합리모형은 자원배분의 최적화를 통한 사회후생의 극대화(파레토최적)를 추구하는 모형으로, 경제적 합리성에 입각한 예산결정모형이다(예 PPBS, ZBB). 예산결정의 목표에 대한 사회적 합의가 도출되지 않은 경우에는 적용이 곤란하다는 한계점이 있다.

34

정답 ⑤

팀 조직은 상호보완적인 기능을 가진 소수의 사람들이 공동의 목표를 달성하기 위해 책임을 공유하고 문제해결을 위한 공동의 접근방법을 사용하는 조직단위이다. 핵심업무의 과정 중심으로 조직화되어 있으며, 수평적인 조직구조와 자율적인 분위기, 대폭적인 권한위임, 성과중심의 보상 등을 특징으로 한다.

35

정답 ②

기대이론은 과정이론에 해당하는 동기부여이론으로, 성과에 대한 기대성, 수단성, 유의성을 종합적으로 고려하여 구성원에 대한 동기부여의 정도가 나타난다는 이론이다.

오답분석

①·③·④·⑤ 동기부여이론 중 내용이론에 해당한다.

36

정답 ②

갈등 당사자들에게 공동의 상위목표를 제시하거나 공동의 적을 설정하는 것은 갈등의 해소 전략에 해당한다.

갈등의 조성 전략
- 공식적·비공식적 의사전달통로의 의도적 변경
- 경쟁의 조성
- 조직 내 계층 수 및 조직단위 수 확대와 의존도 강화
- 계선조직과 막료조직의 활용
- 정보전달의 통제(정보량 조절 : 정보전달억제나 과잉노출)
- 의사결정권의 재분배
- 기존 구성원과 상이한 특성을 지닌 새로운 구성원의 투입 (구성원의 유동), 직위 간 관계의 재설정

37
정답 ①

프로슈머는 생산자와 소비자를 합한 의미로, 소비자가 단순한 소비자에서 나아가 생산에 참여하는 역할도 함께 수행하는 것을 말한다. 시민들이 프로슈머 경향을 띠게 될수록 시민들은 공공재의 생산자인 관료의 행태를 쇄신하려 하고 시민 자신들의 의견을 투입시키려 할 것이기 때문에, 이러한 경향은 현재의 관료주의적 문화와 마찰을 빚게 될 것이다. 따라서 프로슈머와 관료주의적 문화가 적절한 조화를 이루게 될 것이라는 내용은 옳지 않다.

38
정답 ②

판단적 미래예측 기법은 경험적 자료나 이론이 아니라 전문가나 경험자들의 주관적인 견해에 의존하는 질적·판단적 예측이다.

39
정답 ②

오답분석
ㄴ. 근무성적평가에 대한 설명이다. 근무성적평가는 5급 이하의 공무원들을 대상으로 한다.
ㄷ. 다면평정제도에 대한 설명이다. 다면평가제는 피평정자 본인, 상관, 부하, 동료, 고객 등 다양한 평정자의 참여가 이루어지는 집단평정방법이다. 이는 피평정자가 조직 내외의 모든 사람과 원활한 인간관계를 증진하게 하려는 데 목적을 둔다.

40
정답 ②

정보기술아키텍처는 건축물의 설계도처럼 조직의 정보화 환경을 정확히 묘사한 밑그림으로, 조직의 비전, 전략, 업무, 정보기술 간 관계에 대한 현재와 목표를 문서화한 것이다.

오답분석
① 블록체인 네트워크 : 가상화폐를 거래할 때 해킹을 막기 위한 기술망으로 출발한 개념이며, 블록에 데이터를 담아 체인형태로 연결하고, 수많은 컴퓨터에 동시에 이를 복제해 저장하는 분산형 데이터 저장 기술을 말한다.
③ 제3의 플랫폼 : 전통적인 ICT 산업인 제2플랫폼(서버, 스토리지)과 대비되는 모바일, 빅데이터, 클라우드, 소셜네트워크 등으로 구성된 새로운 플랫폼을 말한다.
④ 클라우드 – 클라이언트 아키텍처 : 인터넷에 자료를 저장해 두고, 사용자가 필요한 자료 등을 자신의 컴퓨터에 설치하지 않고도 인터넷 접속을 통해 언제나 이용할 수 있는 서비스를 말한다.
⑤ 스마트워크센터 : 공무용 원격 근무 시설로, 여러 정보통신기기를 갖추고 있어 사무실로 출근하지 않아도 되는 유연근무시스템 중 하나를 말한다.

| 05 | 토목학

01	02	03	04	05	06	07	08	09	10
③	④	①	③	⑤	⑤	②	①	④	②
11	12	13	14	15	16	17	18	19	20
④	④	③	③	③	①	②	③	①	①
21	22	23	24	25	26	27	28	29	30
①	①	④	④	①	②	②	④	④	④
31	32	33	34	35	36	37	38	39	40
①	①	②	④	④	③	④	②	④	③

01
정답 ③

구형단면의 최대전단응력 $V_{\max} = \dfrac{3S}{2A}$

$4.5 = \dfrac{3 \times 1,800}{2(20 \times h)}$

$\therefore h = 30$

따라서 단면의 높이는 30cm이다.

02
정답 ④

단면 상승 모멘트는 좌표축에 따라 (+), (−)의 부호를 갖는다. 또한 단면이 하나의 축만이라도 대칭일 경우 0이다.

03
정답 ①

탄성계수 $E = 2.1 \times 10^6 = 2\,G(1 + 0.25)$이므로
전단탄성계수 $G = 8.4 \times 10^5\,\mathrm{kg/cm^2}$이다.

04
정답 ③

이상유체는 비점성, 비압축성 유체이며, 전단응력이 발생하지 않고 전혀 압축되지도 않으며, 손실수두가 없는 유체이다.

05
정답 ⑤

층류에서의 Re수는 2,000 이하이므로

$Re = \dfrac{V \cdot D}{\nu}$

$\rightarrow V = \dfrac{Re \cdot \nu}{V} \leq \dfrac{2,000 \cdot 0.012}{10}$

$\therefore V \leq 2.4 \mathrm{cm/s}$

06
정답 ⑤

[오일러 좌굴하중(P_{cr})]$=\dfrac{\pi^2 EI}{(kL)^2}$에서 양단힌지일 때 $k=1$이고, 양단고정일 때 $k=0.5$이다.

따라서 양단힌지로 된 장주의 좌굴하중이 10t이므로 양단고정인 장주의 좌굴하중은 $\dfrac{1}{0.5^2}\times 10=40t$이다.

07
정답 ②

전단중심(S)은 전단력의 합력이 작용하는 점으로, 하중이 이 점을 통과하면 단면에는 비틀림이 작용하지 않고 굽힘 즉, 휨이 작용하는 하중작용점을 말한다. 단면에 굽힘만을 작용하게 하는 점이라는 의미에서 굽힘 중심이라고도 하며, 반대로 하중이 이 점이 아닌 점에 작용하면 단면에는 순수굽힘 이외에 비틀림이 작용하게 되므로 설계 시 주의가 필요하다. 전단중심의 위치는 각 요소의 전단력으로 인해 발생하는 모멘트 합이 '0'이 되는 점을 찾음으로써 구할 수 있다.

08
정답 ①

$$Q=\dfrac{\pi K(H^2-h_0^2)}{\ln(R/r_o)}$$

$$\fallingdotseq \dfrac{3.14\times 0.038\times(7^2-5^2)}{\ln\dfrac{1,000}{1}}$$

$$=\dfrac{3.14\times 0.038\times(7^2-5^2)}{3\ln 10}$$

$$=\dfrac{3.14\times 0.038\times(7^2-5^2)}{3\times 2.3}$$

$$\fallingdotseq 0.0415 m^3/s$$

09
정답 ④

$$\tau=\gamma\cdot\dfrac{D}{4}\dfrac{h_L}{l}=10\times\dfrac{0.3}{4}\times\dfrac{0.3}{1}=0.225 kN/m^2$$

$$=225 N/m^2$$

10
정답 ②

$$(\text{푸아송 비})=\dfrac{l\triangle d}{d\triangle}=\dfrac{10\times\triangle d}{0.5\times 0.1}=0.2$$

$$\triangle d=\dfrac{0.2\times 0.5\times 0.1}{10}=0.001 m=0.1 cm$$

반지름 $\dfrac{\triangle d}{2}=\dfrac{0.1}{2}=0.05$

따라서 강봉의 반지름은 0.05cm 감소한다.

11
정답 ④

$$f=\dfrac{P_{\max}}{A_0}=\dfrac{2,080}{50}=41.6 kg/mm^2$$

12
정답 ④

비력은 개수로의 어떤 한 단면에서 단위중량당 운동량과 정수압의 합이다.

13
정답 ③

균일한 평야지역의 작은 유역에 발생한 강우량 산정은 산술평균법이 적합하다.

14
정답 ③

최소일의 원리란 외력을 받고 있는 부정정 구조물의 각 부재에 의하여 발생한 내적인 일(Work)은 평형을 유지하기 위하여 필요한 최소의 일이라는 것이다. 최소일의 원리를 일반식으로 나타내면 다음과 같다.

$$\delta_i=\dfrac{\partial U}{\partial P_i}=\int\dfrac{M}{EI}\left(\dfrac{\partial M}{\partial P_i}\right)dx=0$$

15
정답 ③

$R_e=\dfrac{VD}{\nu}=\dfrac{(\text{관성력})}{(\text{점성력})}$에서 난류는 $R_e>4,000$일 때이므로 관성력의 점성력에 대한 비율은 난류일수록 큰 것을 의미하며, 층류의 경우보다 크다.

16
정답 ①

반지름이 r인 원형 단면이므로 핵거리 e는 기준 축에 관계없이 같은 값을 갖는다.

$$e=\dfrac{Z}{A}=\dfrac{\dfrac{\pi D^3}{32}}{\dfrac{\pi D^2}{4}}=\dfrac{D}{8}=\dfrac{2\times 25}{8}=6.25 cm$$

따라서 핵의 면적은 $A_{core}=\pi e^2=\pi\times 6.25^2\fallingdotseq 122.7 cm^2$이다.

17
정답 ②

관수로의 흐름이 층류일 때 마찰손실계수는 $f=\dfrac{64}{Re}$이다. 따라서 레이놀즈수(Re)에만 영향을 받는다는 ②가 옳다.

18

$$f = \frac{124.5n^2}{D^{\frac{1}{3}}} \rightarrow 0.02 = \frac{124.5n^2}{0.4^{\frac{1}{3}}}$$

$$\therefore n \fallingdotseq 0.011$$

$V = \frac{1}{n} R^{\frac{2}{3}} I^{\frac{1}{2}}$ 식에 대입$\left(\text{단, } R\text{은 동수반경이며 } R = \frac{D}{4} \text{이다}\right)$

$$\therefore V = \frac{1}{0.011} \left(\frac{0.4}{4}\right)^{\frac{2}{3}} \left(\frac{2}{100}\right)^{\frac{1}{2}} \fallingdotseq 2.8$$

따라서 관내의 유속은 약 2.8m/s이다.

19

탄성계수와 체적탄성계수와의 관계는 $K = \frac{E}{3(1-2\nu)}$ 이며, 탄성

계수와 전단탄성계수와의 관계는 $G = E \cdot \frac{1}{2(1+\nu)}$ 이다.

20

휨응력 $\sigma = \frac{M}{Z}$

$$M = \frac{Pl}{4}$$

$$Z = \frac{bh^2}{6}$$

$\sigma = \frac{\frac{Pl}{4}}{\frac{bh^2}{6}} = \frac{3Pl}{2bh^2}$ 에서

$$P = \frac{2bh^2\sigma}{3l} = \frac{2 \times 6 \times 12^2 \times 100}{3 \times 400} = 144\text{kg}_f$$

21

수리상 유리한 단면을 볼 때

최대유량은 $Q_{\max} = A \times V_{\max} = A \times C\sqrt{R_{\max}I}$ 이며,

이때 동수반경을 살펴보면

$R = \frac{A}{P}$ 에서 윤변(P)이 최소일 때 동수반경(R)이 최대가 된다.

22

$$P_b = \frac{n\pi^2 EI}{l^2}$$

이때 좌굴계수 n은 양단힌지일 경우 $n = 1$, 양단고정일 경우 $n = 4$ 이다.

23

$P_{cr} = \frac{\pi^2 EI}{l^2}$, $I = r^2 A = 2.8^2 \times 70.73 = 554.52\text{cm}^4$

$$= \frac{\pi^2 \times 2.1 \times 10^6 \times 554.52}{300^2}$$

$$= 127.6\text{t}$$

24

유관이란 옆면이 유선으로 둘러싸인 관을 말한다.

25

세장비 $\lambda = \frac{kl}{r}$

양단 고정이므로 $kl = 0.5l$이다.

$$\therefore \lambda = \frac{0.5l}{r} = \frac{l}{2r}$$

26

$\triangle B = \frac{1}{2} \times x \times Px \times \frac{2}{3} x = 4\delta = 4 \times \frac{Pl^3}{3EI}$

$$\therefore x = \sqrt[3]{4l} \fallingdotseq 1.6l$$

27

$V_x = 0$인 점에 최대 휨모멘트가 생긴다.

$$\frac{wl}{6} - \frac{1}{2} x \times \frac{x}{l} w = 0$$

$$\rightarrow x^2 = \frac{l^2}{3}$$

$$\therefore x = \frac{1}{\sqrt{3}} l$$

28

에너지 보정계수(α)와 운동량 보정계수(β)는 각각 운동 에너지(속도수두)와 운동량을 보정하기 위한 무차원 상수이다.

관수로 내에서 실제유체의 흐름이 층류일 때 $\alpha = 2$, $\beta = \frac{4}{3}$ 이고,

난류일 때 $\alpha = 1.01 \sim 1.05$, $\beta = 1 \sim 1.05$의 값을 가지며, 이상유체일 때 $\alpha = \beta = 1$이다.

29

정답 ④

$$Re = \frac{\left(\frac{4 \times 0.03}{0.15^2 \times \pi}\right) \times 0.15}{1.35 \times 10^{-4}} \fallingdotseq 1,886.28 < 2,000$$

따라서 레이놀즈수가 2,000보다 작으므로 층류이다.

30

정답 ④

전단응력도는 도심에서 최대가 되고, 상·하단에서는 0이다.

31

정답 ①

보의 처짐은 EI와 반비례하고, 하중의 크기에 비례한다.

32

정답 ①

소류력 $\tau = wRI$에서 하천의 폭이 넓으므로 경심과 수심의 크기는 같다. 또한, 물의 단위중량은 $9,800\text{N/m}^3$이므로 $\tau = 9,800 \times 2 \times \frac{1}{200} = 98\text{N/m}^2$이다.

33

정답 ②

$$Q = AV = \frac{\pi D^2}{4} \times \sqrt{\frac{2gh}{f_i + f\frac{l}{D} + 1}} \text{ 에서}$$

$$f = \frac{124.5n^2}{D^{1/3}} = \frac{124.5 \times 0.013^2}{0.8^{1/3}} \fallingdotseq 0.023\text{이다.}$$

즉, $1.2 = \frac{\pi \cdot 0.8^2}{4} \times \sqrt{\frac{2 \times 9.8 \times h}{0.5 + 0.023 \times \frac{50}{0.8} + 1}}$ 이고,

$h \fallingdotseq 0.854$이다.

따라서 두 수조의 수위차는 약 0.85m이다.

34

정답 ④

$$\sigma = E \cdot \varepsilon = E \cdot \alpha t$$
$$= 2.1 \times 10^6 \times 0.00001 \times 30° = 630\text{kg/cm}^2$$

35

정답 ①

상승모멘트가 0인 축을 단면의 주축이라 한다.

36

정답 ③

Hooke의 법칙

$$E = \frac{\sigma}{\varepsilon} = \frac{P/A}{\triangle l/l} = \frac{Pl}{A\triangle l}$$

$$P = \frac{EA\triangle l}{l} = 2.1 \times 10^5 \times \frac{(5^2 \times \pi/4) \times 1.5}{200} \fallingdotseq 3.09 \times 10^4\text{kg}$$
$$= 30.9\text{t}$$

37

정답 ④

$$\triangle l = \frac{Pl}{EA} = \frac{7,000 \times 500}{2.0 \times 10^6 \times 2} = 0.875\text{cm}$$

38

정답 ②

절대 최대 전단력은 전단력 가운데 가장 큰 값을 의미하며, (+), (−) 중에서 절댓값이 큰 것을 사용한다. 이때 절대 최대 전단력은 일반적으로 지지점에서 일어난다.

39

정답 ④

유체 속의 물체가 받은 항력은 $D = C_D A \frac{\rho V^2}{2}$으로 볼 수 있다.

따라서 물체에 작용하는 항력과 관계있는 것은 물체의 형상, 크기, 속도, 유체의 밀도, 투영면적이다.

40

정답 ③

물의 단위중량 $w = 9.8\text{kN/m}^3$이고,
정체압력(P)=정압력+동압력이므로

$$P = wh + \frac{wv^2}{2g} \text{ 이다.}$$

이에 대입하면 다음과 같다.

$$P = (9.8 \times 3) + \left(\frac{9.8 \times 3^2}{2 \times 9.8}\right) = 33.9$$

따라서 정체압력은 33.9kN/m^2이다.

4일 차 기출응용 모의고사 정답 및 해설

| 01 | 경영학

01	02	03	04	05	06	07	08	09	10
③	①	①	③	②	①	④	①	⑤	①
11	12	13	14	15	16	17	18	19	20
④	③	⑤	①	②	⑤	④	①	③	①
21	22	23	24	25	26	27	28	29	30
①	④	④	②	⑤	⑤	④	④	⑤	⑤
31	32	33	34	35	36	37	38	39	40
①	②	④	⑤	④	④	④	①	③	①

01
정답 ③

마이클 포터의 5 Forces 모델에서는 대체재의 위협과 공급자의 교섭력이 낮을수록 해당 산업의 매력성은 높다.

02
정답 ①

주식을 이용하여 경영권을 위협하며, 해당 주식을 비싸게 파는 행위는 그린메일이다.

오답분석
② 황금주(Golden Share) 제도 : 황금주란 단 1주만으로도 주주총회 의결사항에 대해 거부권을 행사할 수 있는 권리를 가진 주식으로, 주로 공기업이 민영화된 이후에도 공익성을 유지할 수 있도록 정부에게 발행된다.
③ 황금 낙하산(Golden Parachute) : 인수 대상 기업의 CEO가 인수로 인하여 임기 전에 사임하게 될 경우를 대비하여 거액의 퇴직금, 저가에 의한 주식매입권, 일정기간 동안의 보수와 보너스 등을 받을 권리를 사전에 고용계약에 기재하여 안정성을 확보하는 동시에 기업의 인수 비용을 높이는 방법이다.
④ 백기사(White Knight) 전략 : 인수 대상 기업이 적대적 인수 세력으로부터 벗어나기 위해 우호적인 제3세력의 자본을 앞세워 경영권을 보호하는 것으로, 이 우호적인 제3세력을 백기사라 한다.

⑤ 고주가 전략 : 기업의 시장가치인 주가가 저평가되고 있다면 단순한 매매차익을 겨냥하는 투자자뿐만 아니라 관련 기업들이나 인수전문가들이 공격적인 투자를 시도할 것이기 때문에 적대적 M&A에 대한 최선의 방어전략으로 기업가치인 주가를 높게 유지하는 것이다.

03
정답 ①

오답분석
② 논리적 오류에 대한 설명이다.
③ 초기효과에 대한 설명이다.
④ 후광효과(현혹효과)에 대한 설명이다.
⑤ 중심화 경향에 대한 설명이다.

04
정답 ③

TQM(Total Quality Management)은 전통적 조직에 비하여 과업의 전문화가 낮고, 팀 단위로 과업이 이루어진다.

오답분석
① TQM은 종업원의 참여를 통한 프로세스의 지속적 개선을 통해 고객 만족도를 향상시키는 것을 목표로 한다.
② TQM은 지속적 개선을 강조한다. 지속적 개선은 계획(Plan) – 실행(Do) – 검토(Check) – 조치(Act)의 과정을 통해 이루어진다.
④ TQM은 고객 만족도 향상이라는 공동의 목적을 달성하기 위해 기업의 전 부문 종업원들이 참여하는 방식이다.
⑤ TQM은 결과 지향적보다는 과정 지향적이다.

05
정답 ②

글로벌경쟁이 심화될수록 해당 사업에 경쟁력이 낮아지며, 다각화 전략보다 집중화 현상이 심해진다.

06
정답 ①

소비자 구매의사결정 과정
- 문제인식 : 내외부 자극에 의해 구매욕구가 발생한다.
- 정보탐색 : 정보원천에서 제품에 대한 정보를 수집한다.
- 대안평가 : 대안별로 그 속성들을 평가한다.
- 구매 : 평가된 제품들 중 가장 선호하는 것을 실제로 구매한다.
- 구매 후 행동 : 구매 후 사용 시 만족 또는 불만족을 행동화한다.

07
정답 ④

민츠버그의 조직형상 구성요소
- 업무핵심층(Operation Core)
- 전략상층부(Strategic Apex)
- 중간라인(Middle Line)
- 테크노스트럭처(Techno Structure, 기술구조)
- 지원스태프(Support Staff)

08
정답 ①

직무분석의 결과물 중 인적요건 즉, 기능, 능력, 자격 등에 초점을 맞추고 있는 것은 직무명세서이다.

09
정답 ⑤

경험곡선효과는 학습효과라고도 하며, 동일한 제품이나 서비스를 생산하는 두 기업을 비교할 때 일정기간 내에 상대적으로 많은 제품이나 서비스를 생산한 기업의 비용이 낮아지는 것을 의미한다. 이는 경험이 축적되어 감에 따라 노동자들의 숙달로 인한 능률의 향상, 규모의 경제 확대, 기술혁신으로 인한 비용의 감축, 지속적인 업무 개선과 작업의 표준화 등으로 인해 원가를 최소화할 수 있는 것이다.

10
정답 ①

- (기말재고)=(기초재고)+(당기매입액)−(매출원가)
  =9,000+42,000−45,000=6,000원
- 6,000(기말재고)−4,000(기말순실현가능가치)
  =2,000원(평가손실)

11
정답 ④

명목임금은 150만 원 인상되었으므로 10%가 증가했지만, 인플레이션율 12%를 고려한 실질임금은 12−10=2%p 감소하였다.

12
정답 ③

오답분석
① 자기자본비용은 기업이 조달한 자기자본의 가치를 유지하기 위해 최소한 벌어들어야 하는 수익률이다.
② 새로운 투자안의 선택에 있어서 투자수익률이 자기자본비용을 넘어야만 한다.
④ 기업이 주식발생을 통해 자금조달을 할 경우 자본이용의 대가로 얼마의 이용 지급료를 산정해야 하는지는 명확하지 않다.
⑤ CAPM에서는 베타와 증권시장선을 계산해서 미래의 증권시장선으로 사용하는데 이는 과거와 비슷한 현상이 미래에도 발생할 수 있다는 가정하에서만 타당한 방법이다.

13
정답 ⑤

주식 수만 늘고 금액 차이가 없으므로 주식분할은 자본변동표에서 확인할 수 없다.

14
정답 ①

기계적 조직과 유기적 조직의 특징

구분	전문화	공식화	집권화
기계적 조직	고	고	고
유기적 조직	저	저	저

15
정답 ②

공정성이론이란 조직구성원이 자신의 투입에 대한 결과의 비율을 동일한 직무 상황에 있는 준거인의 투입 대비 결과의 비율과 비교해 자신의 행동을 결정하게 된다는 이론이다.

오답분석
① 기대이론 : 구성원 개인의 모티베이션의 강도를 성과에 대한 기대와 성과의 유의성에 의해 설명하는 이론이다.
③ 욕구단계이론 : 인간의 욕구는 위계적으로 조직되어 있으며 하위 단계의 욕구 충족이 상위 계층 욕구의 발현을 위한 조건이 된다는 이론이다.
④ 목표설정이론 : 의식적인 목표나 의도가 동기의 기초이며 행동의 지표가 된다고 보는 이론이다.
⑤ 인지적평가이론 : 성취감이나 책임감에 의해 동기유발이 되어 있는 것에 외적인 보상(승진, 급여인상, 성과급 등)을 도입하면 오히려 동기유발 정도가 감소한다고 보는 이론이다.

16
정답 ⑤

평가센터법 안에서 다양한 방법의 평가기법들이 사용되기 때문에 표준화가 어렵고 상대적 비교도 어려우며, 시간과 비용이 많이 든다.

17

정답 ④

오답분석

① 침투가격전략 : 신제품을 출시할 때 처음에는 경쟁제품보다 낮은 가격을 제시한 후 점차적으로 가격을 올리는 전략이다.
② 적응가격전략 : 다양한 소비자들의 구매를 유도하기 위하여 동일하거나 유사한 제품의 가격을 다르게 적용하는 전략이다.
③ 시가전략 : 기업이 경쟁업자의 가격과 동일한 가격으로 설정하는 전략이다.
⑤ 명성가격전략 : 가격 결정 시 해당 제품군의 주 소비자층이 지불할 수 있는 가장 높은 가격이나 시장에서 제시된 가격 중 가장 높은 가격을 설정하는 전략이다.

18

정답 ①

슈퍼 리더십은 다른 사람이 스스로 자기 자신을 이끌어갈 수 있게 도와주는 리더십으로, 리더 육성에 초점을 두고 부하직원들이 셀프 리더십을 발휘할 수 있도록 영향력을 행사한다.

오답분석

② 셀프 리더십에 대한 설명이다.
③ 서번트 리더십에 대한 설명이다.
④ 임파워링 리더십에 대한 설명이다.
⑤ 변혁적 리더십에 대한 설명이다.

19

정답 ③

테일러(Tailor)의 과학적 관리법은 노동자의 심리상태와 인격은 무시하고, 노동자를 단순한 숫자 및 부품으로 바라본다는 한계점이 있다. 이러한 한계점으로 인해 직무특성이론과 목표설정이론이 등장하는 배경이 되었다.

20

정답 ①

외상매출금

(단위 : 원)

기초	120,000	회수	(1,096,400)
기말	1,108,000	대손	1,600
		기말	130,000
계	1,228,000	계	1,228,000

대손충당금

(단위 : 원)

대손	1,600	기초	3,000
기말	2,400	설정	1,000
계	4,000	계	4,000

21

정답 ①

재무상태표 등식은 (자산)=(부채)+(자본)이다.

22

정답 ④

부채 대리비용은 채권자와 주주의 이해상충관계에서 발생하며, 부채비율이 높을수록 부채 대리비용은 커진다.

오답분석

① 위임자는 기업 운영을 위임한 투자자 등을 의미하고, 대리인은 권한을 위임받아 기업을 경영하는 경영자를 의미한다. 대리인은 위임자에 비해 기업 운영에 대한 정보를 더 많이 얻게 되어 정보비대칭 상황이 발생한다.
② 기업의 자금조달의 원천인 자기자본과 부채 각각에서 대리비용이 발생할 수 있다.
③ 자기자본 대리비용은 외부주주와 소유경영자(내부주주)의 이해상충관계에서 발생한다. 지분이 분산되어 있어서 외부주주의 지분율이 높을수록 자기자본 대리비용은 커진다.
⑤ 대리비용이론에 따르면 최적 자본구조가 존재하는데, 이는 전체 대리비용의 합이 최소화되는 지점을 의미한다.

23

정답 ④

• 현금유입액

	기초	400,000
−	감가상각누계액	140,000
	장부금액	260,000
+	구입액	140,000
−	기중 감가상각	50,000
	장부금액	350,000

460,000(기말)−160,000(감가상각누계액)=300,000원(실제 장부금액)이다. 따라서 장부금액 350,000−300,000(처분차액)+10,000(이익)이므로 현금유입액은 60,000원이다.

24

정답 ②

ㄱ. 미수금 : 일상적 판매대상인 상품·제품 이외의 자산을 매각한 대금 중 미수된 금액으로, 유동자산에 해당한다.
ㄷ. 현금과 현금성 자산 : 모두 유동자산에 해당하며, 현금성 자산이란 큰 거래비용 없이 쉽게 현금화할 수 있는 일종의 대기투자자금을 말한다.

오답분석

ㄴ. 선수금 : 용역이나 상품의 대가를 분할하여 받기로 하였을 때 먼저 수령하는 금액으로, 유동부채에 해당한다.
ㄹ. 장기차입금 : 결산일 또는 그 다음날을 기준으로 지급기한이 1년 이상인 차입금을 말하며, 고정부채에 해당한다.
ㅁ. 예수금 : 거래와 관련하여 임시로 보관하는 자금으로, 유동부채에 해당한다.

25

정답 ⑤

고용계약은 그 자체로 당해 기업의 재무상태에 변동을 일으키지 못한다. 따라서 회계거래에 해당하지 않는다.

26

정답 ⑤

오답분석

① · ② 유형자산의 공정가치가 장부금액을 초과하면 기타포괄손익 및 정상적인 감가상각을 하며, 손상금액은 손상차손 및 손상차손누계액에서 회계처리한다.

③ · ④ 유형자산을 재평가모형으로 평가하는 경우 감가상각하고, 재평가손익은 당기손익으로 처리할 수 없으며 이익잉여금으로 대체한다.

27

정답 ④

물음표(Question Mark)는 높은 시장성장률과 낮은 상대적 시장 점유율을 유지하기 때문에 많은 투자가 필요하다.

28

정답 ④

공급사슬관리(SCM)란 공급자로부터 최종 고객에 이르기까지 자재 조달, 제품 생산, 유통, 판매 등의 흐름을 적절히 관리하는 것으로, 이를 통해 자재의 조달 시간을 단축하고, 재고 비용이나 유통 비용 등을 절감할 수 있다.

오답분석

① 자재소요량계획(MRP)에 대한 설명이다.
② 업무재설계(BPR)에 대한 설명이다.
③ 적시생산방식(JIT)에 대한 설명이다.
⑤ 지식관리시스템(KMS)에 대한 설명이다.

29

정답 ⑤

오답분석

① 연공주의 : 근무경력에 의해 승진의 우선권을 부여하는 방식이다.
② 균형주의 : 개인별 직무 적합성의 극대화보다 개인, 직무 간의 연결의 합이 조직 전체적으로 볼 때 조직력 증가, 협동시스템 구축, 나아가 종업원의 전체 사기의 증가를 가져온다는 원칙이다.
④ 인재육성주의 : 성장욕구, 직무 간의 적합성을 극대화시켜 자기 성장욕구 및 자기 실현욕구가 충족될 수 있도록 해야 한다는 원칙이다.

30

정답 ⑤

외부실패비용은 고객에게 판매된 후에 발생하는 비용을 말하며, 대개 고객 서비스와 관련된 비용이다. 외부실패비용에는 반품비용, 보상 위자료, 반환품 비용, 리콜 비용, 품질 보증 클레임 비용 등이 있다.

31

정답 ①

합병의 동기에는 시너지효과가설, 저평가설, 경영자주의가설, 대리이론 등이 있다. 시너지효과가설이란 합병 전 개별기업 가치의 단순 합보다 합병 후 기업가치가 더 커지는 시너지효과를 얻기 위한 합병의 동기를 의미한다. 시너지효과에는 영업시너지와 재무시너지가 있다. 영업시너지란 합병에 따라 현금흐름이 증가하여 기업가치가 증대되는 것을 의미하며, 재무시너지는 합병에 따라 자본비용이 감소하여 기업가치가 증대되는 효과를 의미한다.

32

정답 ②

유형제품이란 소비자가 추구하는 것들을 물리적 속성의 집합으로 유형화시킨 것으로, 상표, 품질수준, 특성, 스타일 등이 포함된다.

오답분석

① · ③ · ④ · ⑤ 확장제품에 해당하며, 확장제품은 유형제품에 부가적인 서비스 제공물로, 보증, 대금결제방식, 배달, 애프터 서비스 등이 포함된다.

33

정답 ④

• 현재 고객으로부터 매입의사표시를 받지 못하였으므로 매출은 0원이다.
• 최종소비자에게 판매된 금액을 매출로 봐야 하므로 매출은 30,000원이다.
• 장기할부판매는 장단기 구분 없이 인도시점에 매출이 실현된다. 이때, 매출액은 할부대금이 아닌 현재가치로 봐야 하므로 80,000원이다. 따라서 2024년 총 매출액은 110,000원이다.

34

정답 ⑤

전사적 자원관리(ERP)란 기업의 중심적 활동에 속하는 원자재, 생산, 판매, 인사, 회계 등의 업무를 통합 · 관리해주는 소프트웨어 패키지로, 전사적 경영자원의 체계적 관리를 통한 생산성 향상을 목표로 한다. 적용 시에 데이터의 일관성, 통합성으로 업무의 표준화 및 단순화를 실현시킬 수 있다.

35 정답 ④

직무기술서와 직무명세서

구분	직무기술서	직무명세서
개념	• 직무수행과 관련된 과업 및 직무 행동을 직무요건을 중심으로 기술한 양식	• 특정 직무를 수행하기 위해 요구되는 지식, 기능, 육체적 정신적 능력 등 인적요건을 중심으로 기술한 양식
포함 내용	• 직무 명칭, 직무코드, 소속 직군, 직렬 • 직급(직무등급), 직무의 책임과 권한 • 직무를 이루고 있는 구체적 과업의 종류 및 내용	• 요구되는 교육 수준 • 요구되는 지식, 기능, 기술, 경험 • 요구되는 정신적, 육체적 능력 • 인정 및 적성, 가치, 태도
작성 요건	• 명확성, 단순성, 완전성, 일관성	

36 정답 ④

• [과거분(정액법) 감가상각비 누계액]

$$=(1,000,000-200,000)\times\frac{3}{8}=300,000원$$

• [당기분(2024년) 감가상각비]

$$=(1,000,000-300,000-40,000)\times\frac{5}{15}=220,000원$$

37 정답 ④

허즈버그의 2요인 이론은 직원들의 직무만족도를 증감시키는 요인을 2가지로 구분한 것이다.

• 동기요인 : 성취, 인정, 책임소재, 업무의 질 등
• 위생요인 : 회사의 정책, 작업조건, 동료직원과의 관계, 임금, 직위 등

38 정답 ①

기업 전체의 목표를 이윤극대화 또는 기업가치의 극대화라 할 때 생산관리는 이들 목표의 달성을 위한 주요수단으로서의 역할을 하게 된다. 일반적으로 생산관리를 담당하는 부서는 원가, 품질, 납기, 유연성에 초점을 두고 관리활동을 펼치게 된다.

39 정답 ③

기초자산의 가격이 권리행사가격보다 높아질 가능성이 커질수록 콜옵션 가격이 높아진다. 따라서 콜옵션은 기초자산의 가격이 높을수록 유리하다.

40 정답 ①

신제품 수용자 유형

• 혁신자(Innovators) : 신제품 도입 초기에 제품을 수용하는 소비자. 모험적, 새로운 경험 추구
• 조기 수용자(Early Adopters) : 혁신자 다음으로 수용하는 소비자. 의견선도자 역할
• 조기 다수자(Early Majority) : 대부분의 일반 소비자. 신중한 편
• 후기 다수자(Late Majority) : 대부분의 일반 소비자. 신제품 수용에 의심 많음
• 최후 수용자(Laggards) : 변화를 싫어하고 전통을 중시함

| 02 | 경제학

01	02	03	04	05	06	07	08	09	10
②	①	③	②	⑤	④	⑤	⑤	②	④
11	**12**	**13**	**14**	**15**	**16**	**17**	**18**	**19**	**20**
③	④	③	③	②	⑤	②	②	⑤	②
21	**22**	**23**	**24**	**25**	**26**	**27**	**28**	**29**	**30**
①	④	③	①	②	③	⑤	④	④	③
31	**32**	**33**	**34**	**35**	**36**	**37**	**38**	**39**	**40**
④	⑤	①	①	①	④	①	②	①	②

01
정답 ②

어떤 상품이 정상재인 경우 이 재화의 수요가 증가하면 수요곡선 자체를 오른쪽으로 이동시켜 재화의 가격이 상승하면서 동시에 거래량이 증가한다. 이때 소비자의 소득 증가, 대체재의 가격 상승, 보완재의 가격 하락, 미래 재화가격 상승 예상, 소비자의 선호 증가 등이 수요를 증가시키는 요인이 될 수 있다. 한편, 생산기술의 진보, 생산요소의 가격 하락, 생산자의 수 증가, 조세 감소 등은 공급의 증가요인이므로 공급곡선을 오른쪽으로 이동시킨다.

02
정답 ①

오답분석

② 수요나 공급이 가격에 민감할수록 조세 부과로 인한 수요량과 공급량이 더욱 크게 감소하여 시장왜곡이 더 커진다.
③ · ④ · ⑤ 수요곡선이나 공급곡선의 이동 폭은 조세부과의 크기로 인해 달라지는 것이므로, 탄력성과는 무관한 설명이다.

03
정답 ③

오답분석

라. 장기한계비용곡선은 단기한계비용곡선의 포락선이 아니다. 다만, 장기한계비용곡선은 장기평균비용곡선의 최저점을 지난다.

04
정답 ②

솔로우모형은 규모에 대한 보수불변 생산함수를 가정하며, 시간이 흐름에 따라 노동량이 증가하며 기술이 진보하는 것을 고려한 성장모형이다. 솔로우모형은 장기 균형상태에서 더 이상 성장이 발생하지 않으며 자본의 한계생산체감에 의해 일정한 값을 갖게 되는 수렴현상이 발생한다고 설명한다.

05
정답 ⑤

노동수요에 대한 탄력성은 상품생산에 투입되는 다른 생산요소와의 대체가능성에 의해 영향을 받는다. 임금이 상승할 때 노동 대신 다른 생산요소로의 대체가능성이 높을수록, 즉 요소 간 대체가능성이 높을수록 노동수요에 대한 탄력성은 커지게 되므로 임금상승에 대하여 고용감소는 커진다.

06
정답 ④

현진이가 실망노동자가 되면서 실업자에서 비경제활동인구로 바뀌게 되었다. 실업률이란 경제활동인구에 대한 실업자의 비율이므로 분자인 실업자보다 분모의 경제활동인구가 큰 상황에서 실업자와 경제활동인구가 동일하게 줄어든다면 실업률은 하락하게 된다. 한편 고용률이란 생산가능인구에 대한 취업자의 비율이므로 분자인 취업자와 분모의 생산가능인구에 아무런 변화가 없으므로 고용률은 변하지 않는다.

07
정답 ⑤

예상한 인플레이션과 예상하지 못한 인플레이션의 경우에서 모두 메뉴비용이 발생한다.
• 물가변화에 따라 가격을 조정하려면 가격표 작성비용(메뉴비용)이 발생한다.
• 메뉴비용이 커서 가격조정이 즉각적으로 이루어지지 않은 경우에는 재화의 상대가격이 변화하고 이에 따라 자원배분의 비효율성이 발생한다.

08
정답 ⑤

원화가치 하락, 즉 환율상승은 수출기업의 채산성을 호전시키지만 수입물가 상승으로 인해 전반적으로 물가를 상승시킨다.

09
정답 ②

경기 회복기에는 고용의 증가 속도보다 국민총생산의 증가 속도가 더 크고, 불황기에는 고용의 감소 속도보다 국민총생산의 감소 속도가 더 크다. 구체적으로 실업률이 1% 늘어날 때마다 국민총생산은 2.5%의 비율로 줄어드는데, 이와 같은 실업률과 국민총생산의 밀접한 관계를 오쿤의 법칙이라 한다.

10
정답 ④

A국에서 해외 유학생과 외국인 관광객이 증가하면 달러 공급이 늘어나 A국 화폐의 가치가 상승하므로 환율은 하락한다. 환율이 하락하면 수출은 줄고, 수입은 늘어나서 경상수지가 악화될 것이다. 반면 B국에서는 해외 투자의 증가와 외국인 투자자들이 자금을 회수하므로 달러 수요가 늘어나 B국 화폐의 가치는 하락한다.

11
정답 ③

한계생산물 가치와 임금의 값이 같을 때 기업의 이윤이 극대화가 된다. 즉, 식으로 표현하면 $VMP_L = MP_L \times P = w$이 된다. ($VMP_L$: 한계생산물 가치, MP_L : 노동의 한계생산, P : 재화의 가격, w : 임금)

$MP_L \times P = w$

$\rightarrow (27 - 5L) \times 20 = 10$

따라서 $L = 5$이므로 재화의 가격이 20이고 임금이 40일 때, K기업이 생산하는 재화에 투입하는 노동의 양은 5이고, K기업의 노동수요량은 5가 된다.

12
정답 ④

독점시장의 시장가격은 완전경쟁시장의 가격보다 높게 형성되므로 소비자잉여는 줄어든다.

13
정답 ③

노동시장에서 기업은 한계수입생산(MRP)과 한계요소비용(MFC)이 일치하는 수준까지 노동력을 수요하려고 한다.

• 한계수입생산 : $MRP_L = MR \times MP_N$, 이때 생산물시장이 완전경쟁시장이라면 한계수입과 가격이 일치하므로 $P \times MP_N$이고, 주어진 생산함수에서 노동의 한계생산을 도출하면 $Y = 200N - N^2$이다. 이를 N으로 미분하면 $MP_N = 200 - 2N$이다.

• 한계요소비용 : $MFC_N = \dfrac{\Delta TFC_N}{\Delta N} = \dfrac{W \cdot \Delta N}{\Delta N} = W$, 여가의 가치는 임금과 동일하므로 $W = 40$이 된다.

• 균형노동시간의 도출 : $P \times MP_N = W$

$\rightarrow 1 \times (200 - 2N) = 40$

따라서 $N = 80$이 도출된다.

14
정답 ③

독점적 경쟁시장의 장기균형에서 $P > SMC$가 성립한다.

[오답분석]

①·② 독점적 경쟁시장의 장기균형은 수요곡선과 단기평균비용곡선, 장기평균비용곡선이 접하는 점에서 달성된다.

④ 균형생산량은 단기평균비용의 최소점보다 왼쪽에서 달성된다.

⑤ 가격과 평균비용이 같은 지점에서 균형이 결정되므로, 장기 초과이윤은 0이다.

15
정답 ②

제시된 'A국 통화로 표시한 B국 통화 1단위의 가치'란 A국 통화의 명목환율을 의미한다. 명목환율을 e, 실질환율을 ε, 외국 물가를 P_f, 국내 물가를 P라고 할 때, 실질환율은 $\varepsilon = \dfrac{e \times P_f}{P}$로 표현된다. 이를 각 항목의 변화율에 대한 식으로 바꾸면,

$\dfrac{\Delta \varepsilon}{\varepsilon} = \dfrac{\Delta e}{e} + \dfrac{\Delta P_f}{P_f} - \dfrac{\Delta P}{P}$이 된다. 제시된 자료에서 명목환율은 15%, A국(자국) 물가지수는 7%, B국(외국) 물가지수는 3% 증가하였으므로, 앞의 식에 대입하면 실질환율(ε)의 변화율은 15 + 3 - 7 = 11%(상승)이다. 실질환율이 상승하면 수출품의 가격이 하락하게 되므로 수출량은 증가한다.

16
정답 ⑤

수요의 가격탄력성이 1보다 작은 경우에는 가격이 대폭 상승하더라도 판매량이 별로 감소하지 않으므로 소비자의 총지출은 증가하고 판매자의 총수입도 증가한다.

[오답분석]

① 수요의 가격탄력성은 수요량의 변화율을 가격의 변화율로 나누어 구하므로 가격이 1% 상승할 때 수요량이 2% 감소하였다면 수요의 가격탄력성은 2이다.

② 기펜재는 대체보다 소득효과가 더 큰 열등재인데, 소득이 증가할 때 구입량이 증가하는 재화는 정상재이므로 기펜재가 될 수 없다.

③ 교차탄력성이란 한 재화의 가격이 변화할 때 다른 재화의 수요량이 변화하는 정도를 나타내는 지표이다. 잉크젯프린터의 가격이 오르면(+) 잉크젯프린터의 수요가 줄고, 프린터에 사용할 잉크카트리지의 수요도 줄어들 것(-)이므로 교차탄력성은 음(-)의 값을 가진다는 것을 알 수 있다. 잉크젯프린터와 잉크젯카트리지 같은 관계에 있는 재화들을 보완재라고 하는데, 보완재의 교차탄력성은 음(-)의 값을, 대체재의 교차탄력성은 양(+)의 값을 가지게 된다.

④ 수요의 소득탄력성은 0보다 작을 수 있는데 이러한 재화를 열등재라고 한다.

17
정답 ②

기업 B의 광고 여부에 관계없이 기업 A는 광고를 하는 것이 우월전략이다. 또한 기업 A의 광고 여부에 관계없이 기업 B도 광고를 하는 것이 우월전략이다. 두 기업이 모두 광고를 하는 것이 우월전략이므로 우월전략균형에서 두 기업의 이윤은 (55, 75)이다. 우월전략균형은 내쉬균형에 포함되므로 내쉬균형에서의 기업 A의 이윤은 55이고, 기업 B의 이윤은 75이다.

18
정답 ②

역선택이란 감추어진 특성의 상황에서 정보 수준이 낮은 측이 사전적으로 바람직하지 않은 상대방을 만날 가능성이 높아지는 현상을 의미한다. 반면, 도덕적 해이는 감추어진 행동의 상황에서 어떤 거래 이후에 정보를 가진 측이 바람직하지 않은 행동을 하는 현상을 의미한다.

19
정답 ⑤

보상적 임금격차는 선호하지 않는 조건을 가진 직장은 불리한 조건을 임금으로 보상해 줘야 한다는 것이다. 대부분의 사람들은 3D 작업환경에서 일하기 싫어하기 때문에 이런 직종에서 필요한 인력을 충원하기 위해서는 작업환경이 좋은 직종에 비해 더 높은 임금을 제시해야 한다. 이러한 직업의 비금전적인 특성을 보상하기 위한 임금의 차이를 보상적 격차 또는 평등화 격차라고 한다. 보상적 임금격차의 발생 원인에는 노동의 난이도, 작업환경, 명예, 주관적 만족도, 불안전한 급료 지급, 교육훈련의 차이, 고용의 안정성 여부, 작업의 쾌적성, 책임의 정도, 성공·실패의 가능성 등이 있다.

20
정답 ②

자연독점이란 규모가 가장 큰 단일 공급자를 통한 재화의 생산 및 공급이 최대 효율을 나타내는 경우 발생하는 경제 현상을 의미한다. 자연독점 현상은 최소효율규모의 수준 자체가 매우 크거나 생산량이 증가할수록 평균총비용이 감소하는 규모의 경제가 나타날 경우에 발생한다. 이때 최소효율규모란 평균비용곡선상에서 평균비용이 가장 낮은 생산 수준을 나타낸다.

21
정답 ①

광공업 생산지수는 경기동행지수에 속하는 변수이다.

22
정답 ④

일물일가의 법칙을 가정하는 구매력평가이론에 따르면 두 나라에서 생산된 재화의 가격이 동일하므로 명목환율은 두 나라의 물가수준의 비율로 나타낼 수 있다. 한편, 구매력평가이론이 성립하면 실질환율은 불변한다.

23
정답 ③

소비자가 노트북에 대해 100만 원을 지불할 용의가 있다는 것은 노트북 구입 시 최소한 그만큼의 편익을 얻는다는 의미이다. 이 소비자가 노트북을 80만 원에 구입한다면 지불할 용의가 있는 금액보다 20만 원 적게 지불하였으므로 20만 원의 소비자잉여를 얻는다. 물품세가 부과되어 노트북 가격이 110만 원으로 상승하면 소비자는 구입을 포기할 것이므로 소비자잉여를 얻을 수 없게 된다. 따라서 조세부과에 따른 사회적인 후생손실은 20만 원이다.

24
정답 ①

최고가격제란 소비자 보호를 위해 최고가격을 시장 균형가격보다 낮은 수준에서 책정하여야 한다. 이 경우 초과수요가 발생하기 때문에 암시장이 나타날 수 있다.

오답분석
③·④ 최저임금제는 정부가 노동시장에 개입하여 임금의 최저수준을 정하는 가격하한제의 한 예이다. 가격하한제란 시장가격보다 높은 수준에서 최저가격을 설정하는 가격규제 방법이다. 최저임금이 시장균형 임금보다 높은 수준에서 책정되면 노동시장에서 초과공급이 발생하고 그만큼의 비자발적 실업이 발생하게 된다. 이 경우 이미 고용된 노동자들은 혜택을 받을 수 있지만 취업 준비생들은 계속 실업자로 남을 가능성이 크다.
⑤ 최저가격제란 공급자를 보호하기 위한 규제로, 수요의 가격탄력성이 탄력적일수록 효과가 미흡해진다.

25
정답 ②

토지공급이 완전비탄력적이라면 토지에 세금이 부과될 경우 세금은 전부 조세발표 시점의 토지소유자(토지공급자)가 부담하게 된다.

26
정답 ③

수요곡선의 기울기가 가파를수록 정부의 조세수입은 더 커진다. 예를 들어 노동수요가 탄력적일수록 최저임금 인상 시 비숙련노동자의 고용량이 크게 감소한다.

27
정답 ⑤

생산에 투입된 가변요소인 노동의 양이 증가할수록 총생산이 체증적으로 증가하다가 일정 단위를 넘어서면 체감적으로 증가하기 때문에 평균생산과 한계생산은 증가하다가 감소한다. 한계생산물곡선은 평균생산물곡선의 극대점을 통과하므로 한계생산물과 평균생산물이 같은 점에서는 평균생산물이 극대가 된다. 한편, 한계생산물이 0일 때 총생산물이 극대가 된다.

28
정답 ④

오답분석
다·라. 역선택의 해결방안에 해당한다.

29
정답 ④

농산물은 필수재이므로 수요의 가격탄력성이 낮다. 수요의 가격탄력성이 낮으면 공급이 증가할 때 가격이 상대적으로 큰 폭으로 하락하게 된다. 하지만 가격이 하락하더라도 수요가 크게 증가하지 않으므로 수입은 감소하게 된다.

30
정답 ③

X재가 한계효용이 0보다 작은 비재화이고, Y재가 정상재인 경우 X재의 소비가 증가할 때 효용이 동일한 수준으로 유지되기 위해서는 Y재의 소비가 증가하여야 한다. 따라서 무차별곡선은 우상향의 형태로 도출된다.

31
정답 ④

기펜재는 대체효과와 소득효과가 반대 방향으로 나타나며, 대체효과보다 소득효과가 더 큰 열등재이다. 어떤 재화의 가격이 상승하면 실질소득이 감소한다. 실질소득이 감소하면 소득효과에 의해서는 열등재의 구입량이 오히려 증가한다.

32
정답 ⑤

슈타켈버그(Stackelberg)모형에서는 두 기업 중 하나 또는 둘 모두가 생산량에 대해 추종자가 아닌 선도자의 역할을 한다.

33
정답 ①

임금피크제란 워크셰어링(Work Sharing) 형태의 일종으로, 근로자가 일정 연령에 이르면 정년까지 고용을 보장하는 조건으로 근로자의 능력에 따라 임금을 삭감하는 제도이다. 현재 미국·유럽·일본 등 선진국에서는 이미 도입하여 시행중이며, 우리나라에도 일부 금융회사를 중심으로 차차 도입되고 있다. 임금피크제의 유형에는 정년보장형, 정년연장형, 고용연장형이 있다. 임금피크제를 시행하면 사용자 측에서는 인건비 부담을 늘리지 않고 고용을 보장해 줄 수 있고, 근로자 측에서도 정년 연장에 따른 고용 보장 효과가 있다는 장점이 있다.

34
정답 ①

소규모 경제에서 자본이동과 무역이 완전히 자유롭고 변동환율제도를 채택한다면 확대재정정책이 실시되더라도 소득은 불변이고, 이자율의 상승으로 K국 통화는 강세가 된다.

35
정답 ①

래퍼 커브(Laffer Curve)에 대한 설명이다.

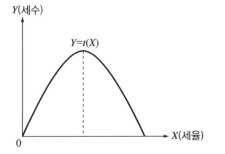

36
정답 ④

가. 여가, 자원봉사 등의 활동은 생산활동이 아니므로 GDP에 포함되지 않는다.
다. GDP는 마약밀수 등의 지하경제를 반영하지 못하는 한계점이 있다.

37
정답 ①

애로우의 불가능성 정리란 사회후생함수가 갖추어야 할 조건을 모두 충족하는 이상적인 사회후생함수는 존재하지 않음을 증명한 것이다. 즉, 애로우는 사회구성원들의 선호를 집약하여 사회우선순위를 도출하는 합리적인 법칙이 존재하지 않음을 증명하였다. 한편, 차선의 이론이란 모든 파레토효율성 조건이 동시에 충족되지 못하는 상황에서 더 많은 효율성 조건이 충족된다고 해서 더 효율적인 자원배분이라는 보장이 없다는 이론이다. 즉 효율적 자원배분을 위하여 n개의 효율성 조건이 충족되어야 하는 경우, 1개의 효율성 조건이 파괴되었다면 일반적으로 나머지 (n-1)개의 조건을 만족시키는 것이 차선이라고 생각하기 쉬우나 실제로는 그렇지 않음을 보여주는 것이다.

38
정답 ②

소비의 경합성은 사적 재화의 특징으로, 시장에서 효율적 자원배분이 가능한 조건이다.

39
정답 ①

중첩임금계약은 명목임금이 경직적인 이유를 설명한다. 케인스 학파는 화폐에 대한 착각현상으로 임금 경직성이 나타난다고 설명하며, 새 케인스 학파는 노동자가 합리적인 기대를 가지나 현실적으로는 메뉴비용 등의 존재로 임금 경직성이 발생한다고 설명한다.

40
정답 ②

균형재정승수란 정부가 균형재정을 유지하는 경우에 국민소득이 얼마나 증가하는가를 측정하는 것이다. 균형재정이란 정부의 조세수입과 정부지출이 같아지는 상황으로, $\triangle G = \triangle T$라고 할 수 있다. 정부지출과 조세를 동일한 크기만큼 증가시키는 경우로 정부지출승수는 $\frac{\triangle Y}{\triangle G} = \frac{-MPC}{1-MPC} = \frac{-0.8}{1-0.8} = -4$이다. 따라서 정부지출과 조세를 동시에 같은 크기만큼 증가시키면, $\frac{\triangle Y}{\triangle G} + \frac{\triangle Y}{\triangle T} = \frac{1}{1-0.8} + \frac{-0.8}{1-0.8} = 5-4 = 1$이 된다. 따라서 균형재정승수는 1이다.

| 03 | 법학

01	02	03	04	05	06	07	08	09	10
①	③	④	①	④	②	②	②	②	①
11	12	13	14	15	16	17	18	19	20
④	③	①	④	①	①	①	⑤	④	②
21	22	23	24	25	26	27	28	29	30
③	②	②	④	④	④	①	④	①	④
31	32	33	34	35	36	37	38	39	40
④	②	④	②	⑤	①	③	①	①	①

01
정답 ①

이념적·논리적으로는 헌법규범 상호 간의 가치의 우열을 인정할 수 있을 것이다. 그러나 이때 인정되는 헌법규범 상호 간의 우열은 추상적 가치규범의 구체화에 따른 것으로서 헌법의 통일적 해석을 위하여 유용한 정도를 넘어 헌법의 어느 특정 규정이 다른 규정의 효력을 전면 부인할 수 있는 정도의 효력상의 차등을 의미하는 것이라고는 볼 수 없다(94헌바20).

02
정답 ③

행정소송법에서 정한 행정사건과 다른 법률에 의하여 행정법원의 권한에 속하는 사건의 제1심 관할 법원은 행정법원이다(행정법원이 설치되지 아니한 지역의 경우 지방법원이 관할). 행정소송은 3심급제를 채택하여 제1심 판결에 대한 항소사건은 고등법원이 심판하고, 상고사건은 대법원이 관할한다.

03
정답 ④

자유민주적 기본질서는 모든 폭력적 지배와 자의적 지배, 즉 반국가단체의 일인독재 내지 일당독재를 배제하고 다수의 의사에 의한 국민의 자치, 자유·평등의 기본원칙에 의한 법치주의적 통치질서의 유지를 어렵게 만드는 것으로, 구체적으로는 기본적 인권의 존중, 권력분립, 의회제도, 복수정당제도, 선거제도, 사유재산과 시장경제를 골간으로 한 경제질서 및 사법권의 독립 등이다. 따라서 법치주의에 위배되는 포괄위임입법주의는 민주적 기본질서의 원리와 거리가 멀다.

04
정답 ①

근대 입헌주의 헌법은 국법과 왕법을 구별하는 근본법(국법) 사상에 근거를 두고, 국가권력의 조직과 작용에 대한 사항을 정하고 동시에 국가권력의 행사를 제한하여 국민의 자유와 권리 보장을 이념으로 하고 있다.

05
정답 ④

행정기관이 그 소관 사무의 범위에서 일정한 행정목적을 실현하기 위하여 특정인에게 일정한 행위를 하거나 하지 아니하도록 지도, 권고, 조언 등을 하는 비권력적 사실행위를 행정지도라고 한다(행정절차법 제2조 제3호).

06
정답 ②

행정행위는 법률에 근거를 두어야 하고(법률유보), 법령에 반하지 않아야 한다(법률우위). 따라서 법률상의 절차와 형식을 갖추어야 한다.

07
정답 ②

중·대선거구제와 비례대표제는 군소정당이 난립하여 정국이 불안정할 수 있다는 단점이 있다. 그에 비해 소선거구제는 양대정당이 육성되어 정국이 안정된다는 장점이 있다.

08
정답 ②

제시된 명제는 법적 안정성과 관련된 법언(法諺)이다. 법적 안정성은 사회 구성원들이 법에 의하여 안심하고 사회적 활동을 할 수 있는 것을 의미한다. 따라서 법적 안정성은 법의 가장 중요한 가치 중 하나이다.

09
정답 ②

용익물권에는 지상권·지역권·전세권이 있고, 담보물권에는 유치권, 질권, 저당권이 있다. 그리고 담보물권은 특별법상 상사질권(商事質權), 상사유치권(商事留置權), 우선특권(優先特權), 가등기담보권(假登記擔保權) 등이 있으며, 관습법상 양도담보(讓渡擔保) 등이 있다.

10
정답 ①

헌법의 폐지는 기존의 헌법(전)은 배제하지만 헌법제정권력의 주체는 경질되지 않으면서 헌법의 근본규범성을 인정하고 헌법의 전부를 배제하는 경우이다.

11
정답 ④

하명은 명령적 행정행위이다.

법률행위적 행정행위와 준법률행위적 행정행위

법률행위적 행정행위		준법률행위적 행정행위
명령적 행위	형성적 행위	
하명, 면제, 허가	특허, 인가, 대리	공증, 통지, 수리, 확인

③ 의사표시 이외에 정신작용을 동시요소로 하는 것에는 의사의 통지, 관념의 통지, 감정의 통지가 있다.

12

① 조례는 규칙의 상위규범이다.
② 국제법상의 기관들은 자체적으로 조약을 체결할 수 있다.
④ 재판의 근거로 사용된 조리(條理)와 법원으로서의 조례는 서로 무관하다.
⑤ 의원발의의 경우 재적의원 1/5 이상 또는 10인 이상의 의원의 연서가 필요하다.

13

사회법은 근대 시민법의 수정을 의미하며, 초기의 독점자본주의가 가져온 여러 가지 사회·경제적 폐해를 합리적으로 해결하기 위해서 제정된 법으로, 국가에 의한 통제, 경제적 약자의 보호, 공법과 사법의 교착 영역으로 사권의 의무화, 사법(私法)의 공법화 등 법의 사회화 현상을 특징으로 한다. 따라서 계약자유의 원칙은 그 범위가 축소되고 계약공정의 원칙으로 수정되었다.

14

법에 규정된 것 외에 달리 예외를 두지 아니한다.

주소, 거소, 가주소

주소	생활의 근거가 되는 곳을 주소로 한다. 주소는 동시에 두 곳 이상을 둘 수 있다(민법 제18조).
거소	주소를 알 수 없으면 거소를 주소로 본다. 국내에 주소가 없는 자에 대하여는 국내에 있는 거소를 주소로 본다(민법 제19~20조).
가주소	어느 행위에 있어서 가주소를 정한 때에 있어서 그 행위에 관하여는 이를 주소로 본다(민법 제21조). 따라서 주소지로서 효력을 갖는 경우는 주소(주민등록지), 거소와 가주소가 있으며, 복수도 가능하다.

15

행정청의 처분의 효력 유무 또는 존재 여부를 확인하는 심판은 행정심판의 종류 중 무효 등 확인심판에 해당한다(행정심판법 제5조 제2호).

헌법 제111조 제1항
헌법재판소는 다음 사항을 관장한다.
1. 법원의 제청에 의한 법률의 위헌여부 심판
2. 탄핵의 심판
3. 정당의 해산 심판
4. 국가기관 상호 간, 국가기관과 지방자치단체 간 및 지방자치단체 상호 간의 권한쟁의에 관한 심판
5. 법률이 정하는 헌법소원에 관한 심판

16

주채무자가 시효로 소멸한 때에는 보증인도 그 시효소멸을 원용할 수 있으며, 주채무자가 시효의 이익을 포기하더라도 보증인에게는 그 효력이 없다(대판 1991. 1. 29., 89다카1114).

17

사실인 관습은 그 존재를 당사자가 주장·입증하여야 하나, 관습법은 당사자의 주장·입증을 기다림이 없이 법원이 직권으로 이를 판단할 수 있다(대판 1983.6.14., 80다3231).

18

영미법계 국가에서는 선례구속의 원칙에 따라 판례의 법원성이 인정된다.

19

형법에서는 유추해석과 확대해석을 동일한 것으로 보아 금지하며(죄형법정주의의 원칙), 피고인에게 유리한 유추해석만 가능하다고 본다.

20

사권은 권리의 이전성(양도성)에 따라 일신전속권과 비전속권으로 구분된다. 절대권과 상대권은 권리의 효력 범위에 대한 분류이다.

21

우리나라는 법원조직법에서 판례의 법원성에 대해 규정하고 있다.

22
정답 ②

인격권은 권리의 내용에 따른 분류에 속한다. 권리의 작용(효력)
따라 분류하면 지배권, 청구권, 형성권, 항변권으로 나눌 수 있다.

23
정답 ②

다른 사람이 하는 일정한 행위를 받아들여야 하는 의무는 수인의무
이다.

오답분석
① 작위의무 : 적극적으로 일정한 행위를 하여야 할 의무이다.
③ 간접의무 : 통상의 의무와 달리 그 불이행의 경우에도 일정한
    불이익을 받기는 하지만, 다른 법률상의 제재가 따르지 않는
    것으로, 보험계약에서의 통지의무가 그 대표적인 예이다.
④ 권리반사 : 법이 일정한 사실을 금지하거나 명하고 있는 결과
    어떤 사람이 저절로 받게 되는 이익으로, 그 이익을 누리는 사
    람에게 법적인 힘이 부여된 것은 아니기 때문에 타인이 그 이
    익의 향유를 방해하더라도 그것의 법적보호를 청구하지 못함
    을 특징으로 한다. 반사적 효과(이익)이라고도 한다.
⑤ 평화의무 : 노동협약의 당사자들이 노동협약의 유효기간 중에는
    협약사항의 변경을 목적으로 하는 쟁의를 하지 않는 의무이다.

24
정답 ④

국채를 모집하거나 예산 외에 국가의 부담이 될 계약을 체결하려
할 때에는 정부는 미리 국회의 의결을 얻어야 한다(헌법 제58조).

오답분석
① 국회의 임시회는 대통령 또는 국회재적의원 4분의 1 이상의
    요구에 의하여 집회된다(헌법 제47조 제1항).
② 국회의원은 현행범인인 경우를 제외하고는 회기 중 국회의 동의
    없이 체포 또는 구금되지 아니한다(헌법 제44조 제1항).
③ 국회는 의원의 자격을 심사하며, 의원을 징계할 수 있다(헌법
    제64조 제2항).
⑤ 정부는 회계연도마다 예산안을 편성하여 회계연도 개시 90일
    전까지 국회에 제출하고, 국회는 회계연도 개시 30일 전까지
    이를 의결하여야 한다(헌법 제54조 제2항).

25
정답 ④

헌법 제11조 제1항은 차별금지 사유로, 성별·종교·사회적 신분
만을 열거하고 있고 모든 사유라는 표현이 없어 그것이 제한적 열
거규정이냐 예시규정이냐의 문제가 제기된다. 열거규정에 의하면
헌법에 규정된 열거 사유 이외의 사안(인종, 지역, 학력, 연령, 정
치적 신념 등)은 차별이 가능하다는 것이고, 예시규정은 자의적이
거나 불합리한 것이면 허용되지 아니한다고 보는 것이다. 우리 학
설과 판례의 입장은 예시규정을 따르고 있다.

26
정답 ④

미성년자는 소송능력이 없으므로 원칙적으로 법정대리인에 의해
서만 소송행위를 할 수 있다(민사소송법 제55조 제1항 본문).

오답분석
① 피한정후견인은 한정후견인의 동의가 필요한 행위에 관하여는
    대리권 있는 한정후견인에 의해서만 소송행위를 할 수 있다(민
    사소송법 제55조 제2항).
② 민사소송법상 당사자능력이란 원고·피고 또는 참가인으로서
    자기의 명의로 소송을 하고 소송상의 법률효과를 받을 수 있는
    자격, 즉 소송법상의 권리능력이다. 당사자능력은 민법상의 권
    리능력에 대응하는 개념이며, 권리능력을 가진 자는 당사자능
    력을 가지지만, 당사자능력을 가진 자가 반드시 권리능력이 있
    는 것은 아니다.
③ 소송위임에 기한 소송대리인은 특정의 사건에 관하여 소송의
    수행을 위임받아 이를 위한 대리권을 부여받은 대리인으로, 원
    칙상 변호사이어야 하나 법원의 허가가 있으면 변호사가 아니
    라도 될 수 있다(민사소송법 제87조·제88조).
⑤ 소(訴)는 피고의 보통재판적이 있는 곳의 법원이 관할한다(민
    사소송법 제2조).

27
정답 ①

채권자취소권을 특정물에 대한 소유권이전등기청구권을 보전하
기 위하여 행사하는 것은 허용되지 않으므로 부동산의 제1양수인
(乙)은 자신의 소유권이전등기청구권 보전을 위하여 양도인(甲)
과 제3자(丙) 사이에 이루어진 이중양도행위에 대하여 채권자취
소권을 행사하지 못한다(대판 1999.4.27., 98다56690).

오답분석
② 乙은 甲에게 등기청구권의 이행불능을 이유로 계약을 해제하
    고 손해배상을 청구할 수 있다.
③ 반사회적 법률행위로 甲과 丙의 계약이 무효가 되면 乙은 甲
    을 대위하여 丙에게 K건물에 대한 소유권이전등기의 말소를
    청구할 수 있다.
④ 甲과 丙 사이의 매매계약이 반사회적 법률행위로 무효인 경
    우, 양자의 급여는 불법원인급여가 되므로 甲은 소유권에 기하
    여 丙에게 K건물의 반환을 청구할 수 없다.
⑤ 丙이 甲과 乙 사이의 매매사실을 알면서 甲의 배임행위에 적
    극 가담하여 甲과 계약을 체결한 경우, 그 계약은 민법 제103
    조 위반으로 무효이다.

28
정답 ④

대법원에 의하면 국·공립대학교원 임용지원자는 임용권자에게
임용 여부에 대한 응답을 신청할 법규상 또는 조리상 권리가 없으
므로 국·공립대학교원 임용지원자가 임용권자로부터 임용거부
를 당하였다면 이는 거부처분으로서 항고소송의 대상이 되지 않는
다(대판 2003.10.23., 2002두12489).

① 대판 1996.9.20., 95누8003
② 대법원에 의하면 개별공시지가결정은 내부행위나 중간처분이지만 그로써 실질적으로 국민의 권리가 제한되거나 의무가 부과되는 행위이므로 항고소송의 대상이 되는 처분이다(대판 1993.1.15., 92누12407).
③ 대법원에 의하면 상표원부에 상표권자인 법인에 대한 청산종결등기가 되었음을 이유로 상표권의 말소등록이 이루어졌다고 해도 이는 상표권이 소멸하였음을 확인하는 사실적·확인적 행위에 지나지 않고, 말소등록으로 비로소 상표권 소멸의 효력이 발생하는 것이 아니어서, 상표권의 말소등록은 국민의 권리의무에 직접적으로 영향을 미치는 행위라고 할 수 없다. 한편, 상표권 설정등록이 말소된 경우에도 등록령 제27조에 따른 회복등록의 신청이 가능하고, 회복신청이 거부된 경우에는 거부처분에 대한 항고소송이 가능하다. 이러한 점들을 종합하면, 상표권자인 법인에 대한 청산종결등기가 되었음을 이유로 한 상표권의 말소등록행위는 항고소송의 대상이 될 수 없다(대판 2015.10.29., 2014두2362).
⑤ 대법원에 의하면 어업권면허에 선행하는 우선순위결정은 행정청이 우선권자로 결정된 자의 신청이 있으면 어업권면허처분을 하겠다는 것을 약속하는 행위로서 강학상 확약에 불과하고 행정처분은 아니다(대판 1995.1.20., 94누6529). 그러나 어업면허우선순위결정 대상탈락자 결정은 최종 법적 효과를 가져오기 때문에 행정처분이다.

29
정답 ③

헌법의 제정 주체에 따른 분류 중 흠정헌법(군주헌법)에 대한 설명이다. 흠정헌법은 군주가 제정한다 하여 군주헌법이라고도 한다. 전제군주제를 취했던 나라에서 군주의 권력을 유보하고 국민에게 일정한 권리나 자유를 은혜적으로 인정하면서 제정한 헌법(입헌군주제로의 이행)을 말하는데, 일본의 명치헌법, 19세기 전반 독일의 각 연방헌법 등이 이에 해당한다.

① 국약헌법 : 둘 이상의 국가 간의 합의의 결과로 국가연합을 구성하여 제정한 헌법이다(예 미합중국 헌법).
② 민정헌법 : 국민의 대표자로 구성된 제헌의회를 통하여 제정된 헌법이다(예 오늘날 자유민주주의 국가 대부분).
④ 명목적 헌법 : 헌법을 이상적으로 제정하였으나, 사회여건은 이에 불일치한다(예 남미 여러 나라의 헌법).
⑤ 연성헌법 : 법률과 같은 절차에 의하여 개정할 수 있는 헌법이다(예 영국 헌법).

30
정답 ④

형법상의 업무는 사람이 그의 사회적 지위에 기하여 계속적으로 종사하는 업무를 말하는 바, 이러한 업무는 주된 것이든 부수적인 것이든, 보수나 영리의 목적이 있든 없든, 적법이든 아닌 것이든지를 불문하며, 계속의 의사가 있으면 단 1회의 행위도 업무가 된다.

31
정답 ④

채무자가 채권자를 해함을 알고 재산권을 목적으로 한 법률행위를 한 때에는 채권자는 그 취소 및 원상회복을 법원에 청구할 수 있다. 그러나 그 행위로 인하여 이익을 받은 자나 전득한 자가 그 행위 또는 전득 당시에 채권자를 해함을 알지 못한 경우에는 그러하지 아니하다(민법 제406조 제1항).

①·②·③·⑤ 상계권, 계약 해제권, 예약 완결권, 보증인의 최고·검색의 항변권의 행사에는 특별한 제한이 없으므로 재판상, 재판 외 모두 가능하다.

32
정답 ②

경찰책임의 원칙이란 경찰권의 발동은 경찰위반에 대해 직접책임이 있는 자에게 행해져야 한다는 원칙이다. 오염물질을 배출한 기업은 경찰상 위해를 발생시켰으므로 경찰행위 책임을 지고, 토지소유자는 이를 사실상 묵인함으로써 경찰상 위해상태를 지속시켰으므로 경찰상태책임을 진다.

33
정답 ④

비법인사단은 사단으로서 실질을 갖추고 있으나, 법인등기를 하지 아니하여 법인격을 취득하지 못한 사단을 말한다. 대표적인 예로 종중, 교회, 채권자로 이루어진 청산위원회, 주택조합, 아파트부녀회 등이 있으며, 재산의 귀속 형태는 사원의 총유 또는 준총유이다(민법 제275조 제1항).

34
정답 ②

칼 슈미트(C. Schmitt)는 헌법은 헌법제정권력의 행위에 의한 국가 정치생활의 종류와 형태에 관한 근본적 결단이라 하였다.

35
정답 ⑤

종물은 주물의 처분에 따르기 때문에 소유자가 동일해야 한다. 따라서 소유자가 다른 물건 사이에는 주물·종물관계가 인정되지 않는다.

주물·종물(민법 제100조)
① 물건의 소유자가 그 물건의 상용에 공하기 위하여 자기소유인 다른 물건을 이에 부속하게 한 때에는 그 부속물은 종물이다.
② 종물은 주물의 처분에 따른다.

36

정답 ①

사권은 자유롭게 포기할 수 있는 것이 원칙이지만, 선거권 등과 같은 개인적 공권은 자유롭게 포기할 수 없는 것이 원칙이다.

37

정답 ③

채권·재산권의 소멸시효(민법 제162조)
① 채권은 10년간 행사하지 아니하면 소멸시효가 완성한다.
② 채권 및 소유권 이외의 재산권은 20년간 행사하지 아니하면 소멸시효가 완성한다.

38

정답 ①

헌법소원은 공권력의 행사 또는 불행사로 인하여 자신의 헌법상 보장된 기본권이 직접적·현실적으로 침해당했다고 주장하는 국민의 기본권침해구제청구에 대하여 심판하는 것이다. 이를 제기하기 위해서는 다른 구제절차를 모두 거쳐야 하므로 법원에 계류 중인 사건에 대해서는 헌법소원을 청구할 수 없다.

39

정답 ①

개인주의와 자유주의 사상을 배경으로 한 근대적 기본권인 생명·자유·행복추구권 등은 미국의 독립선언(1776년)에 규정되어 있으나, 재산권의 보장 등을 최초로 규정한 것은 버지니아 권리장전(1776년)이다.

40

정답 ①

헌법 제75조, 제95조, 제114조에 법규명령의 근거가 대통령령, 총리령, 부령, 중앙선거관리위원회규칙으로 명시되어 있다. 감사원 규칙은 헌법에 명시된 규정이 없으나 감사원법에 근거한 법규명령으로 보는 것이 다수설의 입장이다.

| 04 | 행정학

01	02	03	04	05	06	07	08	09	10
①	⑤	③	④	⑤	②	②	⑤	③	③
11	12	13	14	15	16	17	18	19	20
④	⑤	②	①	⑤	③	④	①	③	⑤
21	22	23	24	25	26	27	28	29	30
③	⑤	④	⑤	④	③	②	②	⑤	④
31	32	33	34	35	36	37	38	39	40
②	④	②	⑤	③	③	④	②	⑤	④

01

정답 ①

오답분석
② 증여세, 상속세는 직접세에 해당한다.
③ 취득세, 재산세, 자동차세, 등록면허세는 지방세에 해당한다.
④ 종합부동산세, 법인세, 소득세, 상속세는 직접세에 해당한다.
⑤ 레저세, 담배소비세는 지방세에 해당한다.

02

정답 ⑤

역사학적 신제도주의는 각국에서 채택된 정책의 상이성과 효과를 역사적으로 형성된 제도에서 찾으려는 접근방법을 말한다.

오답분석
① 행태주의는 인간을 사물과 같은 존재로 인식하기 때문에 인간의 자유와 존엄을 강조하기보다는 인간을 수단적 존재로 인식한다.
② 자연현상과 사회현상을 동일시하여 자연과학적인 논리실증주의를 강조한 것은 행태론적 연구의 특성이다.
③ 행태주의를 비판하며 나타난 후기 행태주의의 입장이다.
④ 행태주의는 객관적인 사실에 입각한 일반법칙적인 연구에만 몰두한 나머지 보수적인 이론이며, 제도 변화와 개혁을 지향하지 않는다.

03

정답 ③

정책결정이란 다양한 대안이나 가치들 간의 우선순위를 고려하거나 그중 하나를 선택하는 행동이다. 그런데 대안이나 가치들이 서로 충돌하여 우선순위를 정할 수 없는 경우 행위자는 선택상의 어려움에 직면하게 된다. 특히 두 개의 대안이나 가치가 팽팽히 맞서고 있다면 선택의 어려움은 증폭된다. 이처럼 두 가지 대안 가운데 무엇을 선택할지 몰라 망설이는 상황을 일반적으로 딜레마라고 한다. 딜레마 모형의 구성개념으로는 문제(딜레마 상황), 행위자, 행위 등이 있다. 딜레마 이론은 이와 같은 것을 규명함으로써 행정이론 발전에 기여하였다.

04

정답 ④

앨리슨(Alison)의 조직모형에 대한 설명이다. 조직모형은 느슨하게 연결된 하위조직들의 연합체를 다룬다.

05

정답 ⑤

최고관리자의 관료에 대한 지나친 통제가 조직의 경직성을 초래하여 관료제의 병리현상이 나타난다고 주장한 학자는 머튼(Merton)이다.

06

정답 ②

조직군생태론은 종단적 조직분석을 통하여 조직의 동형화를 주로 연구한다.

07

정답 ②

정보관리에 배제성을 적용하면 오히려 정보의 불균형과 정보격차가 발생하여 정보의 비대칭성이 심화된다.

오답분석

① 정보를 정부나 상급기관이 독점하게 되면 오히려 계층구조의 강화, 감시 강화, 프라이버시 침해 등의 폐해가 발생할 수 있다.
③ 정부는 지능정보사회 정책의 효율적·체계적 추진을 위하여 지능정보사회 종합계획을 3년 단위로 수립하여야 한다(지능정보화 기본법 제6조 제1항).
④ 전자민주주의는 행정의 투명성과 개방성을 제고한다.

08

정답 ⑤

총액배분 자율편성예산제도는 중앙예산기관이 국가재정운용계획에 따라 각 부처의 지출한도를 하향식으로 설정해 주면 각 부처가 배정받은 지출한도 내에서 자율적으로 편성하는 예산제도이다.

09

정답 ③

예산지출 위주의 정부 운영 방식에서 탈피하여 수입 확보의 개념을 활성화하는 것이 필요하다고 보는 것은 신공공관리론에 해당한다.

10

정답 ③

저소득층을 위한 근로장려금 제도는 재분배정책에 해당한다.

오답분석

① 규제정책 : 제약과 통제를 하는 정책으로, 진입규제, 독과점규제가 이에 해당한다.

② 분배정책 : 서비스를 배분하는 정책으로, 사회간접자본의 건설, 보조금 등이 이에 해당한다.
④ 추출정책 : 환경으로부터 인적·물적 자원을 확보하려는 정책으로, 징세, 징집, 노동력 동원, 토지수용 등이 이에 해당한다.

11

정답 ④

거래비용이론에서 현대적 이론에 대한 설명이다. 현대적 이론에서는 조직은 거래비용을 감소하기 위한 장치로 기능한다고 본다.

조직이론의 전개

구분	고전적 조직이론	신고전적 조직이론	현대적 조직이론
인간관	합리적 경제인관	사회인관	복잡인관
구조 체제	공식적 구조	비공식적 구조	유기체적 구조 (공식적 +비공식적)
기초 이론	과학적관리론, 행정관리론	인간관계론, 후기인간관계론	후기관료모형, 상황적응이론
가치	기계적 능률성	사회적 능률성	다원적 목표· 가치
환경	폐쇄체제		개방체제
성격	정치·행정 이원론, 공·사행정 일원론	정치·행정 이원론의 성격이 강함	정치·행정 일원론, 공·사행정 이원론

12

정답 ⑤

직급이란 직무의 종류·곤란도 등이 유사한 직위의 군이다.

직위분류제의 구성 요소

구분	내용
직위	한 사람이 근무하여 처리할 수 있는 직무와 책임의 양으로, 공직을 분류할 때 최소단위가 된다.
직급	직무의 종류·곤란도 등이 유사하여 채용이나 보수 등의 인사관리에 있어서 동일하게 취급할 수 있는 군이다.
직렬	직무의 종류·성질은 유사하나 곤란도와 난이도가 상이한 직급의 군이다.
직군	직무의 성질이 유사한 직렬의 군이다.
직류	동일한 직렬 내에서 담당하는 분야가 동일한 직무의 군이다.
등급	직무의 종류는 서로 다르지만 직무의 곤란도·책임도나 자격요건이 유사하여 동일한 보수를 줄 수 있는직위의 군이다.

13

정답 ②

무의사결정은 기득권 세력이 소외계층 등이 기존의 이익배분 상태에 대한 변동을 요구하는 것을 억압하는 것이다.

> **무의사결정론**
> - Bachrach와 Baratz의 주장이다.
> - 기득권 세력이 자신들의 이익에 도전해 오는 주장들을 의도적으로 방치하거나 기각하여 정책의제로 채택되지 못하도록 하여 잠재적이거나 현재적인 도전을 억압하거나 좌절시키는 결정이다.
> - R. Dahl의 모든 사회문제는 자동으로 정책의제화된다는 주장에 대한 반발로 등장하였다.
> - 주로 의제를 채택하는 과정에서 나타나지만 넓게는 정책의 전반적인 과정에서 나타났다.

14

정답 ①

지방의회의 지방자치단체장에 대한 주민투표실시 청구권은 주민투표법에 규정되어 있다.

[오답분석]

② 지방자치법 제62조 제1항
③ 지방자치법 제49조 제1항
④ 지방자치법 제47조
⑤ 지방자치법 제89조

> **주민투표의 실시요건(주민투표법 제9조)**
> 지방자치단체의 장은 주민 또는 지방의회의 청구에 의하거나 직권에 의하여 주민투표를 실시할 수 있다.

15

정답 ⑤

오염허가서는 간접적 규제의 활용 사례이다. 오염허가서란 오염물질을 배출할 수 있는 권리를 시장에서 매매가 가능하도록 하는 공해배출권 거래제도를 말한다.

[오답분석]

① 피구세는 환경문제의 해결을 위한 정부의 적극적인 역할로, 오염물질의 배출에 대해서 그 오염물질로 인해 발생하는 외부효과만큼 배출세를 내도록 하는 제도이다.
② 긍정적인 외부효과를 유발하는 기업에 대해서 보조금을 지급하여 최적의 생산량을 생산하도록 유도한다.
③ 코즈의 정리는 외부효과를 발생시키는 당사자들 사이에 소유권을 명확하게 하면 자발적이고 자유로운 협상에 의해 외부효과의 문제가 해결될 수 있다는 주장이다.
④ 교정적 조세는 외부효과에 따른 사적 유인의 왜곡을 사회적 최적과 일치시키는 역할을 하므로, 경제적 효율 향상과 더불어 정부의 조세수입도 증가시키는 결과를 가져온다.

외부효과의 개선

긍정적 외부효과	• 보조금 지급 • 의무 교육의 확대
부정적 외부효과	• 정부의 직접규제 • 조세정책

16

정답 ③

기획재정부장관은 국무회의의 심의를 거쳐 대통령의 승인을 얻은 다음 연도의 예산안편성지침을 매년 3월 31일까지 각 중앙관서의 장에게 통보하고 국회 예산결산특별위원회에 보고하여야 한다(국가재정법 제30조).

[오답분석]

① 각 중앙관서의 장은 매년 1월 31일까지 당해 회계연도부터 5회계연도 이상의 기간 동안의 신규사업 및 기획재정부장관이 정하는 주요 계속사업에 대한 중기사업계획서를 기획재정부장관에게 제출하여야 한다(국가재정법 제28조).
② 국가재정법 제5조
④ 정부는 회계연도마다 예산안을 편성하여 회계연도 개시 90일 전까지 국회에 제출하고, 국회는 회계연도 개시 30일 전까지 이를 의결하여야 한다(헌법 제54조 제2항).
⑤ 국가재정법 제22조 제1항

17

정답 ④

점증적 정책결정은 지식과 정보의 불완전성, 미래예측의 불확실성을 전제하는 의사결정 모형으로, 그 자체가 정부실패 요인으로 거론되는 것은 아니다.

[오답분석]

①·②·③·⑤ 정부실패 요인에 해당한다.

18

정답 ①

중앙행정기관의 장과 지방자치단체의 장이 사무를 처리할 때 의견을 달리하는 경우 이를 협의·조정하기 위하여 신청에 의해 국무총리 소속으로 행정협의조정위원회를 설치한다. 단, 실질적인 구속력은 없다.

19

정답 ③

우리나라의 총액인건비제도는 국 단위기구 이상은 대통령령(직제)에서 규정하고, 과 단위기구에서는 각 부처의 자율성을 인정한다.

20
정답 ⑤

특별지방행정기관은 국가사무의 통일적이고 전문적인 처리를 위하여 국가가 지방에 설치한 행정기관을 의미한다. 따라서 주민들의 직접 통제와 참여가 용이하지 않다.

[오답분석]
① 특별지방행정기관은 지역의 특수성보다는 사무의 통일적이고 전문적인 처리를 위하여 설치한다.
② 특별지방행정기관은 중앙정부에 의한 통제를 강조하므로 지방자치 발전을 저해한다.
③ 특별지방행정기관은 불명확한 역할배분(기능중복)으로 인하여 행정의 낭비와 비효율성이 야기된다.
④ 특별지방행정기관은 지방자치단체와의 이원적 업무수행으로 인하여 지역별 책임행정을 저해할 수 있다.

21
정답 ③

[오답분석]
ㄱ. 보수주의 정부관에 따르면 정부에 대한 불신이 강하고 정부실패를 우려한다.
ㄴ. 공공선택론은 정부를 공공재의 생산자로 규정하고 있다. 그러나 대규모 관료제에 의한 행정은 효율성을 극대화하지 못한다고 비판하므로 옳지 않다.

보수주의·진보주의 정부관

구분	보수주의	진보주의
추구 가치	• 자유 강조 (국가로부터의 자유) • 형식적 평등, 기회의 평등 중시 • 교환적 정의 중시	• 자유를 열렬히 옹호 (국가에로의 자유) • 실질적 평등, 결과의 평등 중시 • 배분적 정의 중시
인간관	• 합리적이고 이기적인 경제인	• 오류가능성의 여지 인정
정부관	• 최소한의 정부 – 정부 불신	• 적극적인 정부 – 정부 개입 인정
경제 정책	• 규제완화 • 세금감면 • 사회복지정책의 폐지	• 규제옹호 • 소득재분배정책 • 사회보장정책
비고	• 자유방임적 자본주의	• 복지국가, 사회민주주의, 수정자본주의

22
정답 ⑤

방송통신위원회는 대통령 소속 위원회이다.

정부위원회 소속별 종류

대통령 소속 위원회	방송통신위원회, 개인정보보호위원회, 규제 개혁위원회
국무총리 소속 위원회	국민권익위원회, 공정거래위원회, 금융위원회, 원자력안전위원회
독립위원회	국가인권위원회

23
정답 ④

발생주의는 수입과 지출의 실질적인 원인이 발생하는 시점을 기준으로 하여 회계계리를 한다. 따라서 정부의 수입을 납세고지 시점을 기준으로, 정부의 지출을 지출원인행위의 발생시점을 기준으로 계산한다.

24
정답 ③

제시문은 무의사결정론에 대한 설명이다. 무의사결정(Non-Decision Making)은 의사결정자(엘리트)의 가치나 이익에 대한 잠재적이거나 현재적인 도전을 억압하거나 방해하는 결과를 초래하는 행위를 말한다. 무의사결정은 기존 엘리트세력의 이익을 옹호하거나 보호하는 데 목적이 있다.

[오답분석]
① 다원주의에 대한 설명이다. 다원주의에서는 사회를 구성하는 집단들 사이에 권력은 널리 동등하게 분산되어 있으며, 정책은 많은 이익집단의 경쟁과 타협의 산물이라고 설명한다.
② 공공선택론에 대한 설명이다.
④ 신국정관리론(뉴거버넌스)에 대한 설명이다.
⑤ 신공공서비스론에 대한 설명이다.

25
정답 ④

목표의 대치 현상은 관료제의 부정적 병리 현상 중 하나로, 베버는 이를 고려하지 못하였다. 목표의 대치 현상은 목적보다는 수단을 중시하는 현상으로, 동조과잉이라고도 한다.

26
정답 ③

계획과 예산 간의 불일치를 해소하고 이들 간에 서로 밀접한 관련성을 갖게 하는 제도는 계획예산제도(PPBS)이다.

27

정답 ②

총체적 품질관리(Total Quality Management)는 서비스의 품질은 구성원의 개인적 노력이 아니라 체제 내에서 활동하는 모든 구성원에 의하여 결정된다고 본다. 구성원 개인의 성과평가를 위한 도구는 MBO 등이 있다.

> **총체적 품질관리(TQM)**
> - 고객이 품질의 최종결정자
> - 전체 구성원에 의한 품질 결정
> - 투입과 절차의 지속적 개선
> - 품질의 일관성(서비스의 변이성 방지)
> - 과학적 절차에 의한 결정

28

정답 ②

국무조정실의 통제는 행정부 내부의 공식적 통제방식이다. 그리고 직무감찰 기능은 감사원에서 수행한다.

행정통제의 유형

구분	공식성	통제유형	내용
외부 통제	공식	입법 통제	법률, 외교에 대한 통제, 예산심의, 국정감사, 국정조사
		사법 통제	사후적·소극적 구제, 행정소송, 헌법소원 등
		선거관리 위원회	선거에 관한 사무
		옴부즈만	민원구제, 특별행정감찰관
	비공식	국민 통제	선거, 여론, 시민참여, 이익집단
내부 통제	공식		행정수반에 의한 통제(임명권, 행정입법, 개혁, 리더십), 정책·기획에 의한 통제, 감사원의 감사, 정부조직법에 의한 통제, 계층제적 통제
	비공식		행정윤리, 대표관료제, 노조, 내부고발자보호제, 행정문화

29

정답 ⑤

규칙적 오류는 어떤 평정자가 다른 평정자들보다 언제나 좋은 점수 혹은 나쁜 점수를 주는 것을 말한다.

근무평정상의 대표적 오류

연쇄효과	피평정자의 특정 요소가 다른 평정요소의 평가에까지 영향을 미치는 것
집중화 오류	무난하게 중간치의 평정만 일어나는 것
규칙적 오류	한 평정자가 지속적으로 낮은 혹은 높은 평정을 보이는 것
시간적 오류	시간적으로 더 가까운 때에 일어난 사건이 평정에 더 큰 영향을 끼치는 것
상동적 오류	피평정자에 대한 선입견이나 고정관념이 다른 요소의 평정에 영향을 끼치는 것

30

정답 ④

- ㄴ. 국회의원 비서관은 특수경력직 공무원이다.
- ㄷ. 차관은 정무직으로 특수경력직 공무원이다.
- ㅁ. 청와대 수석비서관(차관급)은 정무직이자 특수경력직 공무원이다. 일반비서관이라면 별정직 공무원이다.

> **오답분석**
>
> ㄱ·ㄹ. 경찰과 군무원은 특정직 공무원으로 경력직 공무원이다.

31

정답 ②

다면평가제는 경직된 분위기의 계층제적 사회에서는 부하의 평정, 동료의 평정을 받는 것이 조직원들의 강한 불쾌감을 불러올 수 있고, 이로 인해 조직 내 갈등상황이 불거질 수 있다.

32

정답 ④

- ㄴ. 헌법 제57조
- ㄷ. 국회법 제84조 제5항
- ㅁ. 국회법 제79조의2

> **오답분석**
>
> ㄱ. 위원회는 세목 또는 세율과 관계있는 법률의 제정 또는 개정을 전제로 하여 미리 제출된 세입예산안은 이를 심사할 수 없다(국회법 제84조 제7항).
>
> ㄹ. 예산결산특별위원회의 위원의 임기는 1년으로 한다. 하지만 예결특위는 다른 특별위원회와 달리 연중 가동되므로 활동기한이 없다(국회법 제45조).

33
정답 ②

구조적 요인의 개편이란 조직 합병, 인사교류 등을 말하는 것으로, 이는 갈등해소 방안이다.

오답분석
③ 행태론적 갈등론은 갈등의 순기능론으로서 갈등을 불가피하거나 정상적인 현상으로 보고, 문제해결과 조직발전의 계기로 보는 적극적 입장이다.

34
정답 ⑤

지방공사란 자본금을 주식으로 분할하여 그 2분의 1 이상을 자치단체가 출자한 법인체를 말한다. 다만, 필요한 경우에는 자본금의 2분의 1을 넘지 아니하는 범위에서 지방자치단체 외의 자로 하여금 공사에 출자하게 할 수 있다(지방공기업법 제53조 제2항).

> **지방공사에 대한 출자(지방공기업법 제53조 제1항·제2항)**
> ① 지방공사의 자본금은 그 전액을 지방자치단체가 현금 또는 현물로 출자한다.
> ② 제1항에도 불구하고 공사의 운영을 위하여 필요한 경우에는 자본금의 2분의 1을 넘지 아니하는 범위에서 지방자치단체 외의 자(외국인 및 외국법인을 포함한다)로 하여금 공사에 출자하게 할 수 있다. 증자의 경우에도 또한 같다.

35
정답 ③

경제성질별 분류는 예산이 국민경제에 미치는 영향을 파악하기 위해 편성하며, 경제정책이나 재정정책의 수립에 유용하고, 정부거래의 경제적 효과분석이 용이한 분류방식이다.

36
정답 ③

ㄴ. 1999년 김대중 정부는 대통령 소속의 중앙인사위원회를 설치해 대통령의 인사권 행사를 강화했다.
ㄹ. 2004년 노무현 정부는 법제처와 국가보훈처를 장관급 기구로 격상하고, 소방방재청을 신설했다.
ㄱ. 2008년 이명박 정부는 정부통신부를 폐지하고 방송통신위원회를 설치하였다.
ㄷ. 2013년 박근혜 정부 때 부총리제가 부활되고 외교통상부의 통상 교섭 기능이 산업통상자원부로 이관됐다.

37
정답 ④

온-나라시스템은 정부 내부의 업무처리에서 종이 없는 행정의 실현을 추구하는 G2G에 해당한다.

오답분석
①·② G2C(Government to Customer)로, 정부가 국민에게 서비스하는 것을 말한다.
③·⑤ G2B(Government to Business)로, 정부와 기업 간의 업무처리의 효율성을 높이기 위한 것이다.

38
정답 ②

허즈버그(Herzberg)는 불만을 제거해 주는 위생요인과 만족을 주는 만족요인을 독립된 별개로 보고 연구했다. 즉, 위생요인이 갖추어지지 않을 경우 조직 구성원에게 극도의 불만족을 초래하지만, 그것이 잘 갖추어져 있더라도 조직 구성원의 직무수행 동기를 유발하는 요인은 아니며, 동기를 부여하고 생산성을 높여주는 요인은 만족요인(동기부여요인)이다.

오답분석
① 매슬로(Maslow)의 욕구계층이론에서는 자아실현욕구를 가장 고차원적인 욕구로 본다.
③ 맥그리거(McGregor)의 X·Y 이론은 성장이론의 하나로, 근로자들의 사회적 욕구, 존경의 욕구, 자아실현 욕구를 충족시켜주기 위한 방향으로 동기를 부여한다.
④ 앨더퍼(Alderfer)의 ERG 이론 역시 성장이론의 하나이다.
⑤ 맥클랜드(McClelland)의 성취동기이론에서는 성취욕구를 가진 사람이 가장 강한 수준의 동기를 가진다고 본다.

39
정답 ⑤

통합 방식은 일정한 광역권 안의 여러 자치단체를 포괄하는 단일의 정부를 설립하여 주도적으로 광역사무를 처리하는 방식으로, 선진국보다는 개발도상국에서 많이 채택한다.

40
정답 ④

고객이 아닌 시민에 대한 봉사는 신공공서비스론의 원칙이다. 신공공관리론은 경쟁을 바탕으로 한 고객 서비스의 질 향상을 지향한다.

오답분석
①·②·③·⑤ 신공공관리론의 특징이다.

01	02	03	04	05	06	07	08	09	10
①	③	④	④	①	②	④	②	②	②
11	12	13	14	15	16	17	18	19	20
①	②	④	②	③	④	②	②	②	④
21	22	23	24	25	26	27	28	29	30
②	③	③	②	①	①	①	①	②	②
31	32	33	34	35	36	37	38	39	40
③	④	③	③	①	②	④	①	①	②

01　정답 ①

단부 지지조건을 보면 1단 고정, 1단 자유이므로 $K=2$이다.

따라서 오일러(Euler)의 좌굴하중은 $P_{cr} = \dfrac{\pi EI}{(KL)^2} = \dfrac{\pi EI}{(2L)^2} = \dfrac{\pi^2 EI}{4L^2}$ 이다.

02　정답 ③

누가우량 곡선법은 강우자료의 일관성을 검증하거나 교정하기 위해 사용한다.

03　정답 ④

재료에 힘을 가해 변형시킨 후 힘을 제거했을 때 원래대로 돌아온다면 탄성변형이라 하고, 원래대로 돌아오지 않는다면 처음 상태와 최종 상태의 차이(변형량)만큼 소성변형되었다고 한다.

04　정답 ④

연력도는 한 점에 적용하지 않는 여러 힘을 합성하고자 할 때 그 합력의 작용선을 찾아낸다.

05　정답 ①

$f = \dfrac{My}{I}$ 이므로 휨응력은 중립축에서 거리에 정비례한다.

06　정답 ②

- 직사각형 단면 : $\tau_{\max} = 1.5\dfrac{V}{A}$

- I형 단면 : $\tau_{\max} = \dfrac{V}{A_w}$

$\tau_{\max} = \dfrac{4}{3} \times \dfrac{V}{A} = \dfrac{4}{3} \times \dfrac{\dfrac{1}{2} \times 200 \times 10}{\pi \times 1^2} \fallingdotseq 425\text{kg/cm}^2$

07　정답 ④

비에너지 $H_e = h + \dfrac{\alpha V^2}{2g}$ 에서

$V = \dfrac{Q}{A}$ 이므로

비에너지 H_e를 구하는 식은 $H_e = h + \dfrac{\alpha}{2g}\left(\dfrac{Q}{A}\right)^2$ 이다.

08　정답 ②

전단력이 0인 곳에 최대 휨모멘트가 일어난다. 제시된 그림에 의하면 $R_A = 4.5\text{t}$, $R_B = 13.5\text{t}$이다. B점에서 xm인 곳이 전단력 0이라면 $\sum V = 0$이다.

$4.5 - 3(6-x) = 0$

$\therefore x = 4.5$

09　정답 ②

하상계수(F)는 $F = \dfrac{A}{L^2}$ 로 나타낼 수 있다. 이때 F가 크면 유로 연장에 비해서 폭이 넓은 유역으로, 유하시간이 짧고 최대유량은 크다.

10　정답 ②

$wV + M = w'V' + M'$ 에서

중량은 $W = wV$이므로

$600 = 3 \times V$으로 $V = 200$이다.

따라서 $600 + 0 = 1 \times 200 + M'$이므로

$M' = 400\text{N}$이다.

따라서 물속에서의 중량은 400N임을 알 수 있다.

11　정답 ①

DAD 해석 요소는 강우깊이, 유역면적, 강우의 지속시간이다.

12

정답 ②

$Q=AV=A \cdot \dfrac{1}{n} R^{\frac{2}{3}} \cdot I^{\frac{1}{2}}$ 식에서 광폭이므로 $R=h$ 이다.

즉, $Q=1 \cdot h \cdot \dfrac{1}{n} \cdot h^{\frac{2}{3}} \cdot I^{\frac{1}{2}}$ 으로 표현될 수 있다.

직사각형 수로이므로 $h_c=\left(\dfrac{\alpha Q^2}{gb^2}\right)^{\frac{1}{3}}=\left(\dfrac{1 \times 16^2}{9.8 \times 1}\right)^{\frac{1}{3}}=2.97$m이다.

그러므로 $16=1 \times 2.97 \times \dfrac{1}{0.02} \times 2.97^{\frac{2}{3}} \times I^{\frac{1}{2}}$ 이다.

$\therefore I=I_c=2.72 \times 10^{-3}$

따라서 한계경사는 2.72×10^{-3} 이다.

13

정답 ④

에너지선은 (위치수두)+(압력수두)+(속도수두)이고, 동수경사 선은 (위치수두)+(압력수두)이다. 따라서 에너지선은 동수경사선 보다 속도수두만큼 위에 있다.

14

정답 ②

• 양단 활절 기둥의 좌굴하중 : $P_{cr}=\dfrac{\pi^2 EI}{L^2}$

• 양단 고정 기둥의 좌굴하중 : $P_{cr}=\dfrac{\pi^2 EI}{\left(\dfrac{L}{2}\right)^2}$

따라서 $L^2 : \left(\dfrac{L}{2}\right)^2$ 이므로 1 : 4이다.

15

정답 ③

단주가 되느냐, 장주가 되느냐는 세장비에 의해 판단한다.

$[$세장비$(\lambda)]=\dfrac{kl}{r}$

16

정답 ④

$T_{cr}=0.33\sqrt{f_{ck}} \times \dfrac{A_{cp}^2}{P_{cp}}$ (A_{cp} : $b \times h$, P_{cp} : $2b+2h$)

$T_{cr}=0.33\sqrt{36} \times \dfrac{(0.2 \times 0.2)^2}{(0.4+0.4)}=0.00396$MN·m=3.96kN·m

17

정답 ②

하상계수는 하천의 최소유량에 대한 최대유량의 비를 말하는 것으로, 수치가 클수록 하천 수량의 변화 상태를 의미하는 유황(流況)이 불안정함을 의미한다.

18

정답 ②

굴착정은 제1불수층과 제2불투수층 사이에 있는 피압대수층 물을 양수하는 우물을 말하며, 계산식은 다음과 같다.

$Q=\dfrac{2\pi ak(H-h)}{\ln\left(\dfrac{R}{r_0}\right)}$

따라서 $(H-h_0)$의 값은 $\dfrac{Q}{2\pi ak}\ln\left(\dfrac{R}{r_0}\right)$ 이다.

19

정답 ②

$\sum M_A=0$

$Pl+Pl-R_D \times 2l=0$

$\therefore R_D=P$

20

정답 ④

공액 보법에 의해 B점의 반력을 구하면 이것이 B점의 처짐각이다.

$\sum M_A=0$

$\dfrac{M_A}{EI} \times \dfrac{l}{2} \times \dfrac{l}{3} - R_B{'}l=0$

$R_B{'}=\theta_B=\dfrac{M_A l}{6EI}$

21

정답 ②

$M_{AB}=-\dfrac{P \times a \times b(a+2b)}{2l^2}$

$\quad\quad\;\,=-\dfrac{P \times a \times b(1+b)}{2l^2}$

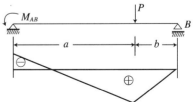

22 정답 ③

$$\tau = \frac{VQ}{Ib}$$

$$\therefore \tau = 1.5\frac{V}{A}$$

23 정답 ③

세장비는 압축재의 좌굴길이를 회전반경으로 나눈 값으로, 값이 클수록 기둥은 잘 구부러진다. 이때, 세장비가 30 이하인 기둥을 단주, 100 이상인 기둥을 장주라고 한다.

24 정답 ②

(전단력도에서 어느 점의 기울기)=(그 점의 하중 강도)

$$\therefore \ w = \frac{400+400}{4} = 200\text{kg/m}$$

25 정답 ①

$$\sigma_a = \frac{My}{I} = \frac{6M}{bh^2}$$

$$h = \sqrt{\frac{6M}{b \cdot \sigma_a}} = \sqrt{\frac{6 \times 8,000 \times 100}{25 \times 120}} = 40\text{cm}$$

26 정답 ①

$$\sigma = \frac{P}{A} + \frac{P \cdot e}{I_y}x = 0$$

$$e = \frac{I_y}{Ax} = \frac{\frac{\pi}{4}(R_1^4 - R_2^4)}{(\pi R_1^2 - \pi R_2^2)R_1}$$

$$\therefore \ e = \frac{R_1^2 + R_2^2}{4R_1}$$

27 정답 ①

$$\sigma = \frac{My}{I}$$

$$I = \frac{15 \times 40^3 - 14 \times 38^3}{12} = 15,982.7$$

$$M = \frac{PL}{4}$$

$$\frac{PL}{4} = \frac{\sigma I}{y}, \ P = \frac{4\sigma I}{yL}$$

$$P = \frac{4 \times 1,300 \times 15,982.7}{20 \times 1,200} \fallingdotseq 3,463\text{kg}$$

28 정답 ①

$$\bar{x} = \frac{G_y}{A} = \frac{A_1 x_1 - A_2 x_2}{A_1 - A_2}$$

$$= \frac{\pi r^2 (r) - \frac{\pi r^2}{4}\left(r + \frac{r}{2}\right)}{\pi r^2 - \frac{\pi r^2}{4}}$$

$$= \frac{5}{6}r$$

29 정답 ②

$$\sum M_B = 0$$

$$R_A \times 10^{-8} \times 4 = 0, \ R_A = 4\text{t}$$

$$\therefore \ M_C = 16\text{t} \cdot \text{m}$$

30 정답 ②

$$\tau = 1.5\frac{S}{A} \text{ 에서}$$

$$A = 1.5\frac{S}{\tau} = 1.5\frac{10 \times 10^3}{10} = 1,500\text{cm}^2 \text{이다.}$$

$$\therefore \ b = \frac{A}{h} = \frac{1,500}{30} = 50\text{cm}$$

31 정답 ③

회전반경은 다음과 같이 구한다.

$$r = \sqrt{\frac{I}{4}}$$

원형 단면의 경우는 다음과 같다.

$$r = \sqrt{\frac{\pi d^4/64}{\pi d^2/4}} = \frac{d^2}{16} = \frac{d}{4}$$

32 정답 ④

$$\sigma = E \cdot \varepsilon = E \cdot \alpha t$$

$$= 2.1 \times 10^6 \times 0.00001 \times 30° = 630\text{kg/cm}^2$$

33 정답 ③

전단력과 휨모멘트의 영향선을 이용하여 구한다.

(전단력)=8t

$$(\text{휨모멘트}) = \frac{Pl}{4} = \frac{8 \times 20}{4} = 40\text{t} \cdot \text{m}$$

34

정답 ③

전단응력은 보의 복부에서 가장 크며, 구형단면의 경우 최대전단응력이 평균전단응력보다 $\frac{3}{2}$ 배 더 크다.

35

정답 ①

$$[\text{세장비}(\lambda)] = \frac{[\text{부재 길이}(l)]}{[\text{최소 회전 반경}(r)]} = \frac{l}{\sqrt{\frac{I}{A}}}$$

36

정답 ②

$$Q = AV \rightarrow V = \frac{Q}{A} = \frac{0.1}{\frac{\pi \times 0.3^2}{4}} = 1.414 \text{m/sec} \text{이고},$$

$$R = \frac{d}{4} = \frac{0.3}{4} = 0.075 \text{m} \text{이므로}$$

$v = C\sqrt{RI}$ 에서 $I = \frac{v^2}{RC^2} = \frac{1.414^2}{0.075 \times 63^2} = 0.0067$ 임을 확인할 수 있다.

이때, $I = \frac{h_L}{l}$ 이므로 관 마찰 손실수두(h_L)는

$$h_L = I \times l = 0.0067 \times 100 = 0.67 \text{m} \text{이다}.$$

37

정답 ④

$D = 2\text{m} = 200\text{cm}$이므로

$[\text{레이놀즈수}(Re)] = \frac{VD}{v}$ 에 대입하면,

$$Re = \frac{50 \times 200}{0.0101} = 990,000 \text{이다}.$$

38

정답 ①

시간비(T_r)의 경우 $T_r = \frac{T_m(\text{모형시간})}{T_P(\text{원형시간})}$ 이며,

(축척비)=[길이비(L_r)]이므로

$$L_r = \frac{L_m(\text{모형길이})}{L_P(\text{원형길이})} \text{으로 나타낼 수 있다}.$$

따라서 시간비와 축척비 관계는 $T_r = (L_r)^{\frac{1}{2}}$ 이므로

$$\frac{4}{T_P} = \left(\frac{1}{225}\right)^{\frac{1}{2}} \rightarrow T_P = 60\text{분이다}.$$

39

정답 ①

1kg=9.8N이므로 물의 단위중량(ω)은 다음과 같다.

$$\omega = \frac{1,000kg}{m^3} = \frac{9,800N}{m^3} = \frac{9.8kN}{m^3}$$

이때 부피와 유체의 중량을 대입하여 유체의 단위중량을 구하면

$$\omega = \frac{51.548kN}{4.6m^3} = 11.21 \text{kN/m}^3 \text{이고},$$

비중(S)을 구하면

$$S = \frac{(\text{유체의 단위중량})}{(\text{물의 단위중량})} = \frac{11.21kN/m^3}{9.8kN/m^3} = 1.14 \text{이다}.$$

따라서 유체의 비중은 1.14이다.

40

정답 ②

파랑에 의한 반사율은 $\frac{(\text{반사에너지})}{(\text{입사에너지})}$ 이다.

$$\therefore \frac{0.3}{0.8} = 0.375$$

따라서 반사율은 0.375이다.

한국농어촌공사 5 · 6급 NCS 필기전형 답안카드

성 명

지원 분야

문제지 형별기재란

( )형

Ⓐ Ⓑ

수험번호

1	① ② ③ ④ ⑤	21	① ② ③ ④ ⑤	41	① ② ③ ④ ⑤
2	① ② ③ ④ ⑤	22	① ② ③ ④ ⑤	42	① ② ③ ④ ⑤
3	① ② ③ ④ ⑤	23	① ② ③ ④ ⑤	43	① ② ③ ④ ⑤
4	① ② ③ ④ ⑤	24	① ② ③ ④ ⑤	44	① ② ③ ④ ⑤
5	① ② ③ ④ ⑤	25	① ② ③ ④ ⑤	45	① ② ③ ④ ⑤
6	① ② ③ ④ ⑤	26	① ② ③ ④ ⑤	46	① ② ③ ④ ⑤
7	① ② ③ ④ ⑤	27	① ② ③ ④ ⑤	47	① ② ③ ④ ⑤
8	① ② ③ ④ ⑤	28	① ② ③ ④ ⑤	48	① ② ③ ④ ⑤
9	① ② ③ ④ ⑤	29	① ② ③ ④ ⑤	49	① ② ③ ④ ⑤
10	① ② ③ ④ ⑤	30	① ② ③ ④ ⑤	50	① ② ③ ④ ⑤
11	① ② ③ ④ ⑤	31	① ② ③ ④ ⑤		
12	① ② ③ ④ ⑤	32	① ② ③ ④ ⑤		
13	① ② ③ ④ ⑤	33	① ② ③ ④ ⑤		
14	① ② ③ ④ ⑤	34	① ② ③ ④ ⑤		
15	① ② ③ ④ ⑤	35	① ② ③ ④ ⑤		
16	① ② ③ ④ ⑤	36	① ② ③ ④ ⑤		
17	① ② ③ ④ ⑤	37	① ② ③ ④ ⑤		
18	① ② ③ ④ ⑤	38	① ② ③ ④ ⑤		
19	① ② ③ ④ ⑤	39	① ② ③ ④ ⑤		
20	① ② ③ ④ ⑤	40	① ② ③ ④ ⑤		

한국농어촌공사 5 · 6급 전공 필기전형 답안카드

1	① ② ③ ④ ⑤		21	① ② ③ ④ ⑤
2	① ② ③ ④ ⑤		22	① ② ③ ④ ⑤
3	① ② ③ ④ ⑤		23	① ② ③ ④ ⑤
4	① ② ③ ④ ⑤		24	① ② ③ ④ ⑤
5	① ② ③ ④ ⑤		25	① ② ③ ④ ⑤
6	① ② ③ ④ ⑤		26	① ② ③ ④ ⑤
7	① ② ③ ④ ⑤		27	① ② ③ ④ ⑤
8	① ② ③ ④ ⑤		28	① ② ③ ④ ⑤
9	① ② ③ ④ ⑤		29	① ② ③ ④ ⑤
10	① ② ③ ④ ⑤		30	① ② ③ ④ ⑤
11	① ② ③ ④ ⑤		31	① ② ③ ④ ⑤
12	① ② ③ ④ ⑤		32	① ② ③ ④ ⑤
13	① ② ③ ④ ⑤		33	① ② ③ ④ ⑤
14	① ② ③ ④ ⑤		34	① ② ③ ④ ⑤
15	① ② ③ ④ ⑤		35	① ② ③ ④ ⑤
16	① ② ③ ④ ⑤		36	① ② ③ ④ ⑤
17	① ② ③ ④ ⑤		37	① ② ③ ④ ⑤
18	① ② ③ ④ ⑤		38	① ② ③ ④ ⑤
19	① ② ③ ④ ⑤		39	① ② ③ ④ ⑤
20	① ② ③ ④ ⑤		40	① ② ③ ④ ⑤

성 명

지원분야

문제지 형별기재란
Ⓐ
Ⓑ
( )형

수 험 번 호
⓪ ① ② ③ ④ ⑤ ⑥ ⑦ ⑧ ⑨
⓪ ① ② ③ ④ ⑤ ⑥ ⑦ ⑧ ⑨
⓪ ① ② ③ ④ ⑤ ⑥ ⑦ ⑧ ⑨
⓪ ① ② ③ ④ ⑤ ⑥ ⑦ ⑧ ⑨
⓪ ① ② ③ ④ ⑤ ⑥ ⑦ ⑧ ⑨
⓪ ① ② ③ ④ ⑤ ⑥ ⑦ ⑧ ⑨
⓪ ① ② ③ ④ ⑤ ⑥ ⑦ ⑧ ⑨

감독위원 확인
(인)

한국농어촌공사 5·6급 NCS 필기전형 답안카드

성명	
지원분야	
문제지 형별기재란	(형) Ⓐ Ⓑ

수험번호							
⓪	⓪	⓪	⓪	⓪	⓪	⓪	
①	①	①	①	①	①	①	
②	②	②	②	②	②	②	
③	③	③	③	③	③	③	
④	④	④	④	④	④	④	
⑤	⑤	⑤	⑤	⑤	⑤	⑤	
⑥	⑥	⑥	⑥	⑥	⑥	⑥	
⑦	⑦	⑦	⑦	⑦	⑦	⑦	
⑧	⑧	⑧	⑧	⑧	⑧	⑧	
⑨	⑨	⑨	⑨	⑨	⑨	⑨	

감독위원 확인
⑨

1	① ② ③ ④ ⑤	21	① ② ③ ④ ⑤	41	① ② ③ ④ ⑤
2	① ② ③ ④ ⑤	22	① ② ③ ④ ⑤	42	① ② ③ ④ ⑤
3	① ② ③ ④ ⑤	23	① ② ③ ④ ⑤	43	① ② ③ ④ ⑤
4	① ② ③ ④ ⑤	24	① ② ③ ④ ⑤	44	① ② ③ ④ ⑤
5	① ② ③ ④ ⑤	25	① ② ③ ④ ⑤	45	① ② ③ ④ ⑤
6	① ② ③ ④ ⑤	26	① ② ③ ④ ⑤	46	① ② ③ ④ ⑤
7	① ② ③ ④ ⑤	27	① ② ③ ④ ⑤	47	① ② ③ ④ ⑤
8	① ② ③ ④ ⑤	28	① ② ③ ④ ⑤	48	① ② ③ ④ ⑤
9	① ② ③ ④ ⑤	29	① ② ③ ④ ⑤	49	① ② ③ ④ ⑤
10	① ② ③ ④ ⑤	30	① ② ③ ④ ⑤	50	① ② ③ ④ ⑤
11	① ② ③ ④ ⑤	31	① ② ③ ④ ⑤		
12	① ② ③ ④ ⑤	32	① ② ③ ④ ⑤		
13	① ② ③ ④ ⑤	33	① ② ③ ④ ⑤		
14	① ② ③ ④ ⑤	34	① ② ③ ④ ⑤		
15	① ② ③ ④ ⑤	35	① ② ③ ④ ⑤		
16	① ② ③ ④ ⑤	36	① ② ③ ④ ⑤		
17	① ② ③ ④ ⑤	37	① ② ③ ④ ⑤		
18	① ② ③ ④ ⑤	38	① ② ③ ④ ⑤		
19	① ② ③ ④ ⑤	39	① ② ③ ④ ⑤		
20	① ② ③ ④ ⑤	40	① ② ③ ④ ⑤		

※ 본 답안지는 마킹연습용 모의 답안지입니다.

한국농어촌공사 5 · 6급 전공 필기전형 답안카드

	1	2	3	4	5			1	2	3	4	5
1	①	②	③	④	⑤	21	①	②	③	④	⑤
2	①	②	③	④	⑤	22	①	②	③	④	⑤
3	①	②	③	④	⑤	23	①	②	③	④	⑤
4	①	②	③	④	⑤	24	①	②	③	④	⑤
5	①	②	③	④	⑤	25	①	②	③	④	⑤
6	①	②	③	④	⑤	26	①	②	③	④	⑤
7	①	②	③	④	⑤	27	①	②	③	④	⑤
8	①	②	③	④	⑤	28	①	②	③	④	⑤
9	①	②	③	④	⑤	29	①	②	③	④	⑤
10	①	②	③	④	⑤	30	①	②	③	④	⑤
11	①	②	③	④	⑤	31	①	②	③	④	⑤
12	①	②	③	④	⑤	32	①	②	③	④	⑤
13	①	②	③	④	⑤	33	①	②	③	④	⑤
14	①	②	③	④	⑤	34	①	②	③	④	⑤
15	①	②	③	④	⑤	35	①	②	③	④	⑤
16	①	②	③	④	⑤	36	①	②	③	④	⑤
17	①	②	③	④	⑤	37	①	②	③	④	⑤
18	①	②	③	④	⑤	38	①	②	③	④	⑤
19	①	②	③	④	⑤	39	①	②	③	④	⑤
20	①	②	③	④	⑤	40	①	②	③	④	⑤

성 명

지원 분야

문제지 형별기재란

Ⓐ
Ⓑ

( )형

수 험 번 호

⓪	①	②	③	④	⑤	⑥	⑦	⑧	⑨
⓪	①	②	③	④	⑤	⑥	⑦	⑧	⑨
⓪	①	②	③	④	⑤	⑥	⑦	⑧	⑨
⓪	①	②	③	④	⑤	⑥	⑦	⑧	⑨
⓪	①	②	③	④	⑤	⑥	⑦	⑧	⑨
⓪	①	②	③	④	⑤	⑥	⑦	⑧	⑨
⓪	①	②	③	④	⑤	⑥	⑦	⑧	⑨

감독위원 확인

(인)

2025 최신판 시대에듀 All-New 사이다 모의고사
한국농어촌공사 5 · 6급 NCS + 전공

개정8판1쇄 발행	2025년 05월 20일 (인쇄 2025년 05월 02일)
초 판 발 행	2017년 10월 20일 (인쇄 2017년 09월 12일)
발 행 인	박영일
책 임 편 집	이해욱
편 저	SDC(Sidae Data Center)
편 집 진 행	김미진
표지디자인	김도연
편집디자인	최미림 · 임창규
발 행 처	(주)시대고시기획
출 판 등 록	제10-1521호
주 소	서울시 마포구 큰우물로 75 [도화동 538 성지 B/D] 9F
전 화	1600-3600
팩 스	02-701-8823
홈 페 이 지	www.sdedu.co.kr
I S B N	979-11-383-9236-5 (13320)
정 가	18,000원

사이다

사일 동안
이것만 풀면
다합격!

한국농어촌공사 5·6급
NCS + 전공

시대에듀가 합격을 준비하는
당신에게 제안합니다.

성공의 기회
시대에듀를 잡으십시오.

NEXT STEP

시대에듀

기회란 포착되어 활용되기 전에는 기회인지조차 알 수 없는 것이다.
- 마크 트웨인 -